KB253764

감정이 중요해

마이클 아이건 지음
이재훈 옮김

한국심리치료연구소

Feeling Matters

MICHAEL **EIGEN**

감정이 중요해

발행일 • 2011년 11월 10일
마이클 아이건 지음
옮긴이 • 이재훈
펴낸이 • 이재훈
펴낸곳 • 한국심리치료연구소

등록 • 제 22-1005호(1996년 5월 13일)
주소 • 서울시 종로구 적선동 156 (쌍용플래티넘 918호)
Tel • 730-2537, 2538   Fax • 730-2539
www. pti21.com E mail: pti21@pti21.com

값 20,000원

ISBN 978-89-87279-99-2 93180

이 도서의 국립중앙도서관 출판시도서목록(cip)은 홈페이지
(http://www.nl.go.kr/cip.php)에서 이용하실 수 있습니다.
(제어번호: 2011004753)

감정이 중요해

Feeling Matters

MICHAEL EIGEN

감정이 중요해

이 책의 초역을 완성하고 나서
꽃다운 나이로
홀연히 우리 곁을 떠나간
양 영신님의 못다 핀 열정이
이 책을 읽는 독자들의 가슴 속에서
치유의 향기로
다시 피어나길 기원하며 • • •

목차

서론

책은 욕망을 갖고 있을까? 만약 그렇다면, 이 책이 가진 욕망은 인간 경험의 총합에 보탬이 되는 것일 거다. 그것은 필립 글래스(Philip Glass, 미국의 작곡가)의 작품처럼, 혹은 컬러 슬라이드 위에 또 하나의 슬라이드를 겹쳐 놓는 것처럼, 또는 기쁨과 공포를 천천히 함께 문지르는 것처럼 작은 변주(變奏)들에 의해 이루어지는 것일 거다.

경험은 멸종 위기에 처한 종(種)이 되고 말았다. 그것은 단조로워지고, 과장되고, 이윤을 추구하는 쪽으로 빠른 속도로 흘러가고 있다. 이윤과 권력은 우리의 경험을 한순간 흥분했다가 무뎌지는 정치적 선전물이나 과대광고 혹은 전략으로 바꾸기에 적합한 분위기를 조성하고 있다.

교육과 대중매체는 종교에 이어 대중의 아편이 될 수 있다. 정치적 전략은 경험을 강렬함(격분, 분노)의 가느다란 끈들로 축소시키고 더 깊은 무력감을 자극함으로써, 의지 혹은 스스로 생각하는 능력의 상실을 가져온다. 나는 심리치료 또한 경험을 축소시킬 수 있다고 생각한다. 치료사들은 스스로 인간의 가능성을 확장하기 위해 노력하고 있다고 생각하고 있지만, 사람들은 어느 새 치료사들을 축소시키는 사람(shrink, 정신과의사를 가리키는 미국 속어)으로 부르고 있다. 정치와 치료가 인간의 가능성을 확대시킬 수는 있지만, 그 둘 중 어느 것도 재앙의 영역이 될 수 있는 가능성으로부터 자유롭지 못하다.

심리치료가 긍정적으로 기여하는 것들 중의 하나는 사람들에게 경험을 위한 시간을 제공하는 것이다. 치료사와 환자는 우리의 일상에서 흔히 그렇듯이 서로를 바쁘게 지나치거나 밟고 지나가 버린다. 그러나 치료 안에서의 전반적인 목적은 경험을 위한 시간을 마련하는 것, 또는 사람들이 어떻게 느끼는가에 귀를 기울이는 것이다. 상황이 너무 복잡해지거나 쉽지 않다고 해서 10분 만에 서둘러 끝내버리는 것이 아니라, 회기 동안에 쌓이는 감정들과 함께 머무르고, 또 더 많이 머무르고자 한다. 이것은 우리가 정상적인 삶에서 일반적으로 상호작용하는 방식이 아니다. 경험에 머무르는 삶이 바로 '정상성'(normality)이 지닌 결핍들 가운데 하나이다. 심리치료는 감정이 중요하다는 전제에 기초해 있고, 이 책은 그것이 정말로 그렇다는 것을 보여주는 데 초점을 맞추고 있다. 우리가 경험적 분야를 들여다볼수록 그러한 경험은 더 많이 일어난다는 점에서, 감정이 중요하다는 전제는 교의(dogma)가 아닌 탐구(exploration)로서 드러난다.

치료사는 정서적 세계의 바깥에 있는 것이 아니다. 어느 누구나 그렇다. 치료사는 정서적 영역에서 자기 자신을 제거해 버리지 않는다. 그보다는 내면에서부터 그것을 작업하는 데 보통 사람들보다 더 익숙하다고 얘기하는 편이 더 사실에 가깝다. 우리가 우리의 정서적 삶 "바깥"으로 나간다고 생각하는 것은 일종의 착각이다. 우리가 냉담하거나 무감각하다고 해도, 우리는 이미 정서에 사로잡혀 있는 것이다. 차가움이나 무감각에 사로잡히는 것은 강력한 정동적(affective) 상태이다. 정서에 대해 생각하는 것은 비정서적인 일이 아니다. 그것은 감정적 관점과 열정적 흥미에 의해 깊숙이 젖어 있다.

진실은 이렇다. 어느 누구도 내면으로부터의 정서를 다루는 데 익숙해지지 않는다. 정서적 영역들 안에서 작업하는 것은 누구에게나 항상 힘에 부치는 일이다. 아니, 더 큰 진실은 그 누구도 그 일을 결코 잘 해낼 수 없다는 것이다. 심리적으로, 우리는 원활한 움직임이 가능해지기 전에 팔과 다리를 조화롭게 움직이려고 노력하는 아기들이다. 우리는 반쯤 어색한 방식으로 팔과 다리를 휘젓는다. 거기에는 명확하고 가치 있는 성취가 주는 전율이 있다. 그러나 이것이 우리가 우리를 흥분시키는 것의 위치를 파악하고 그것을 움켜잡기 전에, 그리고 그것을 우리의 입 안에 넣을 수 있기 전에 우리가 느끼는 방식을 끝내는 것은 아니며, 끝낼 수 있는 것도, 끝내도 좋은 것도 아니다.

우리가 그것을 사용하거나 이해할 수 있는지와 상관없이, 우리가 처음부터 할 수 있고 꼭 해야 하는 한 가지가 있는데, 그것은 느끼는 것이다. 우리는 눈, 몸, 생각, 감각들을 사용해서 끊임없이 서로를 맛본다. 정신적 미각의 봉오리들(taste buds) 좀처럼 쉬지 않는다. 그 봉오리들은 우리들 서로에게 양분을 주고 존재의 상태들과 영혼의 상태들을 측정한다. 우리는 서로의 감정의 음조를 맛보고, 적절한 때에, 정확하거나 부정확하게, 그 감정적 어조의 이면에 숨겨진 의도들을 감지한다.

그렇다면, 이 책이 갖고 있는 욕망은 경험적 가능성들, 미묘한 차이들(nuances), 복잡성들을 맛보고 그것들이 좀 더 충분히 고조되도록 허용하는 것, 다시 말해서, 심리적 미각의 봉오리들을 경시하거나 마치 그것들이 존재하지 않는 것처럼 취급하는 것이 아니라, 그 봉오리들이 계속해서 성장할 수 있게 하는 것이다. 심리적 미각의 봉오리들은 실제로 존재하며 경험 안에 스며든다.

이윤을 향해 기울어진 세상은 미각의 봉오리들을 착취하고, 그 봉오리들을 이용해 돈을 벌고, 그것들을 권력에의 의지로 전환시키는 것 외에는 그 봉오리들을 위한 시간을 내주지 않는 경향이 있다.

인간은 고통 없이 경험할 수 없다. 뇌의 이미지들을 읽어내고 뇌의 화학물질을 바꾸는 새로운 기술들은 고통을 통제하는 것이 더 쉬워 보이게 만들고 있다. 약물 사용의 확산은 이 모든 고통이 대체 무엇에 관한 것인지 의아하게 만든다. 우리는 누구이고, 어디에 있으며, 무엇을 하고 있는지. 이런 질문들은 약물을 통한 위안이 필수적인 것으로 만드는 것처럼 보인다. 그러나 약물 치료가 고통에 처한 많은 사람들을 돕긴 하지만, 인간의 상태를 해결해줄 것 같지는 않다. 결국, 우리는 서로와 함께, 그리고 우리 자신들과 함께 작업해야 한다. 고통에 직면해서 심리적 미각의 봉오리들과 소화 능력을 성장시키는 것이 우리의 진정한 진화적 도전이다.

나는 1장의 "요세미티의 신"에서, 말없는 고대 바위들 앞에서 경험한 소리 없는 경외감에 대한 이야기로 이 책을 시작한다. 이 경이로운 고요함을 따라 꿈을 꾸지 않는 수면, 우리 존재의 근저에 있는 깊고 공허한 상태들, 그리고 윤리적 자각 안에 그 상태들이 불러일으키는 울림들에 대해 이야기한다. 우리의 존재들 사이에서 파문을 일으키는 그 소리 없는 경외는 플라톤이 말하는 선의 이데아(Idea of the Good)와, 칸트가 말하는 서로를 수단이 아닌 목적으로 대하라는, 개정된 황금률과 같은 아름다운 시각들을 통해 표현된다.

내가 만든, 고요한 경외와 윤리적 자각 사이의 연결고리가 결정적인 실마리임에 분명함에도 불구하고, 삶은 더 복잡하고 더 많이 진동한다. 2장의 "아주 작은 떨림"(Tiny Quivers)에서, 나는 고독을 귀중하게 여기는 남성과 결혼한 사교적 여성인 캐서린의 사례를 다룬다. 그들은 서로를 소중히 여기면서도 서로에게 비판적이며, 서로를 가로막고 있다고 느낀다. 그녀는 치료가 자신에게 별 효과가 없다는 사실에 탄식한다. 어떤 중요한 일이 일어나기 시작하다가 끝나버리고, 후퇴한다. 또는 나와 치료를 시작하기 바로 전에 그랬던 것처럼, 그녀의 치료사가 서둘러 종결하고 치료를 떠나버린다.

시간이 지나면서 두 가지 극적인 사건들이 나타난다. 하나는 사회적 추구를 둘러싼 것이고, 다른 하나는 열고-닫음(opening-closing)을 조절하는 보다 심리적인 것이다. 현재 적당히 성공한 캐서린은 사회적, 직업적으로 큰 성공을 원하고 있다. 그녀가 갖고 있는 에너지의 대부분은 자신을 직업적으로 더 발전시키기 위해 필요한 사회적 접촉들을 만드는 데에 사용된다. 집에 머무르려고 하는 남편의 태도는 일종의 닻으로서, 그녀를 아래로 끌어내리는 동시에 그녀를 안정시킨다. 그녀는 비록 그녀 안에 일종의 깨지기 쉬움, 예리함, 닫혀 있는 것이 있음에도 불구하고, 매우 매력적이고, "정상적"으로 보이며, 사람들이 함께 있고 싶어하는 사람이다. 그녀는 자신이 스스로와 접촉하는 데 문제가 있다는 것을 알고 있다. 감정이 일어나기 시작하면, 그녀는 마음을 닫아버린다. 그러나 감정이 일어날 때 마음을 닫는 경향이 그녀 자신의 숨겨진 천장으로부터, 즉 사회적 및 직업적으로 그녀 자신을 닫게 하지는 않았다.

그녀는 마치 자신이 원하는 것을 지지해줄 자원들이 아직 도착하지 않은 양, 그녀 자신의 차단 지점을 통과하려고 무기력하게 노력했다. 그녀는 아이들과의 관계에서 반응의 질이 중요하다는 것을 알고 있었고, 남편과의 관계를 변화시키기 위해 노력하기 시작했다. 조금씩, 접촉을 유지할 수 있는 능력, 순간의 작은 정서적 떨림들에 접촉하는 능력이 치료의 중심적인 요소가 되었다. 그녀가 가진 큰 두려움 중의 하나는, 감정들이 그녀를 추한 존재로 만들 것이고, 외상을 겪지 않은 것처럼 보이는 그녀의 겉모습을 지저분하게 만들 것이며, 그녀가 쓰고 있는 정상성의 가면을 깨뜨릴 것이고, 그 결과로 어떤 일이 일어날지도 모른다는 생각이었다.

3장에서, 나는 말과 말없음 사이의 관계를 조사한다. 이 탐색의 중심에 있는 남자인, 해리는 자신이 말로써 사람들을 죽이고 있다고 느낀다. 그러나 아무도 그것을 모르고 있는 것 같다. 사람들은 그의 살인 의도와 그의 살인적 말들이 지닌 영향력을 느끼지 못하는 것 같다. 그는 사람들이 무슨 일이 일어나고 있는지 알지 못한 채 말로써 항상 서로를 죽이고 있다는 인식을 갖고 있다.

해리는 자신이 고도로 각성되어 있는 상태에서, 아무런 영향력을 미치지 못하고 용해되고 있는 자신에 대해 분노하고 있는 아기라고 환상한다. 그의 분노는 목표를 빗나간 뒤 선회하여 되돌아온다. 소리 없는 영향력의 부족은 그의 말을 더럽힌다. 말은 말 못하는 사람을 조금씩 갉아 먹는 개미와도 같고, 충분한 효과를 지니지 않은 적대적인 무한과 같다. 그의 정동 안에 있는 어떤 것, 그리고 이후의 정동적 말하기는 타자(the Other)를 찾는 데 실패한다.

4장의 "외상 덩어리(Trauma Clots)"에서, 나는 어니라는 한 남성의 복잡성을 탐색한다. 그는 자신의 유년기를 지나치게 단순화했고 그렇게 한 것에 대해 대가를 치렀다. 그는 자신의 유년기의 삶이 안락했고, 바로 그것이 지금 현재의 삶이 그토록 힘들게 느껴지는 이유라고 스스로에게 반복해서 말했다. 현실의 만족스러운 측면들을 기초로 한 이 이상화의 작은 조각은 외상을 경시한 망상과 현실주의가 조합된 것을 은폐하고 있었다. 정신분석은 초기의 손상과 관련된 외상을 너무 중시한다는 비판을 받는다. 삶이란 회복하고, 다시 시작하고, 우리를 멈추게 하는 것을 쓸어버리고 앞으로 나아가는 것이 아닌가?

자신의 과거에 대해 망상적인 생각들을 만들어낸다는 것은 그 사람이 현재 어떤 특정한 방식으로 망상과 함께 살고 있다는 것을 의미한다. 우리는 망상을 현실처럼, 일상적인 이야기의 일부처럼, 사물들에 대한 묘사의 일부처럼 들리게 만드는 경향이 있다. 그것이 우리의 본성인지도 모른다. 때때로 치료는 망상이 붕괴되기 시작한 사람들을 도울 수 있는 기회를 갖는다. 망상이 붕괴 되는 지점에서, 그 사람의 삶이 지닌 영향력은 느껴질 수 있는 기회를 갖는다. 사람이 자신의 삶은 영향력을 갖지 않는다고 생각하며 생을 보낼 수도 있다는 것은 참으로 두려운 인간의 특성이다. 영향력 없는 삶, 즉 영향력을 지니지 않는 삶은 불가능한 일이고, 그것은 환각에 빠진 상태이기는 하지만 결코 드물지 않다.

어니의 경우, 신화와 현실 사이의 대비가 현저했다. 치료가 진행되면서, 외상 덩어리들이 모습을 드러냈고, 이 덩어리들 내부에는 아버지의 죽음, 유년기에 겪었던 성추행, 어머니의 정신병(결국 영구적으로 입원치료를 받아야 했던), 그리고 그의 상태를 극적으로 만들기 위해 스스로 만들어낸 외상 등이 있었다. 아니는 간헐적으로 붕괴를 겪었고, 우리의 첫 만남에서 만일 치료가 효과가 없으면 자신은 자살할 것이라고 단호히 말했다. 이것은 어떤 상황에서도 충분히 두려운 일이지만, 나는 그 말이 치료가 그의 유년기의 이상화된 신화들을 충족시키지 못했음을 의미한다고 이해했기 때문에 더욱 두려웠다. 삶은 결코 외상에서 자유롭지 못하다는 것을 이해하는 것이 내게는 매우 중요했다.

외상을 경시하는 것은 재앙적인 결과들을 가져올 수 있다. 부시 행정부는 서둘러 이라크와의 전쟁을 시작할 때, 전쟁의 외상을 경시했다. 그들은 첫 폭격("충격과 경외", 신비한 불꽃놀이처럼 취급된 외상 용어들)을 현실적인 충격을 덜 경험하도록 완곡하게 묘사했다. 전진과 목표를 이상화하는 물결들은 삶이 길을 잃고 원래의 형태에서 벗어나 뒤틀려 있다는 느낌, 거짓말들이 조국의 형태를 왜곡했다는 느낌을 무디게 했다. 개인의 삶과 사회정책 안에서 이상화된 외상을 보는 것은 끔찍한 일이다. 이상화는 외상적인 충격을 무디게 한다. 이 외상적 충격은 빈번히 현실에 대한 자각을 일깨우기 전에, 황폐함을 증대시킨다. 한 사람이 일으키는 고통을 무디게 하는 것은 외상적 기교의 일부이다. 자기 면죄(self-exoneration)는 권력에의 의지(will to power)의 일부이다.

망상은 개인 및 집단 과정의 일부이고, 우리의 정신이 작용하는 방식의 일부이다. 우리는 망상에서 자유로울 수는 없지만, 최소한 우리가 망상적인 존재라는 사실을 인식할 수는 있다. 이 인식은 적어도 문제들에 대한 "해답들"로 제시되는 파괴적인 행위를 향한 우리의 열정의 속도를 늦출 수 있을 것이다.

5장의 "선거 강간"(Election Rape)에서, 나는 개인적 문제들과 사회적 문제들을 접합시키고자 시도했다. 나의 환자인 칼라는 선거에서 일어나는 강탈에 대해 말하면서, 2000년 조지 W. 부시의 대통령 당선에 의해 침범당한 감정을 생생하게 묘사한다. 공공 현장에서의 침범은 유아기부터 지속된 그녀의 가족 내에서의 침범과 연결되어 있었기 때문에 그녀는 타자 안에서 그 침범을 읽어내곤 했다. 자기와 집단 분위기 속의 가장 친밀한 영역들과 행위 사이에서 울리는 반향들은 통상적으로 깨달아지는 것보다 더 만연되어 있고 뚜렷하다. 개인적, 가정적, 공공적인 영역들은 우리의 주의를 벗어나는 방식으로 서로에게 스며들고 침투한다.

6장의 "치유에의 갈망"에서, 나는 손상에 대한 한 여성의 감각에 초점을 맞추었다. 그녀가 가장 애착을 가졌고 가장 신뢰했던 사람인 그녀의 치료사는 그녀를 극심한 고통 가운데 남겨둔 채 그녀와의 치료를 중단했다. 그녀는 또 다른 관계를 시작할 수 없었고, 여러 치료사들을 전전했다. 나 역시 그녀를 진료할 수 없었지만, 우리는 간헐적으로 만났다. 그리고 비정기적인 만남들 안에서 많은 일들이 일어났다.

나는 그녀가 손상된 애착과 상실을 극복해야 할 필요가 있다고 느끼기 시작했다. 상처의 깊이가 어느 정도인가가 중요했는데, 그것은 중독적 수준일 가능성이 높았고, 그보다 더 심할 수도 있었다. 그것은 그녀에게 일종의 정서적인 양분이었고, 반쯤 독이 든 양분이었으며 그녀의 영혼을 채우기도 하고 비우기도 하는 찌르는 듯한 고통이었다(Eigen, 1999, 2001). 그녀는 그것 없이는 불안을 전혀 견딜 수 없었다. 하지만 그것이 있을 때에도 불안은 거의 견딜 수 없는 것이었다.

그녀는 내 사무실에서, 다른 정신분석가(Ghent, 1990)가 쓴 "항복"(surrender)의 중요성, 즉 후퇴하지 않고 자신을 삶에 맡기는 것의 중요성에 대한 논문을 발견했다. 그녀는 매달리기에 대한 해결책으로 이 항복의 가치를 이상화 했지만, 자신은 그런 경험을 할 수 없을 거라고 느꼈다. 그것은 다른 사람들에게는 가능한 일일지 모르지만 그녀에게는 아니었다. 그녀는 너무나 많이 손상되었고, 성공할 가망이 없었다. 그렇지만 …

7장의 "나 홀로 지점들"에서, 나는 내 안에 있는, 내가 말을 할 수 없는 어느 한 장소, 내가 빠져나올 수 없을 것처럼 막혀 있는 한 지점을 다룬다. 내가 그 곳에 있을 때, 나는 환자가 내게서 더 많은 것을 원하더라도 그것에 응할 수가 없다. 내가 반응한다고 해도, 나는 진정으로 의사소통할 수 없다. 내가 무엇을 말하든 그것은 만족스럽지 않다. 그때 환자의 욕망은 바닥에 떨어지고, 벽을 친다. 그녀는 한동안 나의 정서적 지원을 상실한다.

다른 사람들도 이 고요한 지점을 가지고 있다. 때로 정서적 충만감은 우리를 조용하게 만든다. 그러나 이 장에서 내가 관심을 갖는 것은 얼어붙음, 심연의 움직일 수 없음, 무능, 말없음이다. 내 맞은편에 있는 사람은 나에게 "불이야!"라고 소리치고 있는데, 말없는 부동 상태의 불편하고 미안해하는 무딘 시선만이 그를 물끄러미 바라보고 있는 것이다.

격노(rage)는 움직일 수 없는 상태를 깨뜨리는, 또는 깨뜨리고자 하는 한 가지 방법이다. 8장의 "격노로 채우기"에서, 나는 세 명의 개인들의 격노 성향을 탐구한다. 세부적으로 묘사된 격노의 양상들은 자기를 감정으로, 자기와 타자에 대한 굴욕감으로, 신처럼 느껴지는 순간적인 전체성의 감각으로, 자격감과 자기의(自己義)가 정의감과 위법에 대한 느낌이 융합된 것으로, 자신의 영향력을 느낄 수 없는 집요한 무능감 등으로 채우는 것으로 나타난다. 무능한 혹은 무력한 격노와 같은 문구들이 우리의 마음 깊은 데를 건드리는 이유는 그것이 움직일 수 없음과 무력함의 역동, 즉 타자들에 대해 자신의 행동이 갖는 영향력과 접촉하고 그것을 느낄 수 없는 상태를 표현하기 때문이다. 많은 개인들에게 있어, 그러한 무능은 정서적 공허함 속에서, 상호적 영향력에 대한 민감성이 손상된 곳에서 성장한 것 때문에 발생한다. 자주, 사회는 우리가 서로에게 영향을 미치는 방식에 대해 무시하는 것이 더 이롭다고 가르친다. 단, 그것이 남보다 앞서 가거나 남을 이기거나 또는 상실과 굴욕감이 위협할 때 반격하는 것과 관련된 경우는 제외하고서 말이다. 엄청난 양의 격노는 개인적, 감정적, 또는 더 큰 사회적 수준을 막론하고 무능과 결점을 가린다. 치료의 고요함은 더 넓은 범위의 개인적 반응에 귀를 기울이게 하고, 환자에게 정말로 많이 필요한 심리적 양분들을 위한 공간을 제공한다.

9장, "광기의 상자들"은 이 책에서 가장 "기법적인" 동시에 "이론적인" 장이다. 이 장에서는 멜라니 클라인의 작업이 갖는 관점들을 다룬 후에 위니캇과 라캉의 이론으로 결론을 마무리 짓는다. 내가 클라인의 작업에 초점을 맞추는 이유는 그녀가 자신의 이론의 중심에 정확히 광기와 파괴성을 두기 때문이다. 그녀는 그녀가 "내부로부터의 파괴적 충동"이라고 부르는 것과 관련해서 인간의 삶의 광기적 역동에 대해 자세히 설명한다. 그녀는 자기, 타자들, 환경, 그리고 세계와 연결된 광기와 파괴성을 탐구한다. 신경증을 정신적 불안에 대한 방어기제로 봄으로써, 정신분석에 있어 큰 전환점을 이루게 된 것은 대부분 그녀의 작업을 통해서였다. 그 후 광증의 변천에 대해 큰 관심을 둔 위니캇(1992)과 비온(1992)의 뛰어난 작업이 뒤따랐다.

수년 간, 그녀의 연구는 신뢰를 얻지 못했는데, 그 이유는 그녀가 의문점이 많은 개념인 프로이트의 죽음 욕동을 사용했기 때문이다. 그녀가 이 개념을 사용한 것을 우리가 어떻게 받아들이든지, 멸절 불안 그리고 그것이 정신병적 및 정신병질적인 파괴성 사이의 관계가 갖는 중요성은 전쟁, 인간의 상처, 경제적, 정치적, 기술적(technological) 교만(과대망상이 아니라고 해도) 등에 의해 드러났다. 클라인이 인간 정신의 이중 핵, 다시 말해 좋은 핵과 파괴적 핵, 혹은 그녀가 그녀의 책들 중 하나의 제목처럼, 감사와 시기심(gratitude and envy)을 강조한 것은 오늘날 우리에게 많은 것을 말해준다. 적어도 그것은 신호이자, 경보요, 자명종이다. 파괴에 대한 작업은 한 편으로는 권력감을 자극하지만, 다른 한 편으로는 권태, 고갈, 아무런 영향력도 갖지 않아 무능하고 비현실적인 느낌 속에 남겨지는 것에 대한 두려움으로도 이어질 수 있는, 이중적인 방향을 갖는다.

이 책은 우리가 살아있는 동안 자기(self)가 어떻게 죽는지에 대한 묘사로 끝을 맺는다(10장, "멸절된 자기"). 우리는 우리 존재의 멸절된 구석들을 지니고 다닌다. 많은 사람들에게 그 멸절된 부분은 구석이 아니라 중심적인 어떤 것이다. 멸절은 우리가 못 본 척 하려고 노력하는 작은 주머니들로부터 반드시 다루어져야만 하는 영혼 살인에 이르기까지 다양한 범주를 갖고 있다.

건강이란 말은 여러 어두운 요소들을 지닌 광범위한 용어이다. 어떤 종류의 건강은 타자들의 멸절된 측면들을 먹고 살아간다. 멸절된 자아를 만나고 그것과 정면으로 대면하는 것이 사회의 주요 임무 중의 하나이다. 사회적 세력들은 멸절의 무의식적인 영역들을 우습게보고, 그것을 착취하며, 왜곡하고, 자극하고, 희생양으로 삼는 경향이 있다. 자신이 건강하다고 생각하는 지도자는 타자들을 기형으로 만드는 것을 통해서 자신의 내적 기형을 드러내고 싶은 충동으로 내몰릴 수도 있다. 그는 결백함과 정당함을 느끼기 위해 심지어 전쟁?상처와 멸절의 공포?을 필요로 할지도 모른다. 지도자들은 종종 집단에서 작용하는 세력들을 나타낸다.

우리는 요세미티 국립공원에서의 소리 없는 경외에서부터, 사람을 죽이는 고요함까지 먼 길을 왔다. 매우 긍정적인 감정의 가닥들이, 즉 삶에 대한 사랑과 긍정이 이 책에서 펼쳐지고 있다. 그러나 좀 더 깊은 곳으로 들어서면, 우리는 삶에 대한 우리 자신의 영향력이 알려지거나 느껴지지 않는 방식들을 발견한다. 어마어마한 세력 앞에서 무력감과 무능감은 증가한다. 이 책의 각 장들을 읽어가면서, 우리는 영향력이 전혀 없거나 거의 없다는 느낌에 하나의 표시를 남겨 놓았다. 멸절된 자기는 이러한 경향의 보다 극단적인 예이지만, 그것은 드문 일이 아니다.

1장

요세미티의 신(Yosemite God)[1]

요세미티 국립공원은 나를 침묵하게 한다. 말은 녹아버린다. 수백만 년 간 말이 없는 세상. 말이 무엇을 할 수 있겠는가? 나보다 앞선 수많은 다른 사람들처럼, 눈물과 경외감으로 가슴이 벅차다. 거대한 바위들, 거대한 별들. 신적인 아름다움. 바위의 영혼은 말한다. "더 가까이 오라."

표지판은 이렇게 말한다. "이곳은 테어도어 루즈벨트(Theodore Roosevelt)가 존 뮈르(John Muir)와 함께 야영을 하고 즐거운 이야기를 나눈 곳으로, 이곳에서 루즈벨트는 자연의 숲과 야생을 보호해야겠다는 영감을 받았다."

그렇다면 말이 할 수 있는 것은 이것이다. 위대한 생각들과 감정들, 행동들을 불러일으키는 것. 테어도어 루즈벨트와 나처럼 서로 다른 사람들 안에서, 말은 큰 변화를 일으킬 수 있고 또 정말로 그렇다.

내가 이 책에서 나의 글들에 담고자 하는 것은 침묵, 바람, 그리고 물에서 울려 퍼지는 말들, 즉 배회하고, 통과해 흐르고, 고양시키고, 세차게 내려오는 영(spirit)이다.

그것은 타고난, 미지의 지성을 나타내는 기표(signifier)로서의 신이 아니다. 그보다는 종교들을 탄생시키는 신이다. 드러내기도 하고 감추기도 하는 종교들 말이다. 그 종교들은 신을 서툴게 짜깁기하지만, 신에 대한 암시들과 신을 향한 통로들, 방향표시들, 신의 흔적들을 제공한다.

나는 종교를 생명 없는 신이 갇혀 있는 신의 화석(God fossil)이라고까지 말하지는 않겠다. 종교는 우리 안에 신을 이식하고, 우리를 일깨우고, 우리가 어느 정도 신에게 나아가도록 도울 수 있고 또 정말로 그렇게 한다. 이러한 종교들은 꼭 필요한 것인가? 요세미티 혼자서는 그렇게 할 수 없는 것인가? 요세미티 그 자체만으로도 신에 대한 모든 감각에 불을 붙일 수 있지 않는가? 요세미티는 신을 불러일으키지 않는가? 분명히, 신도 창조가 취하는 형태들을 보며 경외감을 느끼고, 할 말을 잃고, 놀라워하고, 감동받고, 황홀해할 것이다.

말이 하는 것, 그 위험성을 보라. 나는 방금 마치 신이 옮겨 심은 것, 이식한 조직, 이식한 기관이기라도 하듯이, 종교가 신을 이식하는 데 도움을 준다고 말했다. 마치 종교가 그 자체가 자라나고 표현된 어떤 것을 우리에게 주입하는 것인 것처럼 말이다. 어쩌면 우리는 종교를 분출, 절규, 신음, 속삭임, 고백적인 기도로 보아야 할지도 모른다. 시편의 마지막 장처럼, 기쁨에 찬 외침과 함께, 심벌즈를 두드리고, 뿔 나팔을 부는 다윗 왕의 춤과 노래처럼 말이다. 생동감이 진동하며 밀려올 때, 삶에 대한 느낌을 반향하는 노래들처럼 말이다.

그러나 종교는 신의 이식물(God implants)이다. 그것은 안식은 매우 특별하고, 매우 성스럽고, 심지어 회개보다 더 성스러운 것임을 배우면서, 안식일에 촛불을 켜고, 안식일에 먹는 빵인 할라를 먹는 것이다. 나의 유대인 학교 선생님은 안식일이 속죄일보다 더 성스럽다고 말함으로써 우리를 놀라게 하는 것을 좋아했다. 안식일에 우리는 회개하는 일로부터도 안식할 수 있다. 당신은 유년기의 기억들, 이식물을 가지고 있다. 그것들이 작동할 때, 그 이식물은 자라고, 그것과 함께 당신이 자라며, 그때 성스러움도 함께 자란다.

종종 그 이식물은 잘 자라지 않는데, 그때 그것은 손상과 왜곡을 가져온다. 우리는 그것을 우리 자신들에게서 빼내려고 노력하고, 달아나고, 다른 길을 찾으려고 한다. 우리는 달아나고 또 달아난다. 우리 중 일부는 정신분석학으로 달아난다. 우리는 신이라는 나쁜 이식물로부터 우리 자신을 구하기 위해 정신분석으로 달아난다. 우리는 종종 이러한 이식된 기억들을 부모라고 부른다.

좋은 것과 나쁜 것, 영양소와 독소, 훼손된 것과 훼손되지 않은 것을 구별하는 것은 어려울 수 있다. 독이 든 영양분과 손상된 유대관계보다 더 구속력 있고 매력적인 것은 거의 없다. 신앙심 깊은 사람들이 우리 안에 신을 채워 넣기 위해 사용한 방법은 정신을 독으로 물들이고 영혼을 손상시킬 때가 많다. 우리는 우리의 정신적인 위를 비우고, 경험을 소화할 능력을 회복하기 위해 부분적으로 정신분석을 사용한다.

어떤 사람들은 정신분석이 사람들에게 독성을 참아내는 법을 가르친다고 비판한다. 또 다른 사람들은 정신분석에서, 독과 손상을 다루고, 우리가 두려워하는 것에 접근하고, 우리의 기질에 도전하는 것에 더 가까워지고자 하는 보다 진실한 소명을 발견한다. 정신분석은 의학이라기보다는 창조 행위이고, 정서적 태도들에 대한 끊임없는 조형(shaping), 재-직조(re-texturing), 미세한 조율이다.

　내가 알고 있는 신은 우리가 창조하기를, 현기증이 날 정도로 아찔한 그 힘을 맛보길 원한다. 신에 대해 아찔함을 느끼고, 타자들에게는 해를 끼치지 않는 것, 그것은 결코 일어날 리 없는 어떤 것이다. 신은 마치 살인이 없는 세상을 이루는 것처럼, 우리가 절대 일어날 리 없는 어떤 것의 기술을 연습하길 원하시는 건가?

　우리는 우리 자신을 재창조하기 위해 정신분석을 만들어냈다. 만일 우리 자신을 재창조하기 위해서가 아니라면, 적어도 우리 자신에게 도움이 되도록, 혹은 적어도 우리 자신과 함께 작업할 수 있도록 하기 위해서다. 나는 우리라고 말하지만, 그것은 물론 프로이트를 의미한다. 그러나 어떤 도구가 그것을 만든 사람의 손을 떠나는 순간, 누구든 그것을 이용할 수 있다. 그리고 어떤 용도로 그것이 쓰일 수 있는지에 대해서는 아무런 예측도 할 수 없다. 예로 공산주의에 표현된, 역사적 권력에 대한 마르크스와 레닌의 묘사는 본래 우리 자신들을 돕고, 사회를 치유하고, 더 공평한 삶을 만들기 위한 하나의 시도였다. 그러나 스스로를 돕기 위해 우리가 하는 것들은 설령 그것이 축복이라 하더라도, 불행과 혼합된 것으로 드러난다.

　내가 만약 영화를 만든다면, 우리는 영화에서 신이 천사의 무리들에게 다음과 같이 말하는 것을 엿듣게 될 것이다. "저들에게 자신들의 충동을 더 잘 다룰 수 있게 될 거라는 희망과 함께 프로이트와 정신분석을 보내자." 신은 전에도 여러 가지 방법들을 사용했지만 큰 성공을 거두지는 못했다. 홍수들과 전염병들은 효과가 없었다. 올바르게 행동하는 자에게는 천국을, 나쁘게 행동하는 자에게는 지옥을 약속하는 학대적이고 징벌적인 방법도 소용이 없었다. 우리는 지금까지 아주 나쁜 아이들이었다. 우리는 여전히 좋게 행동하지 않고 있다. 그래서 또 다른 시도로서 정신분석이 등장하게 되었다. 그것은 보다 더 자유롭고 간접적인 방법으로 충동들을 다루고, 자유연상과 자유롭게 떠다니는 주의력 (free floating attention)과 함께 원하는 것은 무엇이든 말하고 또 새로운 방식으로 듣는 것을 포함한다. 어쩌면 정신분석은 우리에게 더 나은 방법으로 그리고 덜 파괴적인 방법으로 나쁜 사람이 되는 법을 가르쳐주고 있는지도 모른다.

우리는 이 새로운 장난감, 즉 전문가들이 방법이라고 부르는 것을 가지고 작업하면서, 충동의 통제보다 훨씬 더 큰 문제가 우리 앞에 놓여 있다는 것을 발견하게 되었다. 서로 뒤얽히고, 진동하고, 고정되고, 변하는 정서적 태도의 영역들이 모습을 드러낸 것이다. 우리는 우리가 어렴풋이 감지했다고 생각한 의식의 분기점들, 깜박임들, 틈새들만이 무의식적인 작용을 담당하는 것이 아니라는 것을 깨닫게 되었다. 점점 더, 초점은 감정 전달의 뉘앙스들, 삼투성과 비움의 변증법, 우리가 어떻게 스스로와 타자들을 받아들이고 없애는지에 대한 것으로 옮겨졌다. 존재의 질이 정서적 삶의 무의식적 작용의 질에 어떻게 영향을 끼치는지에 대해서 뿐만 아니라, 역으로 정서적 삶의 무의식적 작용의 질이 존재의 질에 어떻게 영향을 미치는지에 대해서도 관심을 갖게 되었다. 다시 말해서, 채찍과 당근보다는 경험의 장을 여는 것에 관심을 갖게 된 것이다.

이와 함께 꿈 작업(dream-work)의 중요성에 대한 우리의 자각이 커졌다. 위니캇(1992)은 꿈꾸는 것이 경험을 사용하는 데, 그리고 삶을 더 실감나게 만드는 데 도움이 된다고 생각했다. 비온은 꿈 작업을 감정적 경험의 처리와 연결시켰다. 우리는 삶을 현실로 꿈꾸어야 한다. 손상된 꿈 작업은 우리를 감정의 만성적 소화불량 혹은 정지 상태에 남겨놓는다. 비온(1992; Eigen, 2001)은 꿈 작업과 같은 것이 낮과 밤에 계속된다고 보았는데, 그것은 존재의 수준들과 형태들을 연결시키고, 삶을 수용하고, 그 삶을 자세히 탐색하고, 심오한 삶의 조화들을 다시 되돌려주는 기능을 한다.

그러나 거기에는 꿈을 넘어서는 경험도 존재한다. 꿈꾸는 것은 이미 우리가 깨어 있는 동안 함께 작업할 수 있는 이야기 구조들과 이론적 설명들로 가는 길 위에 있다. 우리는 오직 꿈을 꾸기 위해서 자는 것이 아니라, 꿈이 도달할 수 없는 장소들, 꿈을 향해 오는 장소들과의 접촉을 허용하기 위해서도 잠을 잔다.

비온(1992: 149-50)은 잠(sleep)이 필수적인 한 가지 이유는 그 사람이 깨어있는 동안 가질 수 없는 감정적인 경험들을 가능하게 하기 때문이라고 말한다. 잠은 깨어있거나 꿈꿀 때 도달할 수 있는 범위 바깥의 경험이 꿈의 범위 안으로 들어올 수 있게 한다.

이런 생각은 매일의 삶은 과거이고, 꿈꾸는 것은 현재이며, 꿈을 꾸지 않는 것은 미래를 공허로 만든다는 힌두교의 속담과 같은 맥락에 속해 있다.

우리는 이것을 말이 없고 상이 없는 무의식이라고 불러야 할까? 아니면 즉 꿈이 없는 잠 속에서 우리에게 접근하는 경험을 통해 우리의 삶에 형태 없고 말로 표현할 수 없는 양분을 공급하는 관문이라고 불러야 할까? 마치 신이나 자연, 혹은 진화가 우리가 어떤 것을 사용하지 못하도록 막아줌으로써 우리가 그러한 특별한 형태의 접촉을 통제적인 이야기나 권력에 대한 욕망이나 두려움으로 망쳐버리지 못하게 하는 것처럼 말이다. 그것은 우리의 평상시 초점과 선택적 주의, 심지어 우리의 꿈속에서의 초점들조차 작용하지 않을 때, 우리에게 다가온다. 그것은 우리가 바라보고 있지 않을 때 우리에게 다가오는 접촉이다.

그러나 깨어있는 삶 안에는 우리 존재들의 말로 설명할 수 없는 배경과 반향하는 여러 요소들이 있다. 요세미티의 장엄한 고요, 그 무언의 경외는 삶을 새롭게 북돋아주는, 꿈이 없는 잠에서의 형태 없는 관문과 연결되어 있는 것처럼 느껴진다. 이러한 접촉에서도 설령 그것이 은은한 것일지라도 목소리가 들려올 수 있다. "이스라엘아 들으라, 주는 여호와시며, 주는 한 분 이시다." "듣다"(hear)와 "여기 있다"(here)라는 말이 동음이라는 점에서 신의 이름이 "내가 여기 있다"로 번역될 수도 있다는 것은 언어의 우연에 속한다. 소리 없는 들음(hearing)과 여기에-존재함(here-ing) 그리고 꿈이 없는 접촉의 재료를 통해, 성격(personality)에 의해 닫혀 있던 경험은 출구를 찾게 된다. 그런 순간에 요세미티는 우리를 감동시킨다. 왜냐하면 그것은 매우 오래된, 그리고 우리가 잠자는 동안에 계속해서 존재해온 경이롭고 영원한 충족감을 자극하기 때문이다.

평화, 상쾌함, 충만감 등과 같은 우리의 윤리적 감각의 일부가 꿈이 없는 잠에 의해 공급받는다고 말한다면 너무 지나친 것일까? 경험의 새로운 가능성들이 잠을 통해 우리와 접촉할 수 있도록 들어오는 것일까? 만약 우리가 인식하지 못한다면, 그것이 어떻게 우리에게 접촉할 수 있는 것일까? 이것은 우리의 존재를, 특히 우리의 유연성을 특징짓는 아포리아(aporia, 해결의 방도를 찾을 수 없는 난관)이다.

아마도 그것은 우리를 신비감으로 이끌 것이다.

꿈이 없는 잠에서 발견되는 평화는 대부분의 꿈들이 제공할 수 없는 무언가를 우리에게 가져다준다. 그것은 갈등, 적대감, 두려움보다 우리를 더 깊이 사로잡는다. 많은 꿈들은 깨어있는 삶 속에서의 마찰들을 증류하고 과장하는 박해적인 요소들을 가지고 있다. 평화에 대한 생각은 어디에서 오는 것일까? 나는 그것의 한 가지 근원이 "깊은 잠"이라고 생각한다. 잠과 "깊음" 사이의 연결은 우연이 아니다. 잠이 깊을 수 있다는 것은 일상의 불안들이 고갈시킬 수 없는 깊은 평화를 우리에게 선사한다. 그것은 우리가 깨어있는 동안이 아니라 잠들어 있는 동안에 들어오는 평화이다.

우리는 하루의 활동이 끝난 후에 잠을 기대하는데, 그것은 단지 우리의 원기를 회복하기 위해서만이 아니라, 휴식과 잠이 가져다줄 수 있는 깊은 평화를 만나기 위해서이다. 우리가 기도와 명상을 통해 얻고자 하는 것이 바로 우리 존재의 기초를 그런 평화에 두는 것일지도 모른다.

잠이 모든 사람에게 평화로운 것은 아니다. 잠을 자는 것이 어려울 정도로 손상이 깊거나 의식이 고조되고 민감할 수도 있다. 어떤 것을 마음에서 떠나보내지(let go) 못하고, 내려놓지(surrender) 못하며, 잠에 몰두할 수 없는 많은 사람들이 불평을 호소한다. 어떤 이들에게 잠은 살인적인 것이고, 꿈은 악몽일 때가 많다. 우리 존재의 외상적 이면은 우리가 잠자는 동안 굴레에서 풀려나 완전히 자유로워진다. 그렇다고 해도, 잠을 두려워하는 많은 사람들 역시 잠이 살며시 다가오는 평화로운 순간, 잠이 그들을 감싸고 깊은 평화가 은근히 퍼지는 순간들을 소중히 여긴다. 문제는 그들이 깨어나고 나면, 메시지가 왜곡되고, 평소처럼 다시 공포가 군림하는 데 있다. 그들은 평화가 더 오래 지속되지 않는 것에 대해 후회, 슬픔, 또는 분노를 표현하기도 한다. 그러나 설령 평화에 대한 기억이 거의 지워졌다고 해도, 그것은 여전히 남아 있고, 우리는 그것을 더 많이 원하고 있다.

잠이 너무 심하게 왜곡되는 바람에 평화를 얻지 못하는 사람들 중의 일부는 깨어있는 동안에 의미의 고양된 순간들을 발견한다. 아름다운 색깔을 지닌 하늘, 나무, 언덕, 그림, 표정, 어조, 친절한 몸짓, 음악을 만나는 순간들이 그것이다. 요세미티 신에 대한 감각과 형체 없는 존재의 이면이 표면을 뚫고 나와 존재를 고양시킨다. 번득이는 통찰력, 독서, 글쓰기, 불면증이 보상하는 순간이 있다. 어떤 종류의 평화는 고양된 인식의 일부를 구성한다. 설령 그 인식이 산산조각난다고 해도 그렇다. 그것은 마치 불이 붙고, 눈부시게 타오르고, 흩어지고, 떨어지는 불꽃놀이에서의 평화와도 같다.

요세미티의 장엄함 속에서 느껴지는 경외심을 일으키는 평화가 있는가 하면, 깨어있는 상태에서 느껴지는 평화가 있고, 또한 깊은 잠에서 느끼는 평화가 있다. 다시 말해, 평화에는 여러 종류가 있다. 나는 생동감을 주는 평화에 관심이 있다. 우리를 설레게 하고 마음을 고양시키는 평화 말이다. 그것은 단순히 나는 작고 요세미티는 크다거나, 나와 요세미티가 천천히 혹은 빠르게 변화하고 있어서가 아니다. 우리 둘 모두는 혼을 가지고 있다. 바위의 위대한 혼은 내게서 전율과 설레는 깨달음을 불러일으킨다. 나는 돌에 의해 접촉되고 침범당하는 것을 통해 생동감에 몸을 떤다. 일상적인 경험으로 전이되는 장엄함, 그것이 육체의 접촉에 따른 결과의 일부이다.

이 깊은 마음의 휘저음을 연결시켜주는 위대한 사상들이 있다. 선에 대한 플라톤의 비전이 있는가 하면, 서로를 수단이 아닌 목적으로 대하라는 칸트의 비전이 이다. 이러한 비전들은 상대방의 입장에서 베풀고, 돌보고, 생각하라는 황금률과도 연결되어 있다. 칸트는 별이 총총한 하늘보다 더 우리의 마음을 설레게 만드는 도덕적 세계에 대해 말한다.

생존욕구와 실리, 적대감, 권력에 대한 욕망이 만연한 이 세상에서 평화와 돌봄과 타자들을 목적으로 대하라는 생각이 나오는 원천은 무엇인가?

자연적 분배(natural divisions) 대 투쟁(strife)이라는 비전이 그 중 하나일 수 있다. 도교(Taoism) 대 엠페도클레스나 헤라클레이

토스 학파의 견해가 그것을 대표할 것이다. 어떤 이들은 변증법, 역설, 더 큰 전체를 위해 기여하는 다양한 경향성들과 긴장들을 말한다. 임마누엘 레비나스(Emmanuel Levinas, 1969; Eigen, 2005)는 인간의 얼굴에 대한 우리의 반응에서 표현된 또 하나의 가능성을 이끌어낸다. 그것은 타자(Other)에 대한 경험, 특히 상대방의 표정에 대한 경험을 통해 성장하는, 우리의 육체에 새겨진 도덕적 감각이다.

레비나스는 취약성, 끝없는 호소, 심지어 궁핍까지도 말한다. 타자는 우리의 반응을 불러낸다. 우리는 지금 주인이나 종으로서의 타자가 아니라, 신과 다른 사람들 앞에서 벌거벗은, 그리고 궁핍한 상황뿐만 아니라 위험에 처해 있는 타자에 대해서 말하고 있다. 우리는 모두 타자들에게서 어떤 것을 요구하는데, 그것은 우리 모두가 그들에게 베풀도록 요구되는 것이다. 무한한 요구와 무한한 베풂, 이 두 가지는 모두 고갈되지 않는다.

육체를 입은 무한, 직접적인 무한, 무한한 직접성이 어머니의 얼굴에 대한 유아의 반응에서부터 성장한 어른으로서의 서로에 대한 우리의 반응에 이르기까지 타자에 대한 인간의 반응에서 드러나고 있다. 무한한 직접성은 그 안에 무한한 거리의 핵을 담고 있으며, 또한 돌봄과 존중을 요구하는 친밀한 거리를 담고 있다. 여기에 베풂의 한 형태로서의 보고 느끼기가 있다. 어떻게 거리가 무한한 직접성이 될 수 있으며, 고갈되지 않는 돌봄이 될 수 있는가? 거리는 잔인함에서부터 동정심까지의 범위에 걸쳐 있지 않은가? 살아있는 것을 정의롭게 대하는 차별된 삶을 사는 것, 이것이 우리가 추구해야 할 만한 있는 직접성이 아닐까?

우리는 상처가 어떻게 가해지는지를 배우고, 우리 앞에 있는 사람에게서 우리가 만들어낸 고통을 읽는 법을 배우는 시간을 가져왔다. 적과 낯선 이의 목을 베고, 친한 사람을 파괴하는 것에 대해서 우리는 잘 알고 있다. 우리는 학대하고 고문하는 종족이고, 고통을 가하는 집단이다.

우리는 우리가 물려받은, 사방에서 우리를 향해 달려드는 고통을 막아내기 위해 우리가 얼마나 방어적인지 알고 있다. 우리는 또한 어려움에 처한 사람의 삶을 돕는 것이 어떤 것인지 알고 있다. 누군가를 돕는 것은 우리 자신이 어려움을 겪는 것을 의미한다. 우리는 하나의 집단으로서 어떤 것이 더 큰 만족과 더 큰 희망을 불러일으키는지를 결정했는가? 우리는 삶을 또 다른 수준으로 데려다주는 호소—상호저인—를 희석시키기로 결정하지는 않았는가?

우리는 잔인하지 않으면 공허할 거라는 생각과 베풀지 않으면 공허할 거라는 생각, 이 둘 중에 어떤 것이 더 두렵다고 상상하는가? 우리는 마치 살아있음을 느끼기 위해, 두 가지 모두를 필요로 하기라도 하듯이 그 둘 중에 어느 것도 잃고 싶어 하지 않는데, 이는 의존이요, 잔인성과 베풂의 변증법들에 중독된 것이다. 자살 폭탄 테러에 포함된 천재성의 일부는 그것이 잔인함의 섬광과 완전한 자기 헌신이라는 두 개의 극단적인 요소를 극적으로 결합하고 있는 것이다. 배후의 헌신적인 얼굴들, 친구들, 어머니, 군인 형제들의 지지를 받으면서, 신 혹은 대의(cause)를 위해 자기 자신을 내어 주는 것. 그러나 여기에는 결함이 있다. 그것은 어떤 얼굴들은 인간적이고 어떤 얼굴들은 인간적이 아니라고 믿는 잘못된 생각에 기초해 있다.

레비나스가 말하는 것은 사방에 존재하는 얼굴들의 호소, 즉 경험 안에 자리 잡고 있는 구체적인 것으로서의 보편적 호소이다. 그것은 경험으로 만들어진 직접적인 호소이다. 여기에 예외는 없다. 이것은 우리의 시각, 청각, 몸의 촉각에 새겨진 도덕적 목표이자, 우리를 고양시키고 살인을 넘어 삶으로 밀어붙이는 목표이다. 그것은 어쩌면 불가능한 목표일 수도 있다. 그러나 우리가 그것을 감지할 때 우리는 칸트가 옳다는 것을 알게 된다. 그것은 바로 별들이 노래하는 바로 그 아름다움이기 때문이다. 그것은 모든 아기들의 마음과 얼굴에 웃음을, 즉 생생하게 살아있고 빛을 발하는 자발적인 미소를 불러일으키는 사건이다. 무언가가 끔찍이 잘못되지 않았다면 말이다.

그렇다면 우리는 무엇을 주도록 요청 받는가? 우리는 우리 자신을 주도록 요청 받는다. 우리를 기꺼이 내어주는 것이다. 다른 어떤 사람도 이것을 대신 해주지는 않을 것이다. 이것은 당신만이 할 수 있는 일이며, 지금이 아니면 영원히 지나가버리는 일이다.

나의 환자인 커습(Cusp)은 자신이 넘볼 수 없는 예쁜 소녀와의 성관계를 꿈꾼다. 그는 두렵다. 무슨 일이 있었던 걸까? 그는 키가 큰 소녀를 꿈꾼다. 그는 또한 세미나에서 강연을 하는 꿈을 꾼다. 그런데 강연장 뒤에서는 듣기 좋은, 하지만 어쩌면 정신을 산만하게 하는 물소리가 들린다. 그는 그 문들과 창문들을 닫아야 할까?

그 다음 주에 그는 실제로 지방의 한 저명한 단체를 위해 주말 세미나를 열고, 그 곳에서 만난 누군가와 잠자리를 같이 한다. 상대방은 보통은 그가 접근하기 두려워하는, 그가 넘볼 수 없는 키가 큰 소녀이다. 세미나가 열린 그 곳에서, 그들은 곧바로 사랑에 빠졌는데, 그것은 하룻밤 동안 만이었다. 그 다음날 그녀는 이미 그에게서 벗어나 자유로운 영혼이 되어 다양한 사건들의 바다 가운데서 살랑이고 있었다. 그녀는 그녀의 마술 지팡이로 그를 건드렸고, 그는 다시 태어난 것 같은 느낌과 구원받은 느낌을 경험했으며, 상실까지도 풍요로움의 일부로 받아들였다.

그것은 구원 행위로서의 섹스였다. 그녀의 몸과의 순간적인 접촉을 통해, 들어갈 수 있도록 허용 받고, 안겨지고, 미소의 대상이 되고, 느껴짐으로써 그는 구원을 받았다. 좋았던 한 순간은 그의 일상의 문제들이나 특정한 고통들을 해결해주지도 않을 것이고, 상처 입은 자기를 새롭게 바꿔주지도 않을 것이다. 그것은 단지 존재의 배경과 자신이 가치 있다는 감각에 빛을 더해주고는 영영 지나가버린 한 순간이다. 그리고 그에게 있어서 그런 순간은 이번이 처음이 아니다.

그는 모든 사람이 성관계 중에 빛을 보느냐고 묻는다.

모든 사람이 그런지는 모르지만 내 자신은 종종 그렇다. 내가 처음부터 그랬던 것 같지는 않다. 처음에는 무언가 금기에서 벗어나는 느낌이었고, 그 스릴감의 일부로서 맛보는 승리감 같은 것이었다. 그러나 내가 20대를 벗어날 즈음, 정확히는 30대 초반에, 빛은 내 머리 속과 주변의 어둠 속에서, 내 눈의 뒤쪽에서 찾아와, 피부를 따라 서서히 흐르면서 영적이고 신체적인 나의 몸 아래와 안, 위로 밀려들어왔다. 그것은 내가 마주하고 있는 사람의 얼굴에서부터 흘러나와 방 안을 비추었다. 조금 코믹한 방식으로, 키스 헤링(Keith Herring)은 이것을 음경을 둘러싸고 있는 빛의 파장을 나타내는 선들로 표현한다. 감각과 감정에서 빛이 발산된다. 당신은 가끔 동물들에게서 이 빛이 비치는 것을 볼 수 있다.

키스 헤링이 그린 음경 주위의 빛은 중세 및 르네상스 그림들의 천사들과 성자들의 머리 주변에서 빛나는 후광이 그런 것처럼 생생한 느낌을 준다. 그러한 표현들은 오해를 불러올 수도 있다. 나의 환자와 내가 경험하는 빛은 한 곳에 고정시키기 어려운 반면, 그러한 빛은 한 지점에 고도로 집중되어 있기 때문이다. 그것은 도처에 존재하고 있는 영혼에 대한 생각을 불러일으키는 것의 일부이다. 그러나 나는 내 경험에 솔직하기 위해, 성적 기관이 흥분되는 순간조차도 이곳저곳에 더 높은 밀도로 존재하며,

다양한 농도로 물결치며 흐르는, 그러나 결코 죽지 않고 영원히 강렬하게 빛나는, 시작도 끝도 없는 행복감의 전율을 경험할 수 있다는 말을 덧붙여야겠다. 나는 그와 비슷한 경험을 많은 곳에서 여러 형태로 경험했다.

예를 들어, 나는 신이 내가 방문했던 다른 장소들보다 예루살렘에 훨씬 더 많이 집중하고 있다고 느꼈다. 그 황금빛 조명은 메마른 땅, 오래된 성벽, 빛의 일부인 것처럼 보였다. 신은 그 땅, 그 하늘에 있었다. 나는 안과 밖에서 빛나는, 말로 표현할 수 없는 감각을 느꼈다. 어쩌면 감각은 본래 말로 표현할 수 없는 것일지도 모른다. 그 지역의 쓰라린 고통을 거부할 수 없는 빛, 높임, 깨달음이 거기에 있었다. 신은 무한히 광범위한 곳에 있지만, 그 무한한 곳 안에는 무한한 변동이 있다. 이는 변화하는 운명에 미치는 고대 신들의 영향력을 특징짓는, 변화하는 강렬한 신적 빛과 일치한다. 프로이트는 그러한 경험으로부터 리비도 개념, 즉 즉각적으로 이곳저곳으로 퍼지며 형태와 농도를 바꾸고 유동적인 전기 이미지의 형태를 띤 에너지 개념을 추출했다. 그것은 성적이고 우주적인 비전이었다.

만일 영혼이 환경에 영향을 미치고 환경이 영혼에 영향을 미친다면, 나는 이 땅의 악이 워싱턴 D.C.의 공기에 어떤 영향을 미치지는 않을까 염려된다. 그곳에는 선도 존재할 것이다. 비록 우리가 무엇이 악이고 무엇이 선인지에 대해서는 견해를 달리하더라도, 선과 악의 다툼은 항상 존재한다. 삶에서 옳은 일을 하고 서로에게 공정한 일을 하고자 하는 감각은, 성서가 말하듯이, 남은 자들을 통해 여전히 살아있다. 그럼에도 불구하고, 삶은 정의에 대한 서로 다른 생각들, 즉 무서울 정도로 적절한 표현인, 정의의 변질들로 인해 희생당한다.

우리는 커슘이 꾼 꿈의 하류로 표류해 온 것 같다. 우리가 예상할 수 있듯이, 그 꿈은 두 개의 흐름으로 이루어져 있다. 그것은 무의식의 열림과 닫힘에 대한 라캉(1978, pp. 32, 125, 143)의 묘사와 맥박의 유비에서처럼 열림과 닫힘으로 되어 있다. 열기와 닫기는 기본적인 리듬이다. 꿈의 움직임은 또한 접근할 수 없는 것에 접근하고, 접촉할 수 없는 것에 접촉하는 것을 포함하며, 이것이 바로 커슙이 꿈과 깨어있는 삶에서 맛보는 것이다.

꿈과 깨어있는 삶은 서로를 투과할 수 있다. 꿈꾸는 것은 우리가 잠자는 동안 진행되는 일종의 깨어있는 삶이며, 깨어있는 삶을 사는 것은 깨어있는 동안에 진행되는 꿈을 꾸는 것이다. 꿈과 깨어있음은 함께 만나 커슙에게 도달할 수 없는 무언가에 도달했다는 감각을 준다. 그것은 성적 은총에서 맛보는 것과 같은 경험이다. 그것은 우리가 소중하게 여기는 감정이며, 우리의 삶을 살 만한 가치가 있는 것으로 만드는 것이다. 그것은 우리 존재의 배경으로부터 스며나오는 은총이요, 도전이다. 어쩌면 충분히 좋은 경험들(충분하다는 것이 가능할까?)이 합쳐져서 어떤 결정적인 지점을 넘어설 때 그것은 더 나은 불균형을 창조할 수 있을지도 모른다. 삶의 많은 부분에서, 약간의 좋음이 커다란 결과를 만들어낸다.

성적 은총 안에서 느끼는 기쁨의 일부는 손상되고 질식된 자기의 영역들을 관통해 흐르는 좋음이다. 그때 사랑이나 즐거움 또는 가능성이 내면의 괴물과 접촉한다. 잠시 동안 가슴은 미소 짓고, 미녀와 야수의 이야기에서처럼, 몸과 영혼의 기괴하고 기형적인 요소들을 건져낸다. 그때 우리는 우리 자신이 선함에 의해 접촉되었다고 느끼고, 심지어 우리 자신을 선하다고 느낀다.

여기에서 우리를 도전하는 것은 선함을 일상생활 속으로 구현하는 데 필요한 시간과 노력을 내놓을 수 있는가이다. 선함이 우리의 삶에서 살아남을 수 있는가? 우리의 삶을 이끌 수 있는가?

꿈이나 육체 안에서 축복된 하룻밤을 즐기는 것과 일상생활 속에서 선함을 세상 안으로 가져오고, 선한 탄생들을 중재하며, 선함을 구현하는 것은 별개의 문제이다. 선한 사람들은 오랜 시간 동안 선을 실현하고자 노력해왔다. 그리고 삶이 그들의 노력 중 많은 부분을 휩쓸어갈 때조차도 그들은 어느 정도 그 일에 성공했다. 그러나 우리는 선을 이루고자 하는 의지가 해를 끼치는 일로 인해 어느 정도 좌절을 경험한다.

성서는 삶에 대한 욕망과 존재를 향한 투쟁에 대해서만 기록하고 있지 않다.[2] 그것은 생존, 삶을 더 유익하게 만들고자 하는 선의 투쟁, 서로를 더 나은 방식으로 대해야 할 필요에 대해서도 기록하고 있다. 성서는 "살인하지 말라"와 같이 목표들을 정해주지만, 그 방법을 보여주지는 않는다. 심지어 신은 분노하여 우리를 쓸어버리려고 하신다. 우리는 마치 분노의 폭발에서 흘러내린 자비의 부스러기를 먹는 개미처럼 살아간다. 우리는 추문과, 수치와, 격노의 대상이다. 그러나 우리는 다시 일어서고, 빛은 우리를 통해서 드러난다. 밤의 잠자리에서뿐만 아니라, 낮 동안의 만남에서, 우리의 담론에서, 그리고 우리의 희망 속에서 그것은 빛을 발한다.

답을 가지고 있는 사람은 아무도 없다. 우리는 결정들이나 행동들의 결과가 어떤 것일지에 대해 미리 말할 수 없다. 우리는 과학, 예술, 정치 등의 삶의 모든 분야로부터의 기여를 필요로 한다. 나는 정신분석이 이러한 노력에 중요한 보탬이 된다고 믿는다. 정신분석학에서 우리는 파괴성에 관해 좀 더 많은 것을 배운다. 우리는 감정이 중요하고, 감수성이 어떻게 작용하는지 느낄 필요가 있으며, 윤리가 우리 자신들과 타자들에 대한 감수성에 뿌리를 두고 있다는 것을 배운다. 정신분석 역시 답을 가지고 있지는 않다. 하지만 그것은 새로운 형태의 대화들, 새로운 탐색들,

영혼의 새로운 모험들을 시도할 수 있는 방법들을 제공한다. 그것은 적어도 불가사의하게 얽혀있는 우리의 정신이 가져 오는 어려움들과 난관들을 부각시켜준다.

우리는 우리의 소망과는 달리, 우리 자신들이나 타자들에게 투명하지 않다. 우리는 타자들이 그들 자신들에게 숨기고 있는 것들을 보고, 그들은 우리가 숨기고 있는 것들을 본다. 그러나 보는 것이 전지하거나(omniscient), 심오하거나 유용한 것이 되는 것은 아니다. 삶의 질에 도움이 되는가, 아니면 해를 끼치는가는 우리가 무엇을 보느냐가 아니라 우리가 본 것을 어떻게 사용하느냐에 달려있다.

적의(敵意)는 모든 곳에 있다. 그것은 집단들과 개인들의 경계에, 가족들과 국가들 안에, 자기의 내부에 있다. 어느 정도의 적의는 우리의 정신적 면역 체계의 일부이다. 칸트가 표현했듯이, 우리는 일종의 비사회적인 사회적 집단이다. 우리의 보호적 적대감은 마치 고슴도치가 따뜻함을 느끼기 위해 다가가다가 상대방에게 상처를 입히는 것과 마찬가지로, 미쳐 날뛰기 쉽다.

하지만 우리의 비관적인 현실주의의 바다 안에는 결코 포기를 모르는 낙관주의의 씨앗이 있다. 우리는 우리가 받은 장비를 가지고 일하는 것, 우리가 가진 능력들을 단지 착취하는 것이 아니라 그 능력들의 동반자가 되는 것, 우리가 어떤 존재인지를 배우고 그 배움을 지속해 나가는 것이 바로 우리의 책임이라는 것을 깨닫고 있지 않는가? 그것이 우리가 수천 년, 아니, 어쩌면 더 긴 세월 동안 노력해온 것이 아닌가? 우리의 살인 욕구(물리적, 경제적, 사회적, 또는 영적인 것을 포함하는)로부터 좀 더 멀리 떨어진 곳, 그곳이 진화가 우리를 데려가고 있는 곳이 아닌가? 우리의 타고난 요소와 씨름하면서 좀 더 잘하기 위해 노력하는 것이 아닌가?

정신분석은, 우리가 만약 좀 더 많은 상자를 열어 통제의 모델들과 정동의 탐구 및 정서적 전달의 모델들을 결합한다면, 우리가 무엇을 할 수 있을지를 알아보기 위한 하나의 시도이다. 그것의 한계와 실패가 무엇이든, 정신분석은 그것이 붙들고 씨름해야 할 심리적 현실의 측면들에 대해서 말한다. 과학이건, 영(spirit)이건, 웃음이건, 아니면 환호이건, 정신을 불법화하거나 금하려는 어떤 시도들도 필요한 작업을 지체시킨다. 그 작업은 미지의 작업이다. 우리는 정신을 함부로 취급할 수는 없다.

우리는, 내가 보기에, 이전에 실제로 존재하지 않았던 방식으로 함께 존재하는 방법들을 발견하고 있다. 감정의 미뢰들을 사용하는 방법들, 즉 서로를 때려눕히는 것보다 더 흥미로운, 포용하는 관계 양태들을 사용해서 서로를 느끼는 방법들을 우리는 알게 되었다. 진화의 최첨단은 사람들이 함께 존재한다는 것이 어떤 것인지를 아는 것을 포함한다. 정동적 태도는 존재의 가능성의 풍부한 결들을 창조함으로써, 우리가 그것의 형태를 빚는 대로 우리의 형태를 빚어내는 원재료이다. 듣고, 느끼고, 말하는 것은 우리가 가야 할 먼 여정이다. 그것은 색깔, 물질적 형태, 유전자와 신경 화학물질 등의 형태를 바꾸는 것 못지않게 중요한 과제다. 듣기, 느끼기, 말하기의 진화에 물질의 진화가 달려있다. 가치와 자존감에 대한 우리의 느낌은 바로 이 진화에 달려있다.

칸트는 자존감과 행복을 대비시킨다. 우리가 서로의 무한한 가치를 긍정하는 삶으로 진화하는 것은 웰빙, 안락함, 타성의 희생을 수반한다. 진정한 자존감은 그것에 달려 있다. 나는 이 장을 칸트가 한 말을 인용하는 것으로 끝내고자 한다. "자연은 인간이 잘 사는지에 대해 전혀 관심이 없다. 단지 인간이 행동으로 자신의 삶을 살만하고 행복한 것으로 만드는 지점에 도달할 수 있을 뿐이다"(p. 31). 우리가 영성(spirituality)에 대해 고려할 때, 칸트의 이 말을 잊지 말자.

주(notes)

1. 요세미티는 캘리포니아의 요세미티 국립공원(Yosemite National Park)을 말한다. 이 장은 내가 2004년 여름에 그 곳을 방문했던 경험으로부터 시작된다. 그 곳의 바위 형태들은 정말 경외감을 자아내는 것이었다.
2. 성서는 신의 파괴적인 격정들과 분노들이 지나간 후에 살아남은 선한 남은 자에 대해서 자주 언급한다. 이것은 결국 선함이 악에서 살아남은 것, 혹은 승리를 말한다. 그러나 그것은 또한 반복되는 경험이다. 그것의 원형은 대홍수 이후의 노아의 생존이고, 성서의 많은 이야기들, 선언들, 노래들과 기도들을 관통하고 있는 이미지이다. 「휴먼 네이쳐」(Human Nature, 1988, p. 76)에 실린 위니캇의 내적 선함과 나쁜 대상들에 대한 도해들에서는 후자가 다수로 제시되고 있지만, 작은 선함이 더 먼 길을 간다.

2장

아주 작은 떨림

캐서린은 내가 지난 번 만남에서 "접촉"(contact)이라는 단어를 사용한 것 때문에 내가 "X학파"에서 훈련을 받았느냐고 물었다. 그 만남에서 그녀는 따뜻했고, 울보였으며, 다소 두려움에 차 있었다. 내면의 떨림과 몸의 떨림은 그녀가 아주 조금은 마음을 연 상태임을 말해주었다.

열림 대 닫힘은 지난 회기의 주제였다. 캐서린은 자신의 분석가를 잃은 것에 대해 눈물을 흘리며 이야기 했는데, 그 분석가는 아이를 낳기 위해 치료를 중단했다. 그녀는 아이를 낳은 후에 분석활동을 무기한으로 쉬기로 결정했다. 2개월, 4개월, 6개월 - 1년이 지났지만 그 휴진의 끝은 보이지 않았고, 캐서린은 상실감에 빠져 있었다. 그녀의 분석가는 그만큼 특별했다.

그녀는 그 사이에 몇몇 치료사들에게 조언을 구했다. 그들은 어느 정도 도움은 되었지만, 캐서린 자신의 내면이 보여 지고 들려지는 것처럼 느껴지는 특별한 특질을 소유하고 있지는 않았다. 그들은 이런저런 것들을 이해했고, 지지와 도전 사이에서 균형을 맞추었다. 캐서린은 그들과 잘 지낼 수 있었지만, 거기에는 특별한 무언가가 빠져 있었다. 캐서린은 상대방의 예민한 부분들을 건드리고는 다시 치료자 자신에게로 후퇴한 다음, 특정 영역만을 보여주는 치료사들을 보면서 치료의 한계를 느꼈다. 그녀가 만난 사람들은 그들이 하는 일에서는 훌륭했지만, 자신들을 전체 인격으로 제시하지는 못했다.

나는 최대한으로 그 순간에 몰입하려고 노력했지만 좀 더 따뜻하고, 완전하고, 열려있기 위해 노력하고 있는 나를 발견할 뿐이었다. 나는 그녀의 이전 분석가를 알고 있었고, 그녀가 아주 친절하고 민감하며, 나보다 더 가볍게 접촉하고, 자발적인 부드러움을 갖고 있다는 것을 알고 있었다. 그녀에 비해 나는 더 거칠고, 세련되지 못하고, 저돌적이고, 상상적이고, 신화적이라고 느껴졌다. 나는 어떤 특별한 성질들을 갖고 있었는데, 그것들은 기분, 정동의 떨림, 표정의 특질, 심상(imagery), 존재의 분위기, 즉 삶 전체를 감지하는 나만의 방식이었다. 나는 과정 안에서 길을 잃기도 하고, 충분히 느끼지 못하거나, 충분히 거기에 있지 않거나, 들쭉날쭉하거나, 고르지 못하거나, 어색하거나, 상태가 좋지 않거나, 잘 맞지 않기도 한다. 캐서린은 그녀가 지난 번 분석가와 경험했던 특질들의 자연스런 균형을 나에게서 찾을 수 없을지도 모른다. 나와 함께 하는 것을 해방되는 경험으로 느끼는 어떤 사람들처럼, 캐서린도 그렇게 느낄지 모르지만, 나는 그녀가 자신을 떠난 그 여성과 함께 했을 때만큼 그렇게 속속들이 인식되고 응답받는다고 느낄는지에 대해서는 확신할 수 없다.

그녀는 자신은 직장을 다니는 어머니인데 그녀의 분석가는 전업 어머니가 되기 위해 일을 그만두었다는 데 대해 화가 나 있었다. 그것은 두 가지를 다 하고자 하는 캐서린의 욕망이자 이념의 일부였다. 그녀는 자신의 분석가가 가정생활에 우선순위를 두는 선택을 했다는 사실에 배신감을 느꼈다. 그녀의 눈에 그것은 퇴보적인 선택이었고, 페미니즘으로부터의 후퇴였으며, 일종의 방종이었다. 캐서린은 그녀의 분석가가 일보다 아이를 더 중요하게 느낀다는 생각을 받아들이기 힘들었다. 캐서린이 운 좋게도 그녀의 분석가에게서 맛볼 수 있었던 좋은 모성적 현존은 현재로선 실제 아기의 몫이라는 것을 발견했다.

위니캇(Winnicott, 1965:52-4, 85-6)은 어머니들이 "일차적 모성몰두"(primary maternal preoccupation)의 시기를 갖는다고 말한다. 이 시기는 어머니가 자신의 아기를 돌보는 일에 거의 완전히 빠지게 되는, 최초의 몇 개월을 가리킨다. 어머니가 아기의 욕구들을 감지하고 그것들을 채워주려고 노력하기 때문에 둘 사이의 조율은 거의 완벽에 가깝다. 그 후 서서히 어머니는 자기 자신으로 돌아오고, 그것의 마법이 깨어지면서 그녀는 아기 바깥의 삶을 되찾기 시작한다. 전적 헌신은 아이의 발달적 움직임에 맞추어 자발적으로 조절된다. 심지어 이러한 모성적 몰입 상태에서도, 위니캇이 말하는 어머니는 유아의 고유한 현실을 직관적으로 감지하는 지각능력을 어느 정도 갖고 있다는 점에서, 어머니의 사랑이 단순히 맹목적인 것은 아니다. 자신들이 맺고 있는 관계 바깥으로 나아가고자 하는 어머니와 아기의 욕구는 어느 정도 함께 성장한다.

나는 일차적 모성몰두가 치료의 핵심이 어떤 것인지를 말해주고 있고, 또한 그것이 삶을 관통해 흐르는 공감의 일부일 거라고 생각한다. 그것은 우리의 감수성과 관련된 상처의 느낌에 어떤 역할을 한다. 때로 성장의 경향성은 공감적 지지대에 갇혀있다고 느끼면서 그것을 깨고 나오려고 시도한다. 우리 삶을 받쳐주는 공감적 토대는 달콤한 것이지만, 때로는 질식시키는 것으로 느껴질 수 있고, 그래서 우리는 신선한 공기를 찾게 될 수 있다.

심리치료 또한 상충되는 경향성들을 담아내고자 하고, 최선을 다해서 그것들을 다루어낸다. 이 과정에서 치료관계의 와해는 하나의 역할을 한다. 상실과 이별은 연결되었다는 느낌만큼이나 치료의 중요한 일부이다. 이러한 사실 혹은 가능성은 우연에 의한 상실, 운명적인 행동들, 뜻밖의 사건들, 치료사의 이사나 죽음 또는 상황의 변화로 인해 모호해진다. 캐서린의 치료사의 경우 이별은 어머니가 되기 위한 것이었다.

상처 입은 감수성은 경험적 사실(a fact of experience)이다. 그것이 어떻게 발생하는가, 무엇을 의미하는가, 그것과 함께 무슨 일이 일어나는가는 다양하다. 캐서린은 치료에 마음을 열기 시작하는데 그녀의 치료사는 치료관계를 떠난다. 모든 것은 좋은 이유들과 좋은 의도들로 싸여 있다. 그러나 파열(rupture)이 일어난다. 그것을 합리화하려는 시도들은 상황을 다소 완화시킬 수는 있지만, 상실과 고통은 지속된다. 캐서린은 다시 마음이 닫히는 것을 두려워한다. 그녀는 자신이 완고해지고 폐쇄적으로 되는 것, 예전에 그랬던 것만큼 나쁜 정도는 아니지만, 자신이 원치 않는 곳으로 가고 있다고 느낀다. 그녀는 자신이 얻은 것들이 위험에 처해 있다고 느끼고, 함께 마음을 열 누군가를 찾는다. 그녀는 치료사들을 옮겨 다니며 그녀의 마음을 열어줄 사람을 찾고 있다. 사람들은 직업, 성적 파트너, 관심사들을 통해 이러한 일을 한다. 작가와 예술가들은 책에서 책으로, 그림에서 그림으로 옮겨가며 이를 실행하는데, 이것은 많은 창조적 동반자들을 즐길 수 있는 생산적인 방법이다. 캐서린은 심리치료에서 그 길을 찾고자 했다. 그녀는 마음을 열 수 있는 기회를 망치고 싶지 않다.

나는 그녀가 뒤로 물러나는 것을 보고 놀라지 않았다. 우리가 좋은 회기를 가졌다는 사실이 그녀를 걱정하게 만들었다. 혹시 내가 적절한 치료 동반자가 아니면 어쩌지? 그녀가 치료 과정에

몰두했는데 내가 그녀를 실망시킨다면 어떻게 하나? 우리가 함께 나눈 좋은 회기가 그녀에게서 더 많은 불안을 자극했는데, 그것은 더 많은 것들이 그 회기와 관련되어 있기 때문이었다. 그 회기에서 그녀는 자신의 이전 정신분석가에 대한 분노와 여러 다른 감정들, 즉 두려움과 슬픔과 걱정을 드러냈다. 그것은 감정들의 소용돌이로 가득한 것이었다. 그녀는 자신이 소중하게 여기고 있는 조율(attunement)을 깨는 것이 두려워 자신의 치료사에 대한 화를 꾹 참았다고 털어놓았다. 이것은 그녀가 자신이 느꼈다고 알고 있는 격노, 즉 그녀의 마음을 여는 것을 도와주었던 선함에 자신이 갇혀있다는 격노를 포함한 많은 것들에 대한 그녀의 격노에 가장 근접한 것이었다.

과거에 분노는 닫힘의 일부분이었다. 그녀는 그 분노가 더 깊은 열림의 일부가 될 수 있는 지점에는 도달하지 못했었다. 그녀가 호인이어서가 아니었다. 그녀는 성난 반발, 차이에 대한 성난 표현, 단정 짓는 말, 권리들에 대한 성난 주장을 하는 단계를 거쳤다. 분노는 그녀에게 낯선 것이 아니었다. 그것은 그녀의 삶을 더 좋게 만들었지만 거기에는 상당한 대가가 따랐다. 그녀는 자신이 분노 주변으로 축소되고, 그 분노의 틀에 갇히고, 굳어지고, 조여지고, 모나게 되고, 쥐어짜지는 것을 느꼈다. 그녀는 자신의 분석가가 더 깊이 개방할 수 있게 해준 것에 감사하고 있었지만, 분노가 자연스런 혼합물의 일부가 되는 지점에는 도달하지 못했다.

그녀는 자신의 분석가가 분노를 다루고 싶지 않았다고 추측했지만, 그것을 알아낼 기회는 갖지 못했다. 캐서린은 더 포괄적인 개방성에 다가가고 더 멀리 가길 원하면서도, 실패를 두려워하고 있다. 그녀는 예전에 그녀가 있었던 곳보다 더 나은 곳에 있는데도 불구하고, 자신이 얻은 것들과 삶이 손아귀에서 빠져나가는 것을 두려워하고 있다. 그녀는 이제 반응의 질이 중요하다는 것을 알게 되었고, 정말로 알고 있다. 그녀는 자기 자신뿐만 아니라 그녀의 아이들과 함께 그 차이를 보고 있다. 감정들이 흐를 때, 상황은 더 좋아진다. 그러나 그 흐름이 막힐 때, 재난을 향한 격랑이 시작된다. 심지어 길을 걸어가는 동안에도, 그녀가 살아있다면 햇빛 또한 생생하게 느껴진다. 벽들과 막다른 골목을 만나거나, 그녀 자신이 쇠로 된 주먹이 되거나, 해가 싸늘해질 때 그것은 삶을 지지하지 않는다. 주먹이 필요할 때, 우리는 얼마나 개방적일 수 있을까? 당신은 그녀의 분석가의 출산으로 인해 그녀의 분석이 유산되었다고 말할지도 모르지만, 그녀는 삶에 더 깊은 가치를 부여하는 반응성을 맛보았다. 물론 캐서린은 이 비대칭(asymmetry)으로 인해 힘든 시간을 가졌지만, 반응성이 한계를 가진다는 사실이 그것의 가치를 떨어뜨리는 것은 아니다.

회기들 사이의 공백 기간에 그녀는 반응성에서 경직성으로 옮겨갔는데, 그것은 본래 드문 일이 아니었다. 그러나 나는 그녀가 "접촉"이라는 단어를 특정한 분석학파와 연관시키는 것에 깜짝 놀랐다. 내가 접촉이라는 단어를 사용한 것은 그녀가 만약 나와 함께 작업을 시작했을 때 그녀 자신이 혼자 남겨지고, 내가 반응하지 않고 정서적으로 사라지는 것에 대한 그녀의 두려움에 대해 이야기했을 때였다. 나는 만약 그녀가 내가 접촉하고 있지 않거나 또는 충분히 접촉하고 있지 않다고 느낀다면, 그 사실을 내게 알려줄 수 있을 것이라는 의미로 그녀에게 무언가를 말했던 것을 기억한다. 그녀는 어떤 식으로든 상황이 잘못된 방향으로 가고 있다는 신호를 보낼 수 있었다. 나는 수정할 수 있고, 필요한 만큼 가감할 수 있다. 그녀는 접촉 욕구에 대한 신호를 보내는 데 어떤 역할을 할 수 있다.

내가 그 점에 대해 말했을 때 나는 무언가 잘못된 것을 느꼈다. 상담은 거의 끝날 무렵이었고, 과연 무슨 일이 일어났는지를 알아볼 시간이 없었다. 나는 "접촉"이라는 단어가 그녀에게 특별한 의미를 지닌 것이고, 정서적 허기에 대한 두려움을 야기하는 연결의 상실, 반응 없음에 대한 기표(signifier)라는 사실을 모르고 있었다. 다른 많은 것들이 잘 되어가는 것으로 보였기 때문에, 무언가 잘못되고 있다는 나의 느낌은 쉽게 관심 뒤편으로 사라지고 말았다. 그러나 그 느낌은 완전히 사라지지 않았고, 캐서린에게서 두려움과 도피와 싸움을 불러일으켰다. 내가 그 다음 번에 그녀를 보았을 때, 나는 전기가 흐르는 선을 만진 것 같은 충격을 느꼈다.

"당신은 X학파의 일원인가요? 그들에게서 훈련을 받았나요?"

"나는 수년 전에 그들과 함께 했었고, 그들이 매우 도움이 된다는 것을 발견했습니다."

"저는 그들 중 한 명에게서 분석을 받았습니다. 그들이 따르는 이론은 환자가 접촉을 향해 손을 뻗을 때까지 분석가가 기다려야 한다는 것인데, 일종의 요구충족적인 접근이지요. 만약 환자가 접촉을 추구하고 있지 않다고 생각된다면, 분석가는 침묵을 지켜야 합니다. 환자는 접촉을 하려는 시도들에 대해 보상을 받으면서도 과도한 자극을 받지 않지요. 하지만 저는 정서적으로 거의 굶어 죽을 지경이었습니다. 저는 그것을 견딜 수 없었어요. 당신은 당신의 분노를 말로 표현하든지, 아니면 당신이 어째서 그렇게 할 수 없는지, 그리고 당신의 내면에서 그것이 어떻게 작용하는지를 발견해야만 합니다. 저는 결국 이러지도 저러지도 못한 채 꼼짝 못하고 혼자가 되는 비참함을 느꼈습니다. 저는 분석가의 주지 않음이 가져다주는 화나는 고립을 증오했습니다. 제가 떠나려고 용기를 짜낼 때마다, 그는 내가 나아지는 것에 대해 저항하고 있다고 말했어요. 제가 선생님과 접촉하는 것을 시도할 수 있다고 선생님이 제게 말했을 때, 저는 선생님도 그들 중 하나일 거라고 생각했습니다."

나는 말문이 막혔다. 접촉이라는 단어는 우리 각자에게 그렇게 다른 것을 의미했다. 그녀에게 그것은 실패, 무능, 고통스런 고립을 의미했다. 나에게 그것은 삶의 문제들과의 접촉과 관련된 어려움들을 포함해서 삶 자체를 의미하는 것이었다. 그것은 어려움과 풍요로움 모두와의 만남이었다.

한 순간의 성찰이 그 문제가 지닌 깊은 차원을 열어주었다. 접촉 결핍의 그림자가 접촉이라는 단어에 드리위져 있었디. 그렇지 않다면, 왜 접촉에 대해 말을 했겠는가? 접촉한다는 것은 접촉되어 있지 않은 상태, 즉 장벽들과 장애물들에 막혀 있는 상태를 암시한다. 사람은 특정 시간(t)에 더 많이 또는 더 적게 접촉하고 있거나 접촉하지 않고 있다. 사람은 x와 더 많은 접촉을 하고 y와는 덜 할 수 있다. 그리고 이것은 t1, t2, t3 … 에 따라 달라지거나 뒤바뀔 수도 있다. 어떤 t이든 그것은 많은 t들을 포함하고, 감싸고, 관계하며, 이 때 x와 y는 개인들 사이나 내면의 심적 상태들, 차원들, 존재의 영역들이 될 수 있다. 캐서린이 (자기, 타자, 삶의 측면들과) 접촉하고 있는 동안 나는 고통스러울 정도로 접촉하고 있지 않다고 느끼거나, 또는 그 반대일 수도 있다. 접촉의 부족은 관계로부터의 자연스런 가라앉기, 빠져나가기, 짧은 휴가 등의 일부일 수도 있고, 만성적인 장애를 포함하는 것일 수도 있다.

W. R. 비온(1992, 143)은 어떤 한 사례에 대한 논의에서 이렇게 언급한다. "이것은 내 견해로는, 성격적으로 누군가와 아주 미약한 접촉을 하는 것조차도 불가능하거나 아니면 어떤 이유들로 인해 대부분의 보통 사람들이 쉽게 받아들이는 다른 사람과의 접촉 경험과 관련해서 지나치게 말이 많은 것을 의미한다."

비온은 접촉에 어려움을 가졌을지도 모르고, 만약 그렇다면 그가 그렇다고 말하거나 혹은 적어도 그것에 대해 넌지시 언급하는 것을 듣는 것은 우리에게 위안을 주는 일이다. 그는 계속해서 접촉의 경험에 머무르고 그것에 대해 이야기하는 데 따른 어려움을 지적한다. 일상생활에서 당연하게 여겨지는 것이 정신분석에서는 붕괴된다. 그러나 일상생활에서의 사람들의 붕괴가 접촉과 관련된 문제를 야기한다는 점에서 이 문제는 더 깊은 것이다. 정신분석이 일상생활에서 항상 당연시되는 것을 파괴하는 것은 아니지만, 성격의 파괴를 포함한 일상생활에서의 파괴는 정신분석으로 하여금 이러한 붕괴와 접촉을 위한 언어들을 찾고 발달시키며 이러한 사실들을 좀 더 정당하게 다룰 수 있도록 추동한다.

프로이트는 리비도와 흥미 사이에 연결이 존재한다고 제안했다. 외부 세계로부터의 리비도와 흥미의 철수는 리비도와 흥미의 투자가 그러한 것처럼 함께 움직인다. 리비도는 외부세계로부터 철수하여 내부로 투자될 수도 있다. 그러나 리비도가 점점 더 고갈되고 접촉에서 떨어져 나오게 되면서 삶과 타자들, 그리고 자기 자신이 점점 더 비현실적으로 느껴지게 되면, 그것은 또한 나(I)로부터도 철수될 수 있다. 프로이트(1911)는 정신증적(psychotic) 환각 안에서 자기와 타자 사이의 관계들을 회복하고자 하는 시도가 이루어지는 것을 보았다. 즉 환각속의 열쇠에서 잃어버린 현실을 회복하고자 하는 시도를 읽을 수 있었다. 예컨대 쉬레버(Schreber)는 세상의 종말을 나타내는 캄캄함을 말한 다음에 세상이 환각적이고 망상적인 방식으로 다시 기적적으로 출현하는 것을 서술했다. 그 종말은 자기의 종말을 포함하는 씨주러(caesura: 철저한 끝인 동시에 완전한 시작)였다.

쉬레버의 붕괴는 직업적 성공과 사랑하는 사람들의 상실에 뒤이어 발생했다. 그들은 그에게 너무나 많은 것을 주었고, 그는 눈물을 흘리기에는 너무 높은 사회적 위치에 있었다. 그의 보다 현실적이고 보다 환각적인 접촉 기능은 부분적으로 삶의 변천에 달려 있었다(Eigen, 1986; 2장, 7).

환각과 망상은 종종 상처 입은 느낌을 묶어주고, 표현하고, 달래주려고 시도하는 것으로 보인다. 프로이트에 관해 논하면서, 나는 언젠가 이렇게 썼다(1986: 47). "상처 입은 소망들은 환각에서 머물 곳을 찾는다." 그리고 "꿈은 그것을 표현한 데 따른 짜증나는 고통을 용해시키는 과정에서 창조되는 일종의 진주이다"(1986: 41). 꿈들은 외상적 충격들을 작업해내고 그것들을 제거하려고 시두하며 그러기 위해 그 충격들을 완회시킨다. 개인은 자기 및 타자와 접촉하고자 하며 또한 접촉이 유지될 수 있게 하기 위해 접촉의 수위를 낮추려고 시도한다. 환각은 접촉을 하는 데, 다시 말해서 직관을 먹여주고 강화하는 데 어떤 역할을 할 수 있다. 환각과 현실 사이의 연결들은 통상적인 믿음보다 더 편재적일 수 있다. 환각화된 현실 또는 현실의 측면들은 우리가 믿고 싶어 하는 것보다 더 널리 퍼져있는지도 모른다. 우리가 현실이라고 부르는 것이 어느 정도나 환각과 망상에서 자유로운 것인지는 분명하지 않다.

환각과 망상이 우리가 현실과 맺는 관계에서 중요한 역할을 한다는 생각은 비온이 생각하듯이, 꿈이 잠자는 동안의 삶뿐만 아니라 깨어있는 동안의 삶의 일부일 경우 더 큰 추진력을 얻는다. 꿈꾸기는 정신적 활동에 대해 말해준다. 우리가 제거하려고 노력하는 고통은 꿈속으로 들어오는 자신의 길을 찾는다. 정서적 자극들은 결코 완전히 용해되지 않는다. 그것들은 초기 압력들을 통해 우리의 표상능력(representational ability)을 일깨우듯이, 우리의 꿈들을 통해 우리를 재형성하기 위해 우리에게 압력을 가한다. 종종 이름을 붙일 수 없는 많은 핵심적인 고통들이 우리 삶의 가장자리에서 출몰한다.

이 모든 것이 캐서린과 무슨 관계가 있는가? 나는 표면적인 논리에서 벗어나 있다. 때때로 회기 중 나는 나 자신이 더 깊이 내려가 더 이상하고 기이한 물고기를 찾고 싶어 하는 심해 잠수부와 같다고 느낀다. 내가 수면으로 올라와도 상황이 낯설기는 마찬가지이다. 나의 접촉 기능은 상황에 따라 변하기 때문에 나는 어떤 장소에서도 낯선 것에 대해 낯설어 하는 않는다. 나는 10대 때부터 접촉에 대해 궁금해 했다. 왜 우리는 외부 세계의 낯선 사람들과 접촉해야 하는가? 이웃들과 접촉하는 것만으로도 충분히 어렵지 않은가. 나는 일찍부터 한 문화가 다른 문화와 접촉하는 것이 얼마나 위험한 것인지를 알았다. 우리는 실제로 유태인 수용소에 갇혀보지 않았어도 그들에 관한 영화들을 보면서 영원히 변화될 수 있다.

나는 자기(self)를 바라볼 때마다 그 안에서 강제 수용소와 같은 측면들을 보지 않을 수 없다. 이것은 어쩌면 환자들에게는 불공평한 일일 수도 있다. 캐서린을 바라보면서 강제 수용소 생존자나 희생자를 보는 것이 어떤 도움이 되겠는가? 그녀가 날카로워지는 것은 어쩌면 당연한 것이다. 치료는 그 자체로서 외상들을 만들어낸다.

그녀가 가장 가치 있는 것으로 여긴, 그녀의 본질을 지탱해준, 꿈 분석에 가까웠던 그녀의 분석을 보라. 많은 꿈들에서 그렇듯이, 한 가지 외상적 핵(core)이 수면 위로 떠오른다. 그녀의 분석은 한 개인, 즉 인격적 존재로서의 그녀의 성장을 지지해줄 뿐만 아니라 그녀에게 상처들을 남긴다. 그녀에게 그토록 많은 것을 준 분석이 깨지고 말았다. 그녀가 희망했던 것보다 더 많은 것을 얻은 것이 그녀로 하여금 더 많은 것을 희망하게 만들었다. 깨어진 분석으로 인한 상처들이 자기의 무너진 부분들을 건드리고 있다. 지금 그녀는 그러한 상처들을 끌어 모으고 있으면서 그 상처들에 관해 꿈꾸는 것을 도와 줄 누군가를 찾고 있다.

성공적인 꿈을 꾸는 것은 단지 기분이 더 좋아지거나 소망-성취(wish-fulfillment)를 이루는 것이 아니라, 사람을 힘들게 하는 것을 조금씩 줄여나가는 것이다. 사람을 힘들게 하는 것을 줄여나가는 것은 조만간 사람을 삶 안에 내장된 이름 없는 짜증스러움, 즉 그가 그것을 무엇이라고 부르든, 보이지 않는 상태로 남아 있는 고통에게로 데려다준다. 터지는 꿈의 거품들은 우리더러 보이지 않는 것들의 예술가가 되라고 도전한다.

만약 접촉이 나쁜 단어리고 느껴진다면, 그 접촉은 외상을 의미하거나 외상과 연관되어 있기 때문이다. 접촉이 있다면, 거기에는 어떤 나쁜 일이 일어날 것이고, 접촉이 존재하지 않는다고 해도 거기에는 어떤 나쁜 일이 일어날 것이다. 캐서린은 그녀의 치료사에 의해 접촉되고 있음을 느낀다. 거기에는 연결, 지지, 인정, 개인적 존재에 대한 깨달음이 있다. 캐서린의 치료사는 접촉을 위해 자기 자신을 개방했다. 개방성은 공명을 일으킨다. 그것은 개방성에게 맛을 제공하면서, 마음을 열고자 하는 캐서린의 욕망을 어루만진다. 캐서린은 마음을 열고, 더 많은 것을 원하고, 더 많은 위험을 감수하기 시작한다. 그런데 그녀의 치료사가 떠난다. 캐서린은 마음을 열 수도 닫을 수도 없는 진퇴양난에 직면하고 있음이 분명하다. 그녀는 상처 난 구멍인 자기의 원재료(raw material)와 직면하고 있다.

그녀는 자신을 굶주리게 했던, 이전의 치료를 떠나 영양가 있는 치료를 찾았지만 그 또한 그녀를 상처 입히는 것이었다. 상처를 받는 방식이나 상처를 주는 과정에 접근하는 방식에는 더 나은 것들과 더 나쁜 것들이 있다. 존재의 중심에 있는 상처와 함께 있는 유일한 방식이란 존재하지 않는다. 주는 것은 좋은 것이지만, 사람은 그 상처가 언제 혹은 어떻게 자신을 전복시킬지 결코 알지 못한다. 그렇게 많은 것을 주는 치료가 어떻게 그렇게 깊은 상처를 줄 수 있을까? 어떻게 그렇지 않을 수 있을까?

나는 하나의 훌륭한 회기가 사람을 뒤로 끌어당기기, 재배치하기, 밀어붙이기, 시험하기 등을 발생시킨다고 믿는다. 그것은 마치 낚시꾼의 흔들리는 뾰족한 찌와도 같다. 어떤 사람들에게서 당신은 갑옷과 무기들을 본다. 당신은 급히 숨고, 방어하고, 다른 장소로부터 나올 수 있는 시간이 있다. 캐서린의 방어는 미친 듯이 떨리는 수백 만 개의 작은 뼈들로 이루어져 있다. 그녀는 팽팽한 피부를 보여주려고 노력하지만 당신은 그녀에게서 작은 젤리 거품들을 본다. 보는 것은 거의 촉각에 가까운 것이고 어떤 면에서는 정말로 촉각적이다. 그것은 심리적 점묘법에 가깝다. 아주 따갑지는 않지만, 매우 조심스럽게 씹어야 하는 생선의 아주 작은 뼈들과 같은, 눈 안의 성가신 가시들. 나는 내 안에 쌓인 그 가시들을 빼낸다. 그 가시들은 오랜 시간 동안 축적된 것이다. 우리는 방법을 알지 못한 채 서로에게 스며든다. 나의 양 손은 부드러운 영역에 도달한다. 내 뼈들 사이에 긴급한 표류물이 느껴진다. "서두르지 마!"

나의 생각은 내가 내 아이들과 "셋, 둘, 하나?접촉"이란 TV 쇼를 보는 것으로 흘러간다. 그것은 내가 자주 보는 쇼는 아니었다. 그것은 과학이나 전기 또는 자력과 관련된 것, 즉 신비한 접촉의 방식들로 가득한 우주에 관한 어떤 것이었다. 사람들 사이에는 신비한 힘의 저류가 흐르고 있다. 우리는 10대 때 초등학교에서 화학, 전기, 끄는 힘과 미는 힘에 대해 얘기하곤 했다. 누군가에게 홀딱 반하는 것이 그렇듯이, 반한다는 단어는 참으로 대단한 것이다.

정신분석에서 "접촉"이라는 단어를 어떻게 사용하는지를 생각해 보라. 비온(1962: 17)이 말하는 접촉 장벽(contact barrier), 즉 무의식-의식 과정 사이에 있는 투과성(permeability), 유동성, 닫힘 등을 나타내는 상상적 기능을 생각해 보라. 기능들과 구조들, 구뇌(old brain)와 신뇌(new brain), 뇌의 우반구와 좌반구, 기억과 지각, 원본능-자아-초자아 사이에서 발생하는 접촉을 말이다.

프로이트는 가운데서 양쪽 모두와 접촉한다. 그는 일차적 상태를 접촉이 없는 것에서 차츰 접촉 기능이 출현하는 것이며, 접촉 기능이 부분적으로 대뇌피질에 자극이 주어지는 것에서 자라나는 것이라고 묘사한다. 우리는 접촉해 있는 동시에 접촉에서 벗어나 있다. 프로이트는 심지어 외적 공간에 대한 우리의 감각이 내적 공간이 투사된 것으로 보는 데까지 나아간다. 비온은 외부 공간에 대한 우리의 감각을 정동적인 충만함-비어있음(젖만이 아니라 감정이 포함된)에 대한 감각과 연결시키면서, 이 주제를 새로운 각도에서 바라볼 수 있는 전환점을 준다. 정서로 가득 차 있음이나 비어있음은 우리가 외부 공간을 느낄 수 있게 해준다. 최초의 공간은 정동적 공간이다.

접촉상태와 그 상태에서 벗어나는 것이 무엇을 의미할 수 있는지에 대해 탐색을 시작하는 데는 오랜 시간이 걸릴 것이다. 마찬가지로, 사람이 접촉하고 있지 않을 때 그가 무엇과 접촉하고 있는지를 탐색하는 것도 이 장에서 다루기엔 무리이다. 우리가 접촉을 하거나 그 접촉을 깨기 위해 노력하고 있음을 알고 있다는 사실은 접촉 여부가 게임의 승패를 결정하는 스포츠, 예를 들어, 야구에서 방망이로 공을 치는 것과 터치아웃을 피하는 것에서 널리 드러나 있다. 접촉에 대한 우리의 감각이 상태와 기분에 따라 달라진다는 사실은 우리로 하여금 우리 자신들에 대해 질문하고 궁금해 하게 만들며, 거의 무한한, 경험의 다른 세계들에 대한 감각을 더해준다. 비온(1992: 372; Eigen, 1986, 1998)은 초기의 정서적 현실을 무한성(infinity)이라고 부른다.

나는 내 첫째 아이가 자궁 밖으로 나와 존재했던 그 첫 순간에, 무한한 수평선을 바라보고 있는 그의 시선에 대해 생각한다. 그는 무엇을 보고, 어디를 보고 있는 것일까? 아기들은 영원성(Eternity)을 바라보고 있고, 우리는 아기의 두 눈을 들여다보면서 신을 바라본다. 몸을 입은 무한히 소중한 존재를 말이다.

캐서린의 삶과 치료는 계속해서 무한성을 깨뜨린다. 너무 성급하게 무한성이 깨어진다. 그녀는 마치 접촉은 전혀 문제가 되지 않는 듯이 행동한다. 그녀는 자신이 접촉이 무엇인지는 알지만 그것을 행하는 데 문제가 있다는 것을 느낀다. 그녀는 마음을 여는 것을 두려워 하지만, 그녀가 마음을 열 수 있을 때 그녀는 그 경험을 가치 있게 여기고 자신을 더 가치 있는 존재로 느낀다. 그녀는 자신이 무엇을 해야 하는지 알지만, 그렇게 하는 것을 두려워한다. 비록 그녀는 정서적으로 차단되어 있다고 느끼지만, 현실에 대해 나보다 더 명료한 관점을 가지고 있는 것으로 보인다. 나에게 있어서, 자기(self)는 문제투성이이고, 신비하다. 무엇이 정체성을 구성하는가에 대한 나의 불확실성은 그녀를 매우 놀라게 한다. 그녀는 신비감을 두려워한다. 그녀는 그것을 구체화할 수 있을 때에만, 자신이 누구인지 그리고 어떤 사람이 되고 싶은지를 안다.

그녀가 벌컥 화를 낼 때, 나는 누가 화를 내고 있는지 궁금해 하며 다음과 같은 상식적인 말로 공백들을 채우고 무지를 숨긴다. "캐서린이 화를 내고 있군요." "캐서린은 자기 자신을 보호하고 있습니다." "그녀는 너무 멀리 나가는 것을 두려워하고 있고, 자신이 상처를 입게 될까봐 두려워 뒤로 물러나고 있습니다." "그녀는 나에게 화가 나 있습니다."

누가 화를 내고 있는지 또 그 내용이 무엇인지 왜 궁금해 하는가? 궁금해 하는 사람은 누구인가? "상황을 얼굴 표정인 것처럼(평범하게) 받아들일 수는 없겠니?" 나의 어머니께서는 이렇게 말씀하시곤 하셨는데, 그 말은 아연실색케 하는 말이었다. 얼굴 표정들은 얼마나 비범한 것인가!

캐서린이 방으로 들어올 때, 그녀는 나의 접촉 기능의 장(field) 안으로 들어온다. 나는 그녀가 나와 함께 작업하는 것에 대해 조심스러워하는 것을 이해한다. 만약 나 자신이 나와 함께 작업했다고 해도 역시 조마조마했을 것이다. 나는 접촉에 대한 나의 감각이 얼마나 쉽게 변하는지 너무나 잘 알고 있다. 환자는 그들을 기다리고 있는 것이 무엇인지 결코 확실히 알 수 없다. 이것은 어느 곳에서나, 어떤 사람들 사이의 어떤 접촉에서나 마찬가지이다. 그러나 치료에서는 접촉을 하는 것에 대한 특별한 초점, 즉 접촉 환상들을 인식할 수 있는 기회에 초점이 주어진다. 서로에게 어떻게 접촉하고 있는가에 초점을 맞추고 있는 방 안의 두 사람이 있다.

하나의 접촉 행동은 종종 갈등을 일으키는 다양한 경향성들을 혼합한다. 우리는 보다 흐릿하고 모호한 여러 과정들과 가능성들을 포함하는 어떤 것에 대해 말하고 있기 때문에, "하나의 행동…"이라는 식의 표현은 적절치 않다. 접촉은 종종 모호하고 때로는 집요한 정서적 압력들의 소용돌이를 포함한다. 우리는 우리가 추적하거나 소화할 수 있는 것보다 항상 더 많은 것들이 일어나고 있는, 많은 대기의 역류들을 통해 서로와 우리 자신들과 접촉한다.

정신분석은 종종 접촉 능력의 증가는 고통을 겪을 수 있는 능력의 증가를 수반한다고 말한다. 분석에서 개인은 강렬한 심리적 압력들을 견딜 수 있게 되기 위해 노력한다. 예로, 위니캇(1988: 80)은 이렇게 말한다. "아마도 인간 세계에서의 가장 큰 고통은 정상적이거나 건강한 혹은 성숙한 사람이 겪는 고통일 것이다."

고통은 건강의 일부이다. 정신세계가 클수록 더 큰 고통이 있다. 인간은 고통을 피하기 위해 스스로를 더 작게 만든다.

사람이 고통을 피하기 위해 발달을 줄인다는 생각과 짝을 이루는 것은 사람이 관심을 가지면 가질수록 고통에 더 많이 개방된다는 생각이다. 사람은 고통을 줄이기 위해 관심을 끊는다. 심리적 접촉의 축소는 단순히 의식적인 의지나 의도의 문제가 아니다. 뒤로 물러나기, 줄어들기, 긴장되기 등의 일종의 만성적이고 내적인 움츠림이나 경련은 우리가 어떻게 해볼 수 없는 방식들로 이루어진다.

위니캇은 극단적인 경험들에 대한 수용성을 형성하는 방식을 지지한다. 그는 부분적으로 삶의 정서적 색채를 순수하게 인식하는 것을 생각한다. 내 경험에 따르면, 닫힌 정신에 구멍을 뚫고 새로운 정신적 길들을 열어갈 수 있는, 고통을 통과하는 방법들이 존재한다. 사람은 이것이 언제 일어날지 결코 알지 못한다. 적어도 내가 글을 쓰고 있는 이 순간 캐서린과 나는 그것으로부터 멀리 있는 것 같다.

우리는 더 작은 단계를 거치고 있다. 나는 갑작스레 화가 나는 것에 대해 긴장하고, 화를 피하기 위해 긴장하는, 캐서린이 느끼는 경직됨을 내 안에서 느낀다. 자기 자신에게 가까이 다가간다는 것은 날카로운 것들에 찔리거나 베이는 것, 또는 화를 내는 사이에 때때로 무정형의 애매모호함에 빠지는 것을 의미한다. 뒤로 물러서거나 스스로를 압축하는 것은 습관적인 것이기도 하다. 우리는 자주 삶에서 휴식을 취하고 회복기를 갖기 위해 뒤로 물러서지만, 내가 묘사하고 있는 경련은 두려운 무력감과 관련이 있다.

나는 그녀의 두 눈과 양 볼, 턱에서 내가 접근하기 어려운 어떤 것을 본다. 어쩌면 나는 내가 감지하고 있는 것이 무엇인지를 찾아낼까봐 두려워하고 있는지도 모른다. 그녀의 가슴은 다소 움츠러져 있다. 나는 산산조각 날 위험에 처해 있는 한 사람을 본다?이것은 어디에서 오는 것이며 나는 무슨 권리로 그것을 말하는가? 그녀는 정상에 머무르려고 애쓰면서 안전한 피난처로 황급히 달아난다. 갑작스런 화냄과 위축은 같은 움직임의 일부로서, 스스로 통제하거나 숨을 수 있다고 상상하는 영역인 더 작은 자기로 후퇴하는 것이다. 어쩌면 위니캇이 묘사하는 충만한 자기는 모든 사람들을 위한 것이 아닐지도 모른다. 그 방향으로 움직이는 것 자체가 너무 견디기 힘든 일인지도 모른다. 캐서린과 함께 있을 때, 나는 "누가 그것을 할 수 있을까? 왜 우리는 반드시 그렇게 되기 위해 힘써야 하는가?"라고 생각한다. 즉 노력의 잔인성에 대해 느끼게 된다. 치료를 탐색하고 있는 캐서린의 행동이 노력하고자 하는 소망을, 즉 그녀가 벗어나지 못하고 맴돌고 있는 소망을 나타내는 것이 아닐까?

여기에 더 많은 것이 포함되어 있다는 한 가지 암시는 그녀가 자신의 남편에 대해 말하는 방식이다. 그녀는 자신이 남편보다 더 큰 존재감을 가지고 있는 더 큰 사람이라고 느낀다. 그녀는 더 좋은 직업을 가지고 있고, 더 많은 일을 하고, 더 많은 돈을 벌고 있으며, 아이들을 더 많이 돌보고 있고, 아이들에게 더 나은 돌봄을 주고 싶어 한다. 그녀의 남편은 자신이 할 수 있는 것을 한다. 그녀는 그를 사랑한다. 그들은 서로를 소중히 여긴다. 그녀는 그를 고맙게 여기고 있다. 그러나 그녀 자신이 그보다는 더 낫다고 믿는다.

그녀는 그들 부부의 사회적 삶을 운영한다. 남편은 더 많은 시간을 자신을 위해 사용하고 싶어 한다. 그는 독서, 글쓰기, 그리기 등 혼자 하는 일을 좋아한다. 그녀는 자기 자신을 느끼기 위해 사람들과 함께 있지 않으면 안 되는 반면에, 그는 자기 자신을 느끼기 위해 혼자 있을 필요가 있다. 그녀는 자신이 주선하는 사교 모임들에 나가길 거부하는 남편을 무시하는 말을 한다. 그는 억지로 그곳에 갈 것이고, 어느 정도 그 모임들을 즐기겠지만, 그녀는 그가 더 많이 즐기길 원한다. 그녀는 그가 그녀에게 비판적인 정도보다 훨씬 더 그에게 비판적이다. 그는 그녀가 사람들과 어울리는 것을 좋게 여기지만, 그녀는 그가 혼자 있는 것을 못마땅해 한다.

그녀는 혼자 있을 때 늘 불안을 느낀다. 그녀의 경우 관계에서 느끼는 불안은 홀로 있을 때 느끼는 불안보다 더 편하다. 결혼에서 종종 그렇듯이, 사람들은 자신들이 결핍하고 있는 기능들을 보충해 줄 상대를 고른다. 각자는 상대방이 할 수 없는 어떤 것을 하거나 될 수 없는 어떤 것이 될 수 있다. 캐서린의 남편은 이러한 분업에서 편안하게 느끼는데 반해 그녀에게는 더 큰 짐이 부과되어 있다.

그녀는 남편이 문학, 철학, 예술의 주제들을 좇으며, 개인적, 문화적, 시사적 사건 등, 연상의 나래가 그를 데려가는 곳을 따라가면서 몇 시간이고 혼자 있는 것을 행복해 한다고 말한다. 그는 때때로 책을 출판하지만, 글 쓰는 것 자체에서 얻는 것을 제외하고는 그 결과로 얻는 것은 아무것도 없다. 그는 전 세계에 퍼져 있는 고통의 기표들을 열정적으로 추적한다. 그것은 시간을 보내기 위한 매우 신랄하고 아름다운 방법이다. 그런 그에게 그녀는 화를 낼만하다. 그녀는 그가 강박적이고 분열적이라고 욕한다. 그녀는 그를 시기하고 깔본다. 그는 그녀보다 더 병적이지만, 그녀보다 더 많은 접촉상태에서 살아간다.

그는 이기적인데 반해 그녀는 사람들에게 베푼다. 그리고 그는 자신이 해야 하는 것을 하는 반면에 그녀는 자신이 해야 하는 것을 하고 있다는 걸 안다. 그들은 자신들에 의해 짓눌린 상태로 각자 자신들의 삶을 살고 있다. 그 둘 중 누구도 상대방이 하는 것을 할 수는 없다. 그런데 그가 그녀를 부러워하는 것보다 그녀가 그를 더 많이 부러워하는 것처럼 들린다. 그는 자기 자신과, 역사에 이름을 남긴 작가들과, 창조성과 맺는 그런 종류의 접촉을 좋아한다. 그는 그녀가 타인들과 맺는 접촉이 피상적이라고 느낀다. "우리는 서로 다른 방식으로 잘난 척하고 있는 거야." 그는 그녀에게 말한다.

그녀는 눈물을 흘리며 벌컥 화를 낸다. 어떻게 눈물로 벌컥 화를 낼 수 있을까? "아주 오래된 일이에요." 그녀가 말한다. "저는 눈물 없이 울어요. 절대 눈물을 흘리지 않죠. 선생님과 함께 우는 것은 안도감을 주지만 아프게 하네요." 그녀의 얼굴은 깨끗하고 피부가 투명하다. 어떤 비누로도 이 정도로 얼굴을 빛나게 할 수는 없을 것 같다. 나는 그녀의 눈물을 공감하지만 빛나는 그녀의 얼굴은 그 눈물을 씻어준다. 이 광채가 어디서 오는 걸까, 나는 궁금해 한다. 내 마음속에서 "통제하는 순진성"이라는 대답이 떠오른다, 나는 나 자신, 나의 뇌, 나의 마음 등 내 머릿속이나 어딘가에 있는 어떤 것들과 이야기를 나누고 있다. 지금 이 순간에 나는 내 머릿속의 어떤 것과 대화를 나누고 있다고 생각한다. 사람들이 어떻게 음성을 듣는지가 눈에 보인다.

한 소녀가 숲 속에서 길을 잃고 있다(이 생각은 어디에서 온 것인가? 이것은 내가 보고 있는 것이다). 그녀의 치료사는 떠나고, 그녀의 남편은 충분히 사회적이지도 않고, 충분히 성공적이지도 않으며, 이런저런 면에서 충분히 좋지 않다. 거기에는 반쯤 무의식적인 명령 구조 혹은 기대가 있다: 내 치료사는 떠나서는 안되고 내 남편은 달라야 한다. 완벽하거나 더 좋은 세상에서는 모든 것이 완벽하거나 더 좋을 것이다.

그녀는 더 나아지고 싶어 한다. 그녀는 감정들에 더 많이 다가

가고 접촉하고 싶어 한다. 그러나 만약 그녀가 감정과 더 많이 접촉한다면 그녀는 그것을 감당하지 못할 지도 모른다. 그때 그녀는 산산조각날 것이다. 그녀의 격노는 감당될 수 없을 것이다. 그녀는 남편이 자기 자신의 삶을 편안한 것으로 만들기 위해 관심영역을 줄이는 것을 부러워한다. 그러나 그녀 자신은 그런 삶에 대해 질식할 것처럼 느낀다. 그녀의 삶에는 그녀가 감당할 수 없는 긴장이 존재하며, 그 긴장은 남편과의 갈등을 통해 표현된다.

그녀는 삶이 어때야 하는지를 알고 있지만, 자신의 삶은 그렇지가 않다.

죄책감이 든다. 나는 캐서린을 부당하게 대우하고 있으며, 그녀가 자신의 남편에게 하는 것을 그녀에게 하고 있다. 나는 그녀의 존재 방식을 의심하고 있다.

나는 그녀를 힘들게 하는 하나의 명령을 전달하고 있는데, 그것은 삶이 그래서는 안 된다는 느낌, 고통에 대한 비판, 그리고 삶은 더 편안한 것이어야 한다는 느낌이다. 여기에는 하나의 숨겨진 믿음이 있는데, 그것은 사람이 되는 것은 더 쉬운 일이어야 한다는 것이다.

돌보는 마음은 외상과 불가능성, 장애를 더 많이 수용할 뿐만 아니라 복잡성의 자극에서 오는 고통을, 즉 그녀를 실망시킨 삶에 대한 격노에 직면해서 느끼는 고통을 더 많이 수용하게 한다는 위니캇의 언급과는 어떤 점에서 반대되는 것인, 명령, 소망, 믿음이 있다. 있는 그대로의 고통을 수용할 것인가, 그 사실에 직면해서 창조성을 발휘할 것인가. 심층에서 활동하는 고통스런 창조성을 수용할 것인가.

그것은 그렇게 단순한 것일 수 없다. 나는 그녀가 화 너머를 엿보고 있음을 본다. 그녀는 무언가를 겨냥하고 있다.

그녀는 숨어 있다. 그녀는 자신을 아주 조금만 보여주고 있다.

나는 그녀가 나오기를 기다려야 한다. 나는 끝까지 지켜보고 싶다. 그녀는 자신을 두렵게 하고 도망치고 싶게 만드는 많은 것들을 나에게서 본다. 그녀는 내가 그녀의 남편과 같을 지도 모른다고 두려워한다(나는 그런 면을 갖고 있다). 그녀가 나를 바라볼 때, 그녀는 자신이 괴물들, 일그러진 지지대, 씹혀진 살덩이로 된 그물망을 보고 있다는 사실을 알지 못하고 있다. 나의 정신은 그녀의 얼굴처럼 깨끗하지 않다. 지금 내가 아는 것은 내가 그녀의 영혼의 깨끗한 얼굴을 바라보고 있다는 것이다. 그녀는 아직 이 깨끗함을 꿰뚫어보지 못하고 있다.

그녀의 얼굴은 그녀를 바라보는 다른 사람들에게서 어떤 혐오감도 발생시키지 않는 얼굴이다. 그것은 매력적인 얼굴이요, 외상이 없는 얼굴이다. 나는 그녀가 나를 바라보고 있으며, 나의 얼굴은 그녀가 받아들일 수도 없고, 받아들이고 싶지 않을지도 모른다고 느낀다. 나는 내 얼굴이 보여주는 외상과 고통 때문에 그녀를 두렵게 만들고 있다고 생각한다.

매력적인 얼굴은 그녀의 정신을 보호하기도 하고, 그녀의 정신으로부터 수액을 짜내기도 한다. 그녀는 그녀의 정신을 자신의 얼굴 크기에 맞도록 충분히 작게 만든다. 우리는 두 사람으로 이루어진 위협적인 치료 세계 안에서 서로 얼굴을 마주하고 있다.

3장

말

"저는 말할 때 제 말이 무언가를 겨냥하고 있다는 걸 알아요. 저는 적을 겨냥하고 있어요. 이것이 저를 얼마나 아프게 하는지 다 설명할 수가 없네요. 저는 어렸을 적에 말을 더듬었는데, 그때 이미 그 이유를 알고 있었어요. 저는 제가 하는 말들이 다른 사람들에게 박혀 폭발하거나 독을 퍼뜨리는 탄알들이라는 것을 알고 있었어요. 그 말들은 일단 그들 안에 들어가면, 무엇을 해야 할지 알고 있었죠. 그것들의 핵심에는 상처를 입히고자 하는 의도가 들어 있었어요."

해리는 지난 2주 동안 이 말을 세 번이나 했다. 나는 그의 말이 폭발적이거나 독을 퍼뜨린다고는 보지 않는다. 하지만 어쩌면 그렇게 될지도 모른다. 아마도 그의 말들은 나에게 몰래 숨어들어와 생각이나 감정이 스치면 폭발하는 지뢰처럼 아무런 경고 없이 터질지도 모른다.

해리는 호감이 느껴지는 사람이다. 나는 그의 말을 주의 깊게 듣는다. 나는 그곳에 지뢰들이 있다고 생각한다. 나는 그가 적대적인 마음으로 인해 고통 받고 있다고 생각한다. 나는 그가 말하는 것을 이해는 하지만 그것을 느끼지는 않는다. 우리는 반년 간 함께 작업해왔지만, 함께 한다는 것이 어떤 것인지를 느끼기 위해 여전히 애쓰고 있는 중이다.

나는 묻는다. "다른 말들은 다른 감정들을 지니고 있을까요?" 나는 기쁨이나 아름다움에 관한 말을 생각하고 있다.

"저는 그것에 대해 말하고 있는 게 아니에요." 해리가 말한다. "제가 선생님께 말하고 싶은 것은 그것이 아니에요. 저는 제가 죽이는 사람이라는 사실을 알리고 싶은 거에요. 말은 죽여요. 저는 선생님을 죽여야 하기 때문에 이 사실을 말하지 않을 수 없어요."

"저는 이 치료가 말 치료(talk therapy)라는 것을 알고 있어요. 우리는 말에 감정들을 담아요. 하지만 그것은 이상한 표현법이죠. 우리가 자동차에 기름을 넣듯이 말속에 감정들을 넣는다거나 케이크에 크림을 넣는다는 말처럼 말입니다. 우리는 말속에 살의를 집어넣지만, 실제로 서로를 죽이지는 않는다고요? 하지만 전 우리가 정말로 서로를 죽인다는 것을 선생님이 알았으면 합니다. 말한다는 것은 살인적인 것입니다. 말은 사람을 죽여요. 말은 칼보다 더 나쁜 방법으로 사람을 죽여요. 나는 살인하기에 존재하고, 살인하기에 존재하지 않아요. 이 명백한 사실을 사람들은 보지 못해요. 만약 그들이 그것을 본다고 해도, 그들은 대충 얼버무리고는 그것이 일어나고 있지 않는 것처럼 행동해요. 그들은 더 나아가 마치 서로를 죽이지 않고 있는 것처럼 행동하죠. 하지만 살인은 말의 매개체이고, 깊은 곳에서 살인은 삶을 더 생생한 것으로 만들어요. 고통은 일종의 나침반이에요. 저는 고통을 통해 저 자신의 위치를 파악하죠. 고통이 있는 곳에 제가 있어요. 제가 당신을 죽일 때, 거기에 제가 있어요. 그것은 고통에서 고통으로,

정신에서 정신으로 옮겨가는 숨겨진 형태의 이동이에요. 선생님은 고통 이동(pain travel)을 통해 어느 곳에 있는 어느 누구 안에도 선생님 자신을 옮겨놓을 수 있습니다. 살인은 일종의 보편적인 이동수단이에요."

"말에는 악마가 들어있습니다. 악은 말속으로 숨어들어가 말을 조종하죠. 설득력을 지닌 악마는 말이 믿음에 작용하는 방식을 결정해요. 실제 살인으로 이끄는 말, 사지를 불구로 만들고, 기형으로 만들고, 질식시키는 말이 있어요. 살인은 존재에 대한 증거예요. 만약 우리가 살인당할 수 있다면, 그것은 우리가 여기에 있다는 것을 의미하죠. 만약 우리가 살인을 당했다면, 우리는 여기에 있었던 게 분명해요."

해리의 말은 나를 관통하지만, 어느 한 곳에 머무르지는 않는다. 나는 그가 무슨 말을 하는지 보고 느끼지만, 그를 발견할 수는 없다. 그는 진실, 내가 알고 있는 하나의 진실, 그 진실의 고통을 전달한다. 그의 얼굴은 고통을 숨기고 있다. 그는 말이 얼마나 비틀어지고 편협한 것인지를 보여주려고 애쓴다. 그러나 그것들은 그의 얼굴을 지나가지 않는다. 그것들은 신체의 어느 한 장소에 모이지 않는다. 말은 진실로부터 나오지만 허공을 치고 사라지고 만다. 나는 그것들의 충격을 느껴보려고 하지만 안간힘을 쓸 뿐이다. 그의 말들은 가장 강렬한 의사소통인 살인 그 자체를 전달하지만, 나는 그것들의 감정이 어디로 갔는지 여전히 궁금해하고 있다. 나는 강렬함을 듣고, 그것을 맛보고, 그것을 기다린다.

해리는 자신의 말을 조종한다. 그는 말속에 자기 자신을 집어넣고, 모든 것을 집어넣은 다음, 공중 한복판에 멈추어 그 말을 취소하고 뒤집어, 그 말이 부메랑처럼 자신에게 되돌아오게 한다. 그래서 그 자신이 그 말의 표적이 된다. 그의 말은 공중에서 방향을 바꿔 그 자신에게로 되돌아가기 때문에 내 안에 머무르지도 않고 심지어 나에게 도달하지도 못한다. 그는 자신의 살인적인 말로부터 타인들을 보호하는 방법을 익혔지만, 그것이 그 말의 의도를 전달하고자 하는 그의 욕구를 멈추게 하진 않았다. 그것은 마치 그가 "나는 살인자야, 나는 살인자야, 나는 살인자야"라고 계속해서 말하도록 강요받는 것 같다. 설령 그 살인이 대부분 자기 자신에 대한 살인임에도 말이다.

"언어에는 적대적인 무언가가 있어요." 해리가 말한다.

"말하는 것이 아픈가요?" 내가 묻는다.

"네, 그러나 말하지 않는 것두 아파요."

"이중적인 아픔이네요."

"그 아픔은 많은 원천들을 갖고 있어요. 언어 밑바닥에서 계속되는 아픔이죠. 그것은 아무것도 말할 수 없거나, 할 말이 너무 많거나, 무엇을 말해야 할지 모르는 것 그 이상이에요. 그것은 말이 멈추게 할 수 없는 어떤 것이에요. 때때로 말은 아픔을 더 가중시켜요. 말은 무가치함보다 더 악해요. 말은 상처를 더 악화시켜요. 말은 상처에서 생겨나요. 말은 우리가 겪고 있는 상처에서 태어나요. 우리는 그 상처를 표현하고 공유하려고 노력하죠. 우리는 타인의 얼굴을 바라보고 우리가 그 상처의 일부임을 인정하죠. 저는 이 느낌을 공유하려고 입을 여는데, 그러면 어떤 끔찍한 일이 생깁니다."

"느끼는 것과 말하는 것 사이의 단절이 너무 크군요."

"단절이라는 말이 좋은 말이네요. 중단, 붕괴."

말 앞에서 느끼는 무력감, 감정 앞에서 느끼는 무력감, 그리고 중간상태에서 느끼는 무력감이 있다. W. R. 비온(1992: 173)은 이렇게 말한다. "지금까지 정신분석이 성공적이었던 것은 의사소통을 우리에게 더 가까이 데려다 주었다는 사실보다 의견의 불일치를 의사소통하는 데 우리의 의사소통 방식들이 가지는 미약함을 확실히 보여주었다는 사실에 더 많이 기인한다."[1] 우리의 미약한 소통능력으로 인해 의사소통은 우리를 아프게 한다. 어머니의 젖가슴에 모유가 축적되는 것이 그런 것처럼, 의사소통하지 않는 것도 아프다.

말없음의 압도하는 광대함을 생각해보라. 말은 광대함을 조금씩 물어뜯고 씹는 개미들과도 같다. 말이 결코 따라잡지 못하는, 그것의 창조를 돕는, 시작 없는 광대함이 있다. 한편으로는 광대함이 그리고 다른 한편으로는 구멍이 있다. 말 안에 있는 그 유명한 구멍, 광대함 속에 나있는 구멍, 인간 안에 있는 광대한 구멍이 그것이다. 넘치는 풍요로움 안에 있는 결핍과 피폐함, 과잉초과 안에 있는 제로상태와 과잉부족, 정서적 홍수와 비워내기, 감정의 고조와 하락이 우리를 기다리고 있다. 우리는 대양의 파도에 의해 압도되는 꿈을 꾼다. 그것은 우리가 다른 사람을 익사시킬 수 있고, 다른 사람이 우리를 압도할 수 있기 때문이며, 우리가 공기를 호흡할 뿐만 아니라 감정을 호흡하기 때문이다.

"접촉의 실패는 항상 있는 것이지만, 그것이 살인은 아니에요." 해리가 말한다.

우리는 할 말을 잃는다.

해리는 좀처럼 할 말을 잃지는 않지만, 말이 항상 그를 만족시키지는 않는다. 그는 정신분석학의 교리문답 내용 중 일부를 읊는다. 정신분석 이론의 한 부분은 유해한 것을 강조하는데, 불쾌할 정도로 반복적으로 그렇게 한다. 만일 자유로운 표현 방식이 효과가 있는 것이라면, 만일 감정들이 일종의 말하기를 통해 변형되는 것이라면, 감정과 말은 서로 연결되어 있음이 분명하다. 우리는 이것이 어떻게 작용하는지 알기 위해 자세히 들여다보면서, 바다로 떠내려간다.

그것은 단지 감정들의 변화, 우리가 삶 안에서 또 삶에 대해서 느끼는 방식, 살아있다는 것이 어떤 느낌인가에 관한 것이 아니다. 그것은 또한 감정들에 대한 우리의 접근방식, 감정들과의 관계, 감정들을 어떻게 대하고 느끼는가에 관한 것이다.

목소리 1 : 말이 살인적일 때 그것은 치료를 가져오지 않는다.

목소리 2 : 죽이는 것은 치료의 일부가 아닐까?

목소리 1 : 상처 입히는 것은 말하는 것을 무가치한 것으로 만든다.

목소리 2 : 상처 입히는 것은 말하는 것을 소중하게 만든다.

나는 당혹스럽다. 상처주기가 맘 아래에서 계속되고 있고, 말없음을 표현하기 위해, 상처를 또 다른 수준으로 데려가기 위해, 존재에게 더 많은 박음질과 직물을 제공하기 위해 말이 부분적으로 상처로부터 생겨난다고 하자. 해리는 그를 아프게 하는 것이 무엇인지, 또는 상처를 어떻게 다루어야 하는지, 또는 그 상처와 함께 어떻게 살아가야 하는지, 또는 그것을 어떻게 줄이는지, 또는 심지어 그것을 어떻게 자기의 개방성으로 전환시킬 수 있는지 알려고 노력하며, 그 때문에 그는 상처 입히기에 초점을 맞춘다. 우리는 말과 말없는 기쁨에 대해서도 이와 같이 말할 수도 있고, 그것들이 어떻게 서로를 더하기도 하고 감소시키기도 하는지를 도표화할 수 있다. 사람들은 고통을 피하려고 노력하지만, 기쁨으로부터 도망치려고도 노력한다. 하지만 해리는 상처에 초점을 맞춘다.

"그건 영혼 살인이죠. 아니, 영혼 살인보다 더한 짓입니다." 해리는 더듬거리며 자신의 목소리를 찾아간다. "그것은 한 사람으로서의 저의 고통과, 외상의 역사를 포함해요. 그러나 그것의 일부는 고통 자체에 대한 살인 의도예요. 단순히 말이 영혼을 죽인다는 뜻이 아니에요. 말은 영혼을 표현하고, 영혼을 탄생시키죠. 말은 영혼의 색깔입니다. 시를 생각해보세요. 하지만 그 말이 살인자의 손에 들려 있을 때, 그것은 영혼을 무화시키고, 감정을 기형으로 만들고, 몸을 비틀고, 모든 것을 왜곡시켜요. 살인이 중단시키지 못하는 영혼의 고통이 있습니다. 살인을 통해 고통을 중단시키려고 하지만 오히려 고통의 일부가 되고, 가중시키고 영속시키는 영혼의 고통 말입니다. 살인을 통해 끝내고자 노력하는 고통을 오히려 가중시키는 것이 바로 살인의 속성이에요."

목소리 1: 소망일뿐이야! 내가 좋다고 느끼는 사람들 중 많은 이들이 살인자들이야. 나는 고통을 죽임으로써 내 자신을 해방시켜.

목소리 2: 너는 네 자신의 상처를 마비시키고, 말초 신경들을 그리고 영혼의 신경들을 자르지.

목소리 1: 너는 사람들이 고통을 죽이고, 영혼을 죽이고, 자기를 죽이는 것에 대해 대가를 치를 거라고 생각하고 싶어 해. 진실은, 그것이 바로 사람을 살게 하고, 성공하게 하고, 승리하게 하고, 영광을 맛보게 한다는 거야.

세상에는 종교적인 죽음이 있다. 즉 다시 태어나기 위해 죽는 죽음이 그것이다. 그런가 하면 정치적인 죽음도 있다. 이기기 위해, 고통과 죄책감과 수치심을 잘라내기 위해 죽는 죽음이 그것이다. 정치적 탄생은 항상 괴물 같을 수밖에 없다. 괴물 같은 탄생은 얼마든지 있다. 행복하고, 사려있고, 고무적으로 보이는 괴물들은 종종 사람들이 죽는 동안 그들의 기분을 좋게 만들어준다. 종교적인 괴물들과 정치적인 괴물들이 손을 잡을 때는 뚫을 수 없는 거짓말 방패로 둘러싸인 충격과 경외, 그리고 공포를 조심하라. 그 뚫을 수 없는 거짓말 방패는 보이지 않게 곪고 있는 고통을 완전히 없애지는 못해도 그것을 덮어 가린다.

"제가 찾으려고 시도하는 그 살인은 위치를 파악하기가 그렇게 쉽진 않아요. 그것은 아주 잘 빠져나가요. 선생님이 그것을 찾았다고 생각하는 그 순간, 그것은 다른 어딘가에 가 있습니다. 기어가는 곳마다 흔적을 남기는 민달팽이처럼 미끄러지듯 해치우는 살인이에요. 그 흔적은 그것이 접촉하는 것은 무엇이든 죽이는 살인적 길이 되고 말죠. 정신을 통해 미끄러지는 말은 그러한 흔적 체계들을 만드는 데 유용해요."

목소리 2: 말은 자신이 만든 흔적 너머를 향해 가고 정신은 미래를 향하고 있어.

목소리 1: 너는 항상 낙관주의자야. 말은 죽음으로 가는 길이라기보다는 누에고치와 같아. 우리의 목소리는 서로 교환될 수 있어.

"제가 찾고 있는 살인은 무력감, 연약함과 관계가 있는 것 같아요." 해리가 중얼거린다. "말과 말없음 앞에서의 허망감 말이에요."

"매우 깊은 살인이네요." 내가 말한다. "당신 자신 혹은 타인들의 영향력을 느끼기 힘든 곳에서 일어나는."

"혹은 영향력이 상관없는 곳이죠," 그가 덧붙인다. "영향력이 영향을 미치지 않는 곳 말이에요."

나는 해리에게 영향력 부재와 관련된 두 개의 이야기를 말해 준다. 1960년대에 만남집단(encounter group)에 참여하고 있던 한 여성은 자신의 목소리를 듣지 못한다고 말했다. 그녀의 목소리는 들을 수가 없었다. 그녀의 목소리는 타자들에게 영향을 끼칠 수 없었고 반응을 이끌어낼 수 없었으며, 영향력을 갖지 못했다. 그 집단의 리더는 그녀에게 소리를 지르라고 요청했고 그녀는 온 힘을 다해 크고 길게 소리를 질렀다. 우리는 그녀의 목소리를 아주 잘 들을 수 있었는데, 그녀의 비명 안에는 많은 미묘한 의미들이 담겨 있었다. 거기에는 분노, 두려움, 간청, 소망, 동경, 격분, 허망감, 절망, 욕구, 요구, 상처, 외로움, 무력감 등이 있었다. 색깔들을 굴절시키는 프리즘처럼, 그녀의 비명 안에는 아주 많은 정서들이 담겨 있었다. 그녀의 비명은 타인들 안에 감정을 불러일으켰다. 그러나 그녀 자신은 그것을 느끼지 못했다. 그녀는 자신의 비명소리를 들을 수 없었다. 그것은 그녀에게 속삭임보다 더 부드럽게 들렸다. 그녀의 목소리는 마치 공간이 너무 광대하고 공허가 너무 커서 그 안에서 정서가 사라지기라도 하듯이, 그 공간을 채우지 못하는 것처럼 느껴졌다. 그녀는 타인 안에서 메아리치는 자신의 소리를 듣지 못했고, 그 메아리는 그녀에게 돌아오지 않았다. 거기에는 감정들이 중요하게 느껴지는 일종의 인간적인 공간이 없었다. 어쩌면 이것의 일부는 해리가 말하는 살인을 뜻하는 것일 수도 있다. 감정들이 자라나는 장소를 박탈당하는 것은 일종의 살인일 수 있기 때문이다. 단순히 감정들이 상처 입는 것이 아니라, 상처받은 감정들이 자라날 수 없는 곳, 우리가 그곳에서 살 수도 없으면서 또한 제거할 수조차 없는 곳으로 바뀌는 것이기 때문이다.

영향력 없음과 관련해서, 나는 축구장에서 있었던 한 순간의 경험을 예를 들어보겠다. 그 때 나의 몸은 사라져 버렸다. 당시에 나는 20대였고, 센트럴 파크에서 풋볼게임을 즐기고 있었다. 나는 공을 패스하는 선수를 수비하고 있었는데, 내가 막기로 되어있었던 상대편 선수가 나를 향해 돌진했다. 그는 나보다 더 크고, 강했으며, 나는 그가 나를 뭉개버릴 거라고 예상했다. 기껏해야 나는 그가 돌진하는 속도를 늦출 수 있을 뿐이었다. 그 후로 45년이 지난 지금도 나는 그 경기에서 그와 또 다른 선수들이 나와 부딪쳐 나에게서 튕겨져 나갔다는 사실을 납득할 수 없다. 그들은 무게감이 없었고 내게 어떤 영향도 미치지 않았다. 나는 깜짝 놀라 바라보았다. 내가 바닥에 내쳐지는 대신, 그들이 땅 위에 있었다. 그 상황에서 나는 거의 아무런 역할도 하지 않았던 것 같다. 나는 이렇게 생각했던 것을 기억한다. '세상에, 그들이 달려온다.' 나는 그들을 막는 척 할 것인가 비록 소용이 없을지라도 온힘을 다해 그들을 막을 것인가를 결정해야 했다. 나는 후자를 택했다. 혹은 후자를 선택하는 일이 발생했다고 하는 편이 낫겠다. 그때 나는 마치 아무런 저항도 하지 않는 무엇인 것처럼, 헨리 무어 조각에 있는 바보상자나 구멍처럼 느껴졌다. 나는 그들도 나도 느끼지 않았다. 우리는 모두 무게감 없이 가벼웠다. 나는 어떻게 그랬는지 알지 못한 채, 내가 영향력을 미쳤다는 것을 이해했다.

해리는 그와 내가 무게감이 없어 서로에게서 튕겨나갈지 혹은 우리가 서로 나쁜 영향을 미치게 될지 궁금해 한다. 그는 그 자신만의 경외감의 메아리와 함께 나의 좋은 경험을 부러워한다. 그는 그의 말과 존재의 살인적인 영향력을 내가 느끼지 않는다는 것에 대해 초조해하기보다는 놀라워한다. 그는 내가 심리적 살인자들의 존재를 믿는다는 것을 알고 있다. 왜 나는 그의 심리적 살인자를 느낄 수 없는 걸까? 왜 나는 살인자인 그를 느낄 수 없는 걸까? 만약 내가 살인자를 느낄 수 없다면, 나는 그를 전혀 느낄 수 없는 걸까?

나는 해리에게 자신의 영향력을 느낄 수 없었던, 집단 안의 한 여성에 대한 일화를 말해 준다. 집단 리더는 그녀더러 베개를 주먹으로 치라고 했다. 그녀는 완전히 지칠 때까지 온 힘을 다해 베개를 쳤다. 우리는 교대로 그 베개를 붙잡았고 우리 중 몇 명은 그녀의 치는 힘에 밀려 뒤로 넘어질 뻔했다. 그러나 방음처리된 방처럼 느껴졌던 곳에서 비명을 질렀던 여성처럼, 이 여성의 주먹질은 진공 속에서 이루어졌다. 그것은 무언의 목소리, 힘없는 강타만이 있는 영향력 없는 삶이었다.

어떻게 이런 일이 일어나는 것인지 우리는 확실히 알지 못한다. 그러나 우리는 그것이 발생한다는 것을 안다. 해리에게 이러한 일화들은 불교의 선종 이야기들과 비슷하게 들리고, 그의 삶도 그렇게 들린다. 어떻게 살인적인 말이 영향력이 없는 것일 수 있을까? 이러한 이야기들이 그를 꼭 덜 외롭게 만드는 것은 아니다. 그러나 영향력이 느껴지지 않거나 충분히 강하게 느껴지지 않는다고 해도, 무엇인가가 들리고, 공유된다. 적어도 그는 그가 무력하고 헛된 연약함과 연결시키는 비현실적인 영향력 없는 상태가 현실이라는 것을 안다.

그는 나를 똑바로 쳐다보고, 뒤로 물러서고, 자신을 추스른다. 그의 눈이 붉어진다. "선생님은 말하는 것이 쉽겠지요. 아마 선생님은 무언가를 죽이고 나서 그것을 느낄 수 있을 겁니다. 죽이고 나서 그걸 느끼지 못한다면 더 나쁜 거지요. 저는 제가 상처 입히는 말을 사람들에게 집어넣는다는 것을 알고 있어요. 그러나 제가 일으키는 고통은 저 없이 진행돼요. 그것은 태클을 걸었던 선수들이 선생님으로부터 튕겨져 나갔던 것처럼 저에게서 튕겨 나가요. 저는 제가 일으키는 고통에 의해 파멸되지 않아요. 그것은 무게가 없고 토대가 없는 고무 찰흙이에요. 아무도 그것을 느끼지 못해요. 저는 아무도 느끼지 않는 고통을 일으켜요. 그것은 흔적을 남기지 않는 정신적 살인입니다. 아무도 나를 붙잡거나 재판에 넘기거나 중요한 방법으로 저에게 복수하지 않습니다."

"자신들이 어떤 일을 저지르고 있는지 알지 못한 채 사람들을 죽이고, 더 나아가 그들이 마치 살아있기라도 하듯이 행동하는 것은 정말 잔인한 일입니다. 마치 살인이 그들을 건드릴 수 없기라도 하듯이 행동하는 것 말이에요. 선생님이 얘기해 준 그 경험과는 정반대이죠. 아무도 땅에 나자빠지지 않습니다. 모든 것이 이전 그대로 진행됩니다. 그들은 자신들이 서서히 부식되고 멸절되어가고 있다는 것을 알고 있지 않나요? 증오는 그들의 속을 도려내고, 악의들을 만들어 내는데, 그들은 그 사실을 알아차리지 못하고, 대수롭지 않게 여깁니다. 그들은 제가 그들에게 무슨 짓을 하고 있는지 알고 있다는 기색을 전혀 보이지 않습니다.

자신들이 어떤 일을 저지르고 있는지 알지 못한 채 사람들을 죽이고, 나아가 아무 일도 일어나지 않은 것처럼 행동하는 사람들에 대한 그의 묘사는 섬뜩하다. 나는 그가 옳다는 것을, 그런 일이 실제로 일어난다는 것을 안다. 나는 그런 일이 자주 일어난다고 생각한다. 사람들은 자신들이 인식하지 못한 채 언어 살인에 의해 사라진다.

나는 내가 영향력 없는 상태들에 대한 이야기들로 그를 채우려 했다는 것과, 그의 분노가 자신의 진실에 대한 더 명확하고 강렬한 진술을 이끌어냈다는 것을 깨닫는다. 나는 뒤로 물러서서, 날카로움을 조금 줄이고는, 조금 더 깊이 뛰어들 준비를 한다. 나는 상처와 증오의 존재를 믿지만, 그것을 느끼지 않는 방법은 여전히 존재한다. 나는 살해당했다고 느끼지 않는 것이 해리가 기본으로 말했던, 허망한 무력감과 연약함에 대한 단서라는 것을 어렴풋이 안다.

어떤 일이 일어나고 있지만 나는 그것과 접촉할 수 없다. 어쩌면 나는 그것과 접촉할 필요가 없는지도 모른다. 그것은 어떤 시점에 의식 속으로 들어올지도 모르고, 그러면 나는 그것에게 인사를 할 수 있고 우리는 서로 아는 사이가 될 수 있을 것이다. 그러나 그것은 어쨌든 계속된다.

너무 많은 강렬함과 빈자리가 있다. 살아있는 것처럼 보이지만 내면이 없는 살해된 존재들, 마치 자연사 박물관의 박제된 동물들과 사람 모형들이 해리 안에서 살고 있는 것과도 같다. 나는 그가 내부가 비워진 사람들에 의해 둘러싸여 있는, 아기로서의 그를 일별한다. 모든 아기들은 삶속에 내재된 살인들을 발견해가지만, 그러한 발견들로 무엇을 해야 할지 모르는 탐험가이다. 그들은 소통되지 않는 가장 중요한 사실들의 전체 영역을 갖게 된다.

살인에는 여러 종류가 있으며, 살해되거나 부분적으로 살해되는 영역들이 있다. 너무 많은 감정들이 손상을 입고 일그러진 모습으로 자란다. 인간 정신의 경우 괴물들은 매우 중요하다. 그들은 감정들이 겪게 되는 목이 졸린 상태들을 나타낸다. 말은 감정의 우물에서 길어낸 두레박이요, 제멋대로 구멍이 난 두레박과 같다. 당신은 당신이 무엇을 찾을지 혹은 잃을지 결코 알지 못한다. 때때로 두 눈이 두레박 속에 나타나는데, 그 눈은 우리가 호흡할 때 느끼는 연약한 광대함 내부를 응시하고 있다. 아기가 호흡의 광대함 안을 응시하고, 빛을 둘러싸고 있는 광대한 어둠 안에서 편히 쉬는 것이 중요하다. 그러나 만일 어둠과 빛이 너무 무섭다면, 거기에는 응시할 곳이 없게 된다. 그때 눈은 자신들을, 그리고 자신들의 무능력을 바라보기 시작한다. 이제 그들 자신의 목 졸린 상태에 괴물의 눈이 달라붙는 것이다.

괴물의 눈은 괴물만을 보는가? 때때로 우리는 아름다움과의 사랑에 빠진, 아름다움으로 인해 괴로워하는, 그리고 때로는 아름다움을 죽이는 괴물들을 묘사한다. 들리지 않는 소리가 존재하고 느껴지지 않는 영향력이 있는가? 해리는 그렇다고 믿지만 그 믿음은 그를 당황스럽게 만든다. 그는 확증을 원하지만, 그것이 느껴지지 않는다면 확증을 얻기는 어렵다. 치료 작업은 그것의 영향력을 파악하기 어렵고 설령 그 영향력이 느껴지지 않는다고 해도 상호적인 영향력의 장(field) 안에서 이루어진다. 필요할 경우, 치료는 영향력이 전혀 없는, 감정이 전혀 없는 장소들로 이끌린다. 존재의 한 양태로서 존재하지 않는 것과 존재하지 않는 것의 한 양태로서 존재하는 것이 그것이다. 영향력 없음과 감정 없음이 뚫고 들어오고 더 온전히 인식될 때까지, 치료는 거주할 수 없는 곳들을 찾아내고, 그곳에서 사는 경우들이 있다. 치료에 대한 우리의 믿음은 우리와 함께 혹은 우리 없이, 우리가 실제라고 느끼든 말든, 어떤 종류의 감정의 혼합이 있든 없든 상관없이 지속된다. 우리의 희망은 유익을 가져오는 그것의 움직임 안에 우리가 포함되는 것이다.

***

한 아기가 울고 있다. 화가 나 있고, 두려움으로 가득 차 있다. 화(anger)라는 말은 깊이를 알 수 없는 유아의 괴로움에 의해 촉발된 억압된 격노들을 묘사하기에 충분한 단어가 아니다. 괴로움은 끝 모르는 고통으로 무한히 확대된다. 정서, 신체, 자기가 히니를 이루어 중첩되는 파도가 된다. 어머니는 조심스레 돌보며, 아이를 안심시키고, 눈물과 두려움이 사라지도록 아기에게 부드럽게 말한다. 아기는 점점 차분해지고, 폭풍은 지나가며, 정서적 및 신체적 변화, 영혼의 변화, 선함의 회복이 일어난다. 폭풍들은 반복적으로 일어났다 가라앉는다. 그 속에서 선함이 모습을 드러낸다. 어려움을 극복해내는 기본적인 리듬이 발달하고, 좋은 결과들에 대한 신뢰가 형성된다.

해리의 경우는 무엇이 잘못된 걸까? 어머니가 돌아왔을 때, 그는 화를 사라지게 할 수 없었던 걸까? 그 화가 그를 붙잡았고, 그는 그것을 끝까지 붙잡았던 걸까? 선함이 그의 화를 사라지게 할 정도로 충분히 좋지 않았던 걸까? 어머니의 팔에 안긴 그 큰 기쁨 속에서 자신이 기절하도록 내버려둘 수 없었던 걸까? 그는 선함이나 스스로를 선하다고 자처하는 것에 의해 속아 넘어가기를 거절한 걸까? 그는 선함의 부정적 측면을 과도하게 의식하고 있었던 걸까? 화를 사라지게 하는 것은 그의 자기를 질식시키거나 사라지게 하는 것이었을까? 아기 안의 어떤 것이 선함을 즐길 뿐만 아니라 그것을 망가뜨려야 할 필요가 있었던 걸까? 해리는 달래주기 안에 빠져있는 것에 유난히 민감한 아기로 태어난 것일까? 어머니의 얼굴 안에, 그를 멈추게 하고, 그에게 충격을 주는 어떤 것, 우리들(그리고 아기들)이 무시하고, 대체하고, 투사하고, 신화화하려고 노력하는 메두사 같은 측면이 있었던 걸까? 아기들은 어머니의 품안에서 긴장하고, 풀리고, 싸우고, 항복한다. 해리의 경우, 그 긴장-싸움(tight-fight)의 측면은 지나치게 강렬했던 것일까? 왜 해리는 우리들처럼 그것을 무시하고, 가라앉고 난 다음, 계속해서 앞으로 나아가지 못했을까?

해리의 경우, 의식은 변형되었고, 분노가 풀리는 것에 대해 계속해서 인식하고 있었다. 어떤 아기도 분노를 영원히 붙잡고 있을 수는 없지만, 나는 아기들 중에는 그런 과정이 일어나는 동안 더 큰 자각을, 일종의 과잉자각을 갖는 아기들이 있다고 생각한다. 해리도 그런 경우에 해당될 수 있을 것이다. 아기의 격노는 어머니가 상황을 호의적인 것으로 만들어 감에 따라 행복감 속에서 서서히 녹기 시작한다. 그럼에도 불구하고, 그는 자신을 완전히 내려놓지 못하고, 부분적으로 긴장한 채, 경직되게 사로잡힌 상태로 남아 있다. 그러나 어머니의 위로는 마치 깨어있는 상태에서 잠을 자거나 의식을 놓은 상태에서 깨어있는 것과 마찬가지로, 부분적으로 아기를 용해되고, 가라앉고, 의식을 내려놓을 수 있게 한다.

해리의 경우, 그는 어머니가 상황을 호의적인 것으로 만들어 가는 동안 그 화를 포기하지 않았지만, 부분적으로는 가라앉고, 용해되고, 앞으로 나아갔다. 그는 어머니가 위로해주는 것을 꽉 붙잡고 그것을 완전히 포기하지 않으면서 그것에 애착된 상태로 남아 있지만, 그럼에도 불구하고 그는 자신 안에 있는 것은 즉 자신의 격노나 분노는 영향력을 갖고 있지 않다는 것을 어떻게 해서든 발견한다. 이러한 자각은 살인적 의도를 더 강화시키지만, 더 큰 영향력이나 결과를 가져오지는 않는다. 그의 내면은 그가 느낄 수 있는 방식으로 타인에게 영향을 미치지 못한다. 물론, 이 것이 완전한 진실은 아니다. 그는 타인에게 영향을 미치는 방법들을 갖고 있고, 그렇게 하지 않는 방법들도 갖고 있다. 어쨌든, 이 드라마 안에는 분노의 일부가 아무런 결과 없이 미끄러져 나가 마음에 기록되고 확대되고, 정신적 의미의 중심이 되는 방식이 있다.

그의 고통과 분노가 어머니의 주의를 끌고, 그녀를 자신에게로 불러오고, 관심과 달래주는 행동을 끌어낸다는 사실은 그의 격노의 측면과는 아무런 상관이 없는 것처럼 보인다. 비명과 위로해 주는 반응 사이의 연결은 해리의 인격의 다른 측면에 긍정적인 결과를 가져올 수도 있다. 그러나 분노나 격노 혹은 고통의 어떤 부분들의 경우, 그것은 해당사항이 아니다. 거기에는 격노와 살인적 의도가 원하는 어떤 것, 달래주기가 만족시킬 수 없는 그 어떤 것이 있다. 그리고 그곳이 바로 해리가 갇혀있는 장소이다. 해리가 겪은 삶의 경험의 핵을 구성하는 것은 바로 이 불만족, 효과 부재, 영향력의 결핍이다.

"저는 저 자신을 되찾기 위해 이곳에 왔습니다." 해리는 주장했다. "선함이 죽인 것을 되찾기 위해서요."

"당신은 죽이는 것을 멈출 수 없군요. …" 나는 중얼거린다. 우리는 사고(thought)가 증발할 때까지 사고의 조직들을 찢는다. 우리 자신들이 증발할 때까지 우리 자신들을 찢는다. 이러한 종류의 살인이 유아기에 시작되는가? 아기 살인자들은 대중의 상상력을 매료시키는데, 그것은 그 환상 안에 진실이 담겨있기 때문이다. 호기심 어린 눈으로 바라보며, 탐구심에 가득 차 손을 내뻗는, 매수되기를 거부하는, 과학자로서의 아기를 보라. 그에게는 안락과 선함을 밀어내고, 그것들과 안으로 밀어붙이는 호기심과 알고자 하는 욕동이 있다. 인간의 정신 안에는 캐묻고 싶은 속성,

진실에 도달하기 위해 상황의 밑바닥까지 파내고 싶은 욕구가 있다. 인간 종족의 살인적 성향의 온상이자 둥지로서의 아기의 분노가 있다. 그것은 잘못되어 재앙적인 결과들을 가져올 수 있고 실제로 자주 그런 일이 발생한다.

"아무도 느끼지 못하는 죽이기가 있어요," 해리가 말한다. "저는 징조들을 기대하고, 상처 입은 얼굴들을 찾고, 말이 난도질한 장소들에서 피가 쏟아지고 홍건이 고일 것을 기대하죠. 주변을 날아다니는 살인자의 말들에서 저는 인간성이 무너지고 혼자 남게 될 것을 예상합니다. 그러나 아무 일도 일어나지 않아요. 우리는 보이지 않는 말이 하는 것을 눈으로 볼 수 있게 하기 위해 탄환들과 무기들을 발명합니다. 무기는 우리가 정서적으로 하는 것이지만 말로 표현할 수 없는 것을 보여주기 위한 것이에요. 말로서는 충분하지 않아요."

우리 자신들과 타자들을 무기를 사용해서 손상시키는 것은 표현할 수 없는 상처를 어느 정도 표현해 준다. 우리에게는 감정들의 압력을 소통하기에 충분히 강한 언어가 부족하다. 신체적인 손상은 눈에 보이고 느껴질 수 있지만, 정서적 손상은 파악하기 어려운 상태로 남아있다. 우리는 불에 탄 시체들을 공포와 함께 또는 기쁨과 함께 가리키면서 우리가 도달할 수 없는 상태에 머물러 있는 무한한 정서들을 어느 정도 맛본다. 해리는 말이 가진 힘은 정서적 현실이 추구하는 한없는 강렬함을 전달하기에는 불충분하다는 사실을 깨달았던 것이다. 심지어 살인으로 가득 찬 말들조차도 그렇다.

우리는 먼 길을 왔다. 아무도 알거나 느끼지 못하는 방식으로 자신이 살인을 저지른다는 사실을 알고 있다. "모든 사람은 살인자입니다." 해리가 성찰한다. "모두가 서로를 죽이고 있는데 아무도 그것을 알지 못합니다." 해리는 무언가에 도달한 것에 만족해

하는 것처럼 보였다. "선생님은 항상 거기에 있는 어떤 것을 경험할 수 없어요." 그가 덧붙인다. "그러나 우리는 경험하죠."

* * *

해리가 크게 숨을 들이쉰다. 가슴과 복부의 수축이 뒤따른다. 눈물 없는 울음을 운다.

"이 길로 따라 살면, 저는 고통을 느끼지 않아요. 저는 울지 않아요." 그는 몸을 반쯤 굽힌 채, 자신을 지탱하고 있다.

"호흡을 더 깊게 해보세요." 내가 제안한다.

그는 그렇게 하지만 아무 일도 일어나지 않는다.

"저는 공허 속의 고통을 감지하지만, 그것을 실제로 느끼지는 않아요." 그가 말한다.

나는 고통 속에는 언제나 공허가 있는 것인지 아니면 부모님의 반응 안에 있는 분간할 수 없는 공허 때문에 공허가 특별히 더 강화되는 것인지에 대해 무척 궁금해진다. 부모의 정서 안에 공허가 있었을까?

감정에 대한 방어로서의 공허가 있고 감정 자체 안에 공허가 있다.

"저는 감정을 잃어가고 있어요. 제 마음은 표류하고 있습니다. 저는 정서적인 싸구려 음식을 생각해요. 사람들은 정서를 과잉 섭취하는 것을 통해서 스스로를 아프게 만들죠. 그것이 정서성 안에 있는 공허이고 공허로서의 정서에요. 그러나 그것은 저로 하여금 저 자신에게서 멀어지게 해요."

그는 잠시 침묵한 다음 긴 이야기를 시작한다.

"제가 눈물 없는 울음을 울 때, 제 가슴은 수축되고 저는 감정을 느끼지 않습니다. 저는 실제로 감각이 마비된 사람들이 있다는 걸 알고 있어요. 그것은 제 문제가 아니에요. 저는 감각이 없지는 않아요. 저는 살인적인 강렬함으로 죽음을 채우는 사람들에 대해 알고 있어요. 어떤 사람들은 살인적인 강렬함으로 죽음을 느끼지요. 저는 「심리적 죽음」(psychic deadness)이라는 책을 읽은 후에 선생님께 전화를 했습니다. 저는 시에 관한 한 주제로서 죽음에 관해 쓰고 있었는데, 그러다가 선생님의 책을 우연히 발견하게 되었고, 우리가 죽음-살아있음(deadness-aliveness)의 경사도에 따라 다양하게 변화한다는 사실을 알게 되었죠. 저는 그것에 대해 생각해 본 적이 없어요. 선생님은 조금 살아있거나 또는 많이 살아있는 고통을 느끼실 수 있겠죠."

"우리는 삶의 고통을 피하기 위해 슈퍼-삶(super-life)을 살려고 하죠. 오늘날 우리는 과잉-삶(hyper-life)을 살지 못하는 것을 부끄러워해요. 우리의 생각은 우리가 어떤 사람이 되어야 하고 또 정말로 성공적인 사람들은 어떻게 지내고 있는지에 대한 이미지들로 가득 채워져요. 그것은 우리를 꽤 우울하게 하죠. 우리는 기분이 처지고 그 상태에서 원래상태로 돌아오지 못할까봐 두려워 약물을 통해 들뜬 기분 상태를 유지하려고 노력하죠. 높은 수준에서 계속해서 기능하고자 하는 욕구, 평소상태로 돌아와 우리가 해야 할 것을 하지 못하는 것에 대한 두려움은 우리로 하여금 다양한 정도의 변화들을 두려워하게 해요. 그것은 마치 정서적 우주가 평평하기라도 하듯이 그 우주의 끝자락에서 떨어질까봐 두려워하는 것과 같아요. 약물은 인명구조용 그물망과 같은 거죠."

"저는 약을 끊기 위해 힘껏 노력했어요. 그것은 끔찍한 투쟁이었죠. 저는 제가 약물 없이 지낼 수 있을지 알 수 없지만, 지금 당장은 그럴만한 가치가 있는 것 같아요."

우리는 조용히 우리 자신이 숨쉬는 소리와 바깥의 소음을 듣고 있다. 한 아이가 소리 내어 울고, 어머니는 아이를 야단치고,

어떤 배달원은 그의 자전거 사슬을 내 창문 창살에 묶고 있다. 그때 해리는 갑자기 눈물을 흘린다. 깨어지는 느낌, 깨어져 열리는 느낌과 깨어져 내리는 느낌과 깨어져 올라가는 느낌, 그리고 깨어져 자유로워지는 느낌을 언어는 어떻게 포착할까? "그는 마침내 깨어져 내렸어요." 나는 한 장례식에서 울고 있는 한 남자에 대한 이야기를 들었다.

해리는 울고 또 운다.

"방금 그 아이에게 소리를 지른 어머니는 너무 심했어요. 자전거 사슬 소리를 들었을 때, 저는 '그녀가 아이를 사슬로 묶고 있다'고 생각했어요. 저는 밖으로 나가서 숨을 쉰 다음, 아이의 묶인 사슬을 풀어주고 싶은 강한 충동을 느낍니다. 저는 그 어머니에게 좀 더 부드러운 목소리를 주고 싶어요. 그녀의 목소리를 들을 때, 저의 호흡은 멈춰집니다. 제 영혼은 호흡을 중단해요. 제 호흡은 아픔과 함께 수축돼요. 저는 고통 주변에서 조심스레 숨을 쉬어요. 말이 탄알이 되고 탄알소리가 되는 곳에서 말입니다. 제 호흡은 그 총격들에 대한 완충제 역할을 하죠."

"이제 저의 가슴은 편해지기 시작해요. 영혼은 가슴을 통해 되돌아와, 제 가슴 안에 자리를 잡아요."

나는 또한 그 어머니의 쇠를 긁는 목소리와 말투에 움찔했다. 꾸짖는 것은 차갑게 만드는 것이다. 나는 나의 내부가 경직되고, 영혼이 경직되는 것을 온 몸으로 느낄 수 있었다. 혀의 채찍질은 일종의 매질이다. 그 안에서 정서적인 것과 신체적인 것이 함께 섞인다. 해리와 나 사이의 긴장이 조금 풀렸을 때, 나는 나도 모르는 사이에 가슴을 쓸어내렸다.

해리는 영혼을 보기 위해 피를 볼 필요가 없다. 그는 말이 정동을 부호화하고 만들어낸다는 것과, 그것이 정서적 영역의 일부라는 것을 알고 있다. 어떤 사람들은 영혼을 느끼기 위해 정말로

피를 맛보아야만 한다. 말은 일종의 정서적인 피다. 작가들에게 있어서 말은 생명의 피다. 말은 영혼을 갖고 있다.

따라서 말은 영혼을 살해할 수 있다. 방금 그 어머니의 날카로운 혀는 죽음을 가져다주었다. 말이 없는 격노는 몸을 관통하는 실제 무기들이 사용되지 않는 한, 그렇게 날카로울 수는 없을 것이다. 말을 통해 전달되는 격노는 타자를 겁먹게 하고, 오싹하게 만들고, 타자가 가진 힘을 빼앗는다. 말은 질책하고, 복종하게 만들며, 얼어붙게 하는 데 사용된다. 해리와 나는 밖에 있는 그 아이가 호흡을 멈추는 것을 느꼈다.

정의롭지 못함은 말에 선행한다. 나는 정의롭지 못하다는 느낌이 초기 유아기에 정신 안에 새겨진다고 생각한다. 부모의 더 큰 물리적인 힘은 아이를 압도한다. 부모의 정서적인 변덕과 물리적인 힘은 아이의 존재를 기울게 한다. 때로 훌륭한 돌봄과 조율이 주어지기도 한다. 그러나 부모의 변덕은 종종 유아의 의지와 현실을 능가한다. 누적된 무언의 끝없는 불평등은 말과 사회적 형태들로 쏟아져 나올 준비가 되어 있다. 우리가 말을 할 때까지 결코 변화될 수 없는 영겁의 말없는 불만들이 거기에 있게 된다.

말없는 불만들의 배경의 일부는 사탄으로 변한다. 사탄은 보상금과 함께 짜이는 감지된 부정의의 배경을 나타낸다. 비난하는 말은 정의롭지 못하다는 느낌의 강물을 위한 온전한 통로가 되지 못한다. 박해의 행위자로서의 정의가 되고 만다. 성서에서, 사탄은 비난자요, 율법을 엄격하게 해석하는 자이다. 결점들과 작은 범죄들은 사탄의 예리한 눈과 사기꾼 같은 혀에 의해 확대된다. 사탄은 영혼을 함정에 빠뜨리고, 엄청난 자기-증오, 자기-의심으로 유인하기 위해 율법을 사용하고, 훼방하고, 사실을 드러내기보다는 비난하기 위해 진실을 사용한다.

"제가 입원했을 때, 제 머리는 말 속에서 헤엄치고 있었는데,

그 모든 말들은 어떤 의미를 가지고 있었어요. 말 위에 말이 쌓여 있고, 의미 위에 의미가 쌓여 있었지요. 공포와 악의가 그 모든 것들을 물들였습니다. 사탄이 두려운 이유 중의 하나는 그것이 저의 공포를 기뻐한다는 거예요. 그것은 왜곡되고 마비시키는 기쁨이죠. 저의 화는 아무런 효과가 없었습니다. 공포가 주된 것이었지요. 모든 것은 공포로 변했습니다. 공포는 저를 강하게 만들었고, 저를 사탄의 먹이로 만들었습니다. 저의 공포가 사탄의 두 눈을 기쁨으로 반짝이게 하는 것이 가장 무서운 일이었어요. 제가 제 어머니의 미소에서 사탄을 본 적이 있었을까요? 온화히고 자애로운 저의 어머니가, 저를 정말로 놀라게 했던 그 사탄 같은 번득임으로 저를 달래주었을까요?

"저는 그것을 믿지 않습니다. 저는 모든 것을 왜곡시키는 장소에 도달했습니다. 모든 것은 정말로 왜곡되어 있습니다. 왜곡시키는 거울들은 이것에 비하면 아무 것도 아닙니다. 일그러진 신체들과 얼굴들은 감정들이 어떻게 원래의 형태에서 벗어나 일그러지는지를 보여줍니다. 선생님의 책 제목은 「자기를 다시 만들기」 (Reshaping the Self)인데, 선생님은 녹아내리는 얼굴들, 형태가 훼손된 감정들에 대해 알고 계셨는지요? 갈망은 사탄을 끌어들이지만 공포는 그 사탄을 몰아붙입니다.

"깨끗한 말은 피로 물든 말보다 더 나쁩니다. 그 말은 내면의 피로 오염된 것을 소독하지요. 거짓말의 아버지는 어떤 거짓말도 그냥 두지 않습니다. 사탄은 거짓말 없는 세계를 원한다고 말하는데, 그것이야말로 거짓말 중에서도 가장 큰 거짓말입니다. 더러운 말이 더 낫습니다."

사탄은 거짓말을 알아낸다. 위생 처리된 정신건강이야말로 최악의 왜곡을 숨기고 있는 스크린이다. 호기심과 삶을 추동하는 세력으로서의 사탄은 어떠한가? 호기심은 고양이를 죽이지만, 뇌가 죽는 것은 더 나쁘다. 사탄은 어떻게 그처럼 부정적인 것이 되었는가? 세상에는 부정적인 것보다 더 나쁜 것들이 있지 않는가? 사탄은 선을 넘어가는 바람에 어떤 선한 것을 망친 것일까? 질문은 언제 심문이 되는가? 사탄은 먹기 위해 그리고 증오하기 위해 양분과 살인 사이의 기본적인 연결 위에서 번성하는가? 비판적인 것이 중요하지 아니한가?

"말은 말을 먹어요." 해리가 말했다. "말은 서로를 용해시키고 영양소들을 추출해내요. 말은 소화관을 가지고 있는데, 그 안에서는 산(酸)이 소리 없는 천둥처럼 작용을 합니다. 경험은 말 안에서 스스로를 뒤집어요." 나는 공원에서 무언가를 타고 있는 사람들을 본다. 롤러블레이드, 스케이트보드, 자전거, 스쿠터, 온갖 종류의 활주들. 그것들은 마치 중력을 무시하며 땅 위를 날고 있는 의미들과도 같다. 우리는 대화가 성공적일 때 모든 것이 잘 돌아간다고 말한다.

"선생님은 말로 먹고사는 사람입니다. 선생님은 비틀린 감정들을 바로 잡기 위해 말을 사용하시죠. 선생님은 말이라는 마술 지팡이를 가지고 비틀린 정동을 건드립니다. 제가 의사소통하고 있다고 말할 때, 저는 감정을 비워내고 있습니다. 제가 병원 문을 열고 밖으로 걸어 나갔을 때, 저는 저 자신이 암호들로 가득 차 있다고 느꼈어요. 그것은 화가 도달할 수 없는 어떤 것이죠. 그때 저는 아무것도 아니에요. 이렇게 이야기하니 마음이 훨씬 편하네요."

"가끔 선생님은 저와 함께 있는 것을 좋아하시는 것 같아요. 지금 저는 선생님과 함께 있는 것이 매우 좋아요."

"발작이 일어나고 있어요. 갑작스럽게요. 저는 가장 끔찍한 것을 봅니다. 목 졸린 아기, 숨을 쉴 수 없는 아기를요. 어쩌면 그 아기는 너무 많은 정서로 아니면 공허로 채워져 있는지도 몰라요. 너무 많은 것은 일종의 공허입니다. 제가 저 자신에게 미안한 감정을 느끼고 있는 걸까요? 가장 최악의 것은 난도질당한 아기의 신체입니다. 아기는 정서적 공기를 들이마시는 것이 두려워서 자신의 온 몸을 근육으로 단단히 조이고 스스로를 질식시킵니다.

"저의 어머니는 친절하세요. 저는 그녀의 선함을 호흡하는 것이 두려워요. 그것은 저를 질식시킬 겁니다. 아기는 어머니의 무력함을 그리고 그녀의 고통을 봅니다. 무언가가 잘못되었어요. 어머니의 모유가 멈춥니다. 충분하지 않아요. 아기는 굶주리고 있고 자신이 질식당한다고 생각합니다. 아니면 그 반대인가요? 아기는 시무룩해집니다. 그 아기가 더 나이를 먹으면, 시무룩함은 배경이 될 것이고, 그것은 우울증이라고 불릴 겁니다. 그것은 내면 깊은 곳에서 그를 움켜쥐죠. 사랑스럽고 자애로운 어머니의 감정들이 잘못된 것이 아니죠. 죽음들 사이에 그리고 연속체 안에 갇히는 것이 문제에요.

"아기는 어머니가 넘어지도록 내버려 둬요. 어머니는 아기를 떨어뜨리죠. 그 순간 숨통이 틔죠. 상처 입히는 것은 우리에게 자유로움을 느끼게 해요."

"조금씩, 우리들 중 예술가들은 하나의 공포를 눈치 챕니다. 우리 자신들을 해방시키고자 하는 노력들이 독이 든 유대를 만들어낸다는 것을요."

"아기는 어머니의 기쁨이에요. 그렇지 않나요? 그리고 어머니의 어쩔 수 없는 공포이기도 하죠."

공기 없음, 양분 없음 = 너무 많은 공기, 너무 많은 양분.

상처는 우리로 하여금 생생하게 느끼게 해준다. 상처는 우리를 겁주어 비현실적으로 느끼게 만든다.

"그녀는 저를 어떻게 해야 할지 알지 못합니다. 저는 그녀의 공포에요. 분노는 우리를 하나로 만들기도 하고, 서로에게서 떠나가게도 합니다. 공포는 우리를 하나로 연합하게 하고, 헤어지도록 몰아붙이기도 합니다. 제 눈에는 어떤 출구도 보이지 않습니다. 저는 그녀의 무력함이고, 그녀의 목 졸린 아기입니다. 저는 그녀의 두려움을 쫓아버리려고 비명을 지르지만 그것은 다시 형성돼요. 저는 먹는 것과 숨쉬기를 멈추어야 해요. 어쩌면 제가 태어나기 전에는 상황이 더 나았을 수도 있어요. 제가 태어나기 하루 전에는 말입니다.”

해리는 부정적인 시각이 꽤 성공적인 삶을 조직해내는 데 도움이 되었음을 발견했다. 그는 일종의 카리스마를 지니고 있었다. 사람들은 그의 이야기를 듣는 것을 좋아했다. 나와 함께 하면서, 그는 날고자 시도하는 피 흘리는 정신을 드러냈다. 나 역시 그의 이야기를 듣는 것을 좋아했는데, 그것은 일종의 고통스러운 기쁨이었다. 나는 비밀의 상처 주위에 덧발라진 자기애적 코팅 위를 미끄러져 내려가 어머니의 두려움으로 채워진, 향유에 적셔진 무력함 속으로 빠져 들어가는 것처럼 느껴졌다. 그의 말은 말없음 깊은 곳에 잠시 발을 담그곤 했다.

말없음 속에서 말하기 위해, 말은 말없음 안에 잠긴다. 눈에 보이지 않는 이미지들, 이미지 없는 아픔의 이미지들, 고통스런 배경의 아픔의 이미지들을 보기 위해서는 그렇게 해야만 한다. 우주의 배경에서 나오는 자연 방사선과도 같은, 이해할 수 있는 시작이나 끝이 없는 배경의 외상적인 아픔을 보기 위해서는 말이다.

정신적 우주의 배경에서 방사되는 빛은 기쁨인가 외상인가? 아름다움은 사방에 있다. 천상의 음악은 별들 속만이 아니라 우리의 몸들, 감각들, 감정들, 사고들 안에도 있다. 결국, 우리는 음악을 만들어내는 존재이다. 우리는 우리의 존재의 어떤 것, 즉 삶이 느끼는 방식에 관한 본질적인 어떤 것을 표현하기 위해, 음악을 창조해내야 한다. 우리가 해야 할 일은 견딜 수 없는 것을 상실하지 않으면서, 아름다움을 훼손하는 것이 아니라 그것을 드높이는 것이다. 우리의 일은 거기에 있는 것에 귀를 기울이는 것이다.

나는 의식을 잃기 거의 직전까지 견딜 수 없는 지점들에 머무른다. 나는 견딜 수 없음을 잘 참지 못한다. 내가 무언가에 관해 생각할 때 조용한 광대함이 방 안으로 들어오는데, 그때 나는 무능함을 느낀다. 해리는 종종 나 없이 그 방에 머문다. 나는 단순히 그가 가야만 하는 모든 곳에 갈 수 없다. 마치 한 마리 고양이가 다가오듯이, 말없는 광대함이 가까이 다가와 소파 밑에 웅크리고 있다. 나는 그것이 그 분위기 안에 있는 고통 때문에 뻣뻣해질까봐 두렵다. 그러나 그것은 뻣뻣해지기만 하지 않는다. 그것은 곡선이 있고, 굴곡이 있다. 그것이 숨 막히게 할 것이라는 나의 두려움은 점차 사라진다. 나는 다시 숨을 쉰다. 그 고양이는 나의 몸을 녹인다. 나는 아무것도 붙들 수 없다. 물속에서는 똑바른 선이 없다.

"우리가 어딘가에 도달하고 있는 것 같아요." 해리가 나에게 말한다.

"나도 그렇게 느껴지네요." 내가 말한다.

주 (notes)

1. 비온(1970: 12)은 외과적 충격에 대해 말한다. "온몸에 퍼져 있는 모세혈관들의 팽창은 혈액이 순환할 수 있는 공간을 그만큼 늘리기 때문에 환자는 자기 자신의 세포 조직들 안에서 피를 흘리다 죽을 수도 있다. 정신적 공간은 3차원적 공간에 대한 어떤 인식과 비교하더라도 너무나 방대한 것이어서, 정서 자체가 빠져나가 광대함 속에서 상실된 것처럼 느껴지기 때문에, 환자의 정서적 수용력은 상실된 것처럼 느껴진다."

4장

외상 덩어리들

문들이 닫히는 꿈을 꾸는 것은 죽음을 꿈꾸는 것이다. 그러나 문이 닫히기 위해서는 그 문은 반드시 열려 있어야 한다. 우리는 살아있음-죽음(aliveness-deadness)에 대한 우리의 가변적인 느낌을 조절하기 위해 어느 정도 닫기도 하고 열기도 한다(Eigen, 1996). 죽음을 맛보는 것(deadening)은 삶의 충격을 완화시키는 데 도움이 된다. 어니는 문들이 닫히는 꿈, 즉 친구의 변화로 인한 절망적인 상실 꿈을 꾸고 난 몇 주 후에 죽음의 지점과 두려움의 지점에 대해 이야기 했다. 수년간, 어니는 자신의 어린 시절 동안 그의 어머니는 아무런 이상이 없는 사람이었다고 굳게 믿고 있었다. 그녀는 그들이 이사하기 전, 그의 아버지가 죽기 전, 그리고 그녀가 붕괴되기 전까지는 정상이었다. 전과 후가 뚜렷이 구분될 수 있었다.

어느 날 죽음의 지점과 두려움의 지점이 함께 나타났다. 어니는 두려움의 지점에서 죽음의 지점에 대해 이야기 했거나 혹은 그 반대였다. 그의 어머니가 한 아기의 두려움을 만나는 과정 속에 존재하는 두려움의 지점에 대한 환상이 떠올랐다. 그는 자신의 어머니와 아내를 생각하고 있었다. 그는 자녀들이 어렸을 때 아내가 그들에게 아주 잘해주었다고 생각하지 않았다. 그녀는 소리를 질렀고, 기분변화가 심했으며, 격노하다가 갑자기 멍해지기도 했다. "그녀는 좋은 어머니가 아니었어요." 그는 나에게 여러 차례 말했다. 아이들이 나이가 들면서, 그녀는 더 나아졌다. 아이들은 대가를 치렀고, 지울 수 없는 상처를 받았다.

그는 반대였다. 아이들이 어렸을 때, 그는 그들에게 모든 것을 주었다. 그의 사랑은 무한했다. 그들이 자라나면서, 그의 사랑은 조건적이고, 엄격하고, 징벌적인 것이 되었다. 아이들은 아버지의 인격에 대한 대가를 치른다. 그의 아이들은 그것을 이겨내고, 직업과 가정을 가졌고, 그들 자신들만의 방식으로 잘 살았지만, 직업적으로는 자신들의 능력을 충분히 발휘하지 못했다. 그들의 직장 생활은 그다지 괄목한 것은 아니었지만, 그럭저럭 살아갈 정도는 되었다. 그들의 결혼생활은 힘들고, 불만족스러웠지만 견고했다. 어니는 그의 아이들이 더 많은 지원을 받았다면 더 나은 사람들이 되고, 더 많은 일을 할 수 있었을 거라고 생각했다. 그러나 그들은 정신증적이거나 심각하게 우울하지 않았고, 대체로 그런대로 잘 지내고 있었다. 그들은 삶을 살아갈 수 있을 정도로 충분히 응집력을 형성했다. 어니는 적어도 자녀들에게 자신의 병을 물려주지 않았다는 것을 알고 있었지만, 박탈되었다는 느낌과, 열정적이지 못한 삶을 물려주었다고 생각했다.

그는 그의 아이들이 자신에 비해 적어도 한 가지 이점을 가지고 있다고 생각했다. 즉 그들은 처음부터 자신들이 어디에 서 있었는지 알고 있었다. 그들은 단지 부모의 극단적인 측면에 노출됨으로써 삶이 힘들다는 것을 알았다. 그는 자신의 어릴 적 삶이 더 평온했고 목가적이었는데 반해, 그 뒤에 올 것에 대해 예비하지 못했다고 생각했다. 그는 어린 시절의 유연성과 탄력성이라는 사치를 누리지 못한 채, 삶에서 힘든 것들이 어떤 것인지를 스스로 배워야 했다.

끔찍스런 놀라움이 이어졌고, 그가 생존을 위해 씨름하는 동안 그는 자신이 시체귀신, 조롱꾼 악마[1])에 의해 괴롭힘을 당하는 시체귀신, 신체-자아 귀신, 두려움과 죽음이 온 몸에 스며든 정신화된(mentalized) 악마라고 부른 풀죽은 영혼을 경험했다. 그는 나이가 들면서 상태가 더 나빠지는 것을 두려워한다. 그의 아이들은 어린 나이에 기가 꺾였지만, 그런 자신들의 상태를 다루는 법을 배웠다. 그는 추락하고, 줄어들고, 쇠약해지고 있었고, 자신이 붕괴되고 위축되고 있다고 느꼈다. 심지어 그의 모멸적인 냉소조차도 움츠러들고 있었다.

나는 그가 죽은 어머니에 대해 이야기하거나 그의 아기 자기(baby self) 안에 존재하는 어머니에 대해 이야기하는 것을 듣고 놀랐다. 그는 어머니의 우울증이 언제나 이사, 남편의 죽음, 집을 떠날 준비를 하는 아이들에 의해 촉발되었다고 이야기했다. 그는 자신이 어렸을 때 어머니는 정상이었다고 주장했다. 아마도 그녀는 비교적 정상이었을 것이다. 우울해지는 것과 영구적인 입원을 필요로 하는 것은 별개의 것이다. 이제 그는 아기의 두려움을 가중시키는 어머니 안의 죽음(deadness)을 생각한다. 그것은 누구의 두려움이고 누구의 죽음인가? 그의 어머니의 것인가? 아기로서의 그의 것인가? 죽음은 자주 불안의 강도를 누그러뜨린다. 그러나 아기의 불안이 죽음을 만날 경우, 그것은 무디어지기 전에 앞서 더욱 강화된다.

죽음/두려움에 대한 어니의 어렴풋한 인식은 폭력에 대한 관심으로 굴절된다. 아이들이 어렸을 때 아내가 행했던 폭력과, 그 모든 세월들이 흐르고 난 뒤에 그 자신이 끔찍스럽다고 느끼는 그의 실수들. 죽어 가는 군인들과 시민들, 끊임없이 이어지는 살인. 뉴스 사진들과 TV에서 만나는 공포에 대한 암시들. 일상생활의 일부가 되어버린 자살 테러범들. "이 전쟁에서 얼마나 많은 사람들이 죽고, 죽일까요?" 그가 소리친다. 그는 자살 충동을 느낀다. 난도질당하고 도살당한 몸들. "저의 도살된 정신은 그것을 받아들일 수가 없습니다!" 그가 신음한다. 나는 죽음과 두려움에 대한 그의 이야기가 방향을 전환하고 있다는 사실에 주의를 환기시킨다. 잠시 반추한 후, 그는 슬프게 그리고 비꼬듯이 말한다. "두려움을 일깨우는 마음의 동요들에 대한 관심이 학살에 대한 것으로 변하네요."

점점 확산되고 있는 끔찍한, 자기를 죽이는(self-deadening) 학살에 대한 그와 나의 우려. 죽음과 두려움을 위한 장소와 이유를 제공하는, 진통제와 굴절로서의 전쟁. 말없는 두려움에 육체를 줌으로써, 우리가 말할 수 있는 두려움을 창조하고 반영하는 존재 등의 주제가 전면에 등장한다. 우리가 보는 공포는 우리가 볼 수 없는 공포를 덮는다. 뒤틀린 몸들은 우리의 뒤틀린 영혼들에게서 우리의 시선을 돌리게 한다. 전쟁은 죽음과 두려움을 구체화하고, 감정들의 정당성에 의문을 제기하며, 감정들을 평가절하 한다. 그것은 하나의 감정일 뿐이고, 하나의 꿈일 뿐이며, 당신이 상상했던 어떤 것일 뿐이라는 것이다. 그것은 전쟁처럼 실감나지 않는다. 두려움의 커다란 굴절장치는 전쟁인데, 그 전쟁은 바로 우리 자신이다.

＊＊＊

어니는 전쟁에서 어린 시절로, 어린 시절에서 전쟁으로 미끄러진다. 만일 전쟁이 정신을 신체화한다고 한다면, 냉소주의는 그것을 감상적인 것으로 만든다. 냉소주의와 감상주의는 서로 융합되고, 동정심은 격노와 융합된다. 전쟁은 어니의 의식을 고조시키고 상처로 얼룩진 그의 과거를 찾을 수 있게 해준다. "이미 학살되었어요." 그는 자기 자신에 대해 투덜거렸다. 한 동안, 어니는 울면서 회기를 시작할 때가 많았다. "어머니, 어머니, 가엾고 가엾은 나의 어머니." 그것은 울음에서 절규가 되는 일이 일상이었지만, 그는 진심이었다. "그녀가 원했던 모든 것은 제게 사랑을 쏟아 붓는 것이었어요. 제가 제 아이들에게 그랬던 것처럼 말이에요." 그의 어조는 그의 말을 장난스러운 것으로 만들었다. 그는 자신이 말하고 있는 것을 충분히 연결시키지 못했지만 자신이 어떤 실제적인 것을 이야기하고 있다는 것을 알고 있었다. 그의 자녀들은 그가 손자들에게 사랑을 쏟아 붓는다고 말한다. "왜 나는 아이들을 가졌을 때 거의 미친 상태였을까요? 나중에 그 아이들이 커서 자신의 아이들을 가졌을 때도요?" 광기(madness)는 냉소주의와 감상성을 뚫고 가지만, 냉소주의와 감상주의 역시 어떤 중요한 것을 나타낸다.

여러 회기 동안 부정성이 눈사태처럼 밀어닥쳤다. "손을 내밀어 보세요, 그럼 전 그걸 잘라낼 거예요." 어니가 위협적으로 걸어 들어오며 말했다. 비록 위협적인 말이지만, 그는 무너지고, 고갈되고, 어쩔 줄 몰라 하고 있다. 공격성이 그를 지탱해주었지만, 잠시 뿐이었다. 상처에서 고름이 나오듯, 증오가 흘러나왔고, 어머니의 사랑이 그에게 부어졌듯이 그에게서 쏟아져 나왔다. 사람이 사랑 때문에 붕괴될 수 있는 걸까? 그의 목소리는 냉소적이었고, 자기연민과 비난으로 물들어 있었다. "그녀의 사랑은 내 아버지의 고환을 뭉개버렸어요." 그가 속삭인다. 처음에 나는 그가 "그녀의 사랑은 나의 고환을 뭉개버렸어요"라고 말한 줄 알았다. 그러나 그것이 아니었다, 그가 의미한 것은 지나친 권리감, 지나친 관심, 그가 느끼기에 그의 아버지를 배제하고, 아버지의 남성성을 없애버린, 고환을 뭉개버린, 엄청나게 퍼붓는 사랑에 의해 어니 자신이 거세되고 힘을 빼앗긴 느낌이 든다는 것이었다. "그 후로 지금까지 저는 고환을 뭉개버리는 사람이었습니다." 그는 신음 했다.

뭉개지고, 뭉개는 일이 일어나고 있다. "선생님의 고환이 이미 뭉개지지 않았다면, 저는 그것을 뭉개버렸을 겁니다." 그가 나에게 말해주었다. 그는 뭉개버릴 것처럼 보이기보다는 흐늘흐늘해 보였다. 감상적인 시체귀신. 어쩌면 그는 감상적인 상태를 견디지 못하는지도 모른다. 그는 지금까지 자신이 저지른 나쁜 일들에 대해 좋지 않은 감정들을 가지고 있다고 나에게 말한다. 그는 자 신이 여태껏 얼마나 나빴는지를 참을 수가 없다. 그는 만약 그가 나쁜 것들을 말하도록 스스로에게 강요하지 않는다면, 감정이 억 제될 것이라고 고백한다. 그는 억제들을 밀어내는 것과, 한계를 뛰어넘는 것에 대해 말한다. "만일 당신이 억제의 한계를 밀어내 지 않는다면, 그것은 당신 스스로를 망치는 일이에요." 그가 더듬 거리며 말한다. 그는 피부의 결핍, 외피의 필요, 외피로 둘러싸여 숨이 막히는 상태, 뚫고 지나가야 할 필요에 대해 말하고 있는 걸까?

그는 직장에서 그의 외피를 밀어내는 "적대적으로 상호-의존 적인"(antagonistic co-dependent) 사람들에 대한 이야기를 꺼낸다. "그들은 자신들이 무엇을 취할 수 있는지, 자신들이 얼마나 다른 사람을 이용할 수 있는지를 압니다. 그들은 해고당하지 않을 만 큼만 일하죠. 짧은 근무 시간은 어느새 끝이 나요." 나는 그가 안 에도 있지 못하고 밖에도 있지 못하는, 주변을 맴돌아야 할 필요 가 있는 사람들에 관해 이야기하고 있다는 느낌을 받는다. 그는 그들이 열심히 일하지도 않고, 떠나지도 않으며, 따라서 그들은 해고할 수도 없고, 최대한으로 활용할 수도 없는 사람들이기 때문에 그들에게 화가 나 있다. 그는 그가 어머니의 외피를 벗어날 수 없는 것에 대해 말하고 있는 걸까? 그녀는 그에게 숨 쉴 공간을 주기 위해 미쳤던 것일까? 일단 그녀가 입원하자 그는 그의 진정한 삶을 살기 시작했다. 만약 그녀가 그를 위해 붕괴되었다면, 그는 왜 붕괴되었을까? 그들의 붕괴는 어떤 특정한 곳에서 시작된 것 같지 않았다. 그가 도달한 결론은 그를 역겹게 했고 섬뜩하게 했다. "어머니의 사랑 안에는 광기의 씨앗들이 있습니다"라고 그는 말한다. 어머니의 사랑이 광기의 씨앗들을 뿌린다고? 어머니의 사랑은 좋은 것이 아닌가? 모든 외피들이 사람을 질식할 정도로 감싸는 것은 아니지 않는가?

"선생님은 가루가 되어, 선생님 안으로 처넣어져요." 그가 무서운 얼굴을 했다. 사실 나는 가루로 부서지는 것이 무엇인지 그리고 안으로 처넣어지는 것이 무엇인지를 알고 있었다. 그는 어렸을 때 아내에 의해 가루가 된 그의 아이들에 나를 비유했다. 그들은 생존을 위해 싸워야 한다는 것을 배웠다. 그들은 잔인함과 변덕과 싸워야 했고 그것을 극복해내야 했다. "선생님 역시도 싸웠겠죠. 만약 선생님이 일찍 싸우는 법을 배웠다면, 선생님은 그것에 익숙해졌을 거예요." 그가 말했다. "선생님은 뭉개진, 거친 투사에요." 그는 그가 아주 어렸을 때 싸울 필요가 없었던 것에 대해 말하면서 또 다시 한탄했다. 그는 그것을 거듭해서 말한다. 그는 사랑 받았고, 지지 받았으며, 양분을 제공받았다. 즉 사랑의 잔인성을 제공받았다. 그는 사랑에 의해 깨지고, 산산이 부서지고, 뭉개진 것일까? 뭉개진다(crush)는 말은 사랑을 가리키는 말이 아닌가? 사랑에 빠진다는(falling in love) 말에서처럼 사랑은 빠지는 것일까?

사랑에 의해 손상을 입다. 그는 여전히 세상이 사랑스러울 것이라고 기대하면서도 삶이 받아들이기 힘들고, 의심스러운 것임을 발견한다. 그에게 있어서 삶은 감질나게 하는, 거짓된 희망을 불러일으키는, 사랑 받았다가 뭉개지는 환상으로서의 삶이다. 그는 환멸에는 끝이 없다는 냉소적인 사실에 진절머리가 나 있다. 그는 환멸이 지식과 연결되어 있다는 것을 알지만, 그것은 그가 견딜 수 있는 것 이상이다. 그는 싸우라고, 배짱을 가지라고 스스로에게 강요하며, 자신이 타고난 투사이기를 소망한다.

사랑의 주머니들이 그를 지탱해준다. 그는 지겹도록, 끝도 없이 반복한다. "쉽게 시작한다는 것은 참 힘들어요."

나는 시작하는 것이 쉬운 게 뭐가 있을까 궁금해진다. 우리는 제자리를 맴돌고 있는 걸까? 그는 나보다 더 많이 싸우는 것처럼 보이지만, 나를 그의 아이들처럼 주눅 든 투사로 본다. 그는 그의 손자들이 쉬운 삶을 살고 있다거나 투사들이라고는 말하지는 않지만, 그들은 그의 마음을 연다. 손상 입은 선함에 대한 느낌이 그를 부드럽게 만진다. 그 어떤 것보다도, 손자들의 취약성이 그리고 그들이 상처를 극복했다는 느낌이 그의 마음을 움직인다. 그는 상처가 돌봄을 훼손시키지는 않을까 염려한다. 그는 그들이 돌볼 수 있기를 바란다. 그래서 그는 그들의 돌봄이 고통에 의해 방해받지 않기를 희망한다. 이것이 아기들이 태어날 때마다 그가 미치게 되는 이유 중에 하나일까? 그는 새로운 생명이 견뎌야만 하는 그 고통을 두려워하는 것일까?

* * *

"매우 위험해, 매우 위험해" 나는 어니가 방으로 들어오며 하는 말을 듣는다. 그의 말은 그의 호흡 아래서 반복해서 발사되는 탄환들과도 같다. 그는 주말을 침대 위에서 아무 것도 하지 않고 보냈다. "기적적이야 … 기적적 … 기 … 적 … 적 …" 그는 중얼거린다. 나는 마치 엿듣고 있다는 느낌이 든다. 나는 경이로운 느낌이 망쳐지는 것을 느낀다. "나는 무기징역수야 … 무기징역수 …" 그는 자신이 평생 치료를 받아야 할 것이라는 의미로 말한다. 그것이 그의 평생을 의미하든, 아니면 더 많은 삶을 얻는다는 의미이든 상관이 없다.

"저는 경험에서 유익을 얻지 해요." 그는 이것을 정서를 담아서 말하지만, 고개를 돌려 찌푸린 얼굴로 나를 쳐다본다. 그런 그의 모습은 그가 재정적 상실 또한 언급하고 있다는 것을 말해준다. 그는 지난 몇 년간 투자 실적이 매우 좋지 않았다. 어쩌면 분석도 그것들 중 하나일 것이다.

그는 직장에서의 위기를, 즉 그가 감독하는 사람들에 대한 두려움을 언급한다. 그들은 그들이 할 수 있는 아주 작은 것만 대충 하려고 한다. 그는 모든 것이 옳은 방향으로 가고 있다는 것을 확인해야 한다. 그 압박감은 너무 크다. 모든 것이 허물어질 것이고, 그는 실패할 것이며, 굴욕감을 느낄 것이라는 생각이 떠나지 않는다. 그는 어쨌든 굴욕감을 느낀다. 그는 일이 잘 되도록 자신을 밀어붙여야 한다. 일은 중요하다. 그것은 단지 일이 그에게 무엇인가 할 것을 주고 그래서 자신이 유용하다는 느낌을 갖게 해주기 때문만이 아니라, 그것이 그에게 파괴를 피할 기회를 주기 때문이다. 그 참혹한 결과, 또는 영원한 위험은 그를 몇 번이고 기적적으로 비껴간다.

* * *

"모든 사람들이 당신을 사랑해요." 오늘 그가 문을 들어서면서 건넨 첫 마디 말이었다. "사람들은 증오할 필요가 있습니다.

증오는 생생하게 느껴지죠. 파괴도 생생하게 느껴져요." 그는 또다시 사랑이 그 자신을 빼앗아갔던 초기 유년기를, 그가 사랑을 받았던 시간을 암시하고 있다. 사랑처럼, 치료도 그를 위축시키는가? 치료는 저항이 내부에 있든 외부에 있든 상관없이, 생생하게 느끼기 위해서는 삶의 저항을 필요로 한다. 그는 어떤 것을 밀쳐낼 필요가 있다. 그는 그를 밀쳐낼 무엇인가를 필요로 한다.

"저항이 가장 적은 통로 …." 그는 자신이 쉬운 출구를 택해 비현실적인 감정을 갖게 되었다고 스스로를 비난한다. 그 쉬운 길은 상당히 힘들고, 위험하며, 붕괴라는 부정적인 기적들을 포함한다.

"유년기는 빙산을 향해 가는 호화 유람선이에요." 그가 말한다. 그의 목소리에 이상한 뒤틀림이 있다. "그것은 미안함을 느끼는 것으로 이어져요." 그는 이번 주에 그가 한 좋은 일들에 대해 화가 나 있다. 어떻게 선한 것이 선한 것에서 나올 수 있는가? 다만 더 많은 공백이 있기를 희망하면서, 공백에 사로잡혀있는 것이 더 낫다. 어떤 선한 것이 선함에서 나올 수 있는가? 시작은 너무 고통스럽다. 오늘은 기쁨, 내일은 슬픔이다. "저는 마음의 준비를 위해 상처 받는 것을 연습해요. 고통을 실컷 먹으면 고통이 차단돼요. 저는 고통에, 이기적인 고통에 허기져 있어요." 그는 젖가슴에서 어머니의 고통을 먹는다.

"저는 어머니의 구토물이에요." 그는 단조로운 어투로 반복해서 말한다. 어머니는 그녀의 젖가슴을 통해 그녀의 고통을 그에게 토해 낸다.

"저의 본질은 토사물이에요. 토하고 싶은 인간 … 토하고 싶은 인간 …" 그의 본질은 어머니의 토할 것 같은 고통이다. 그는 아버지가 죽은 후 그녀가 갑자기 미쳐가는 것을 본다. "그녀는 저를 토해냈어요." 그는 광기의 탄생에 관해 말한다. 미쳐가는 것은 그녀 자신만의 어떤 것, 즉 사생활을 가질 수 있었던 유일한 방법이었다. "저는 어떤 나쁜 짓을 했어요." 그는 자기 자신을 나쁜 감정들로 더럽히며 중얼거린다. 치료는 나쁜 방향으로 접어들었다. 어니는 절망적인 핵 깊은 곳에 도달할 필요가 있다.

* * *

아버지께서 갑자기 죽고 어머니께서 갑자기 미치다니, 이것은 어떤 종류의 삶인가? 삶은 당신을 병들게 한다. 당신은 삶을 토해 내고, 삶은 당신을 토해낸다.

누군가가 말한다. "나는 당신을 사랑합니다." 누가? 그렇게 말한 것은 나인가, 아니면 당신인가? 내면의 목소리인가? 구토할 준비를 하라. 끔찍한 무언가가 다가오고 있다.

"저는 아내에게 치사하게 굴어요." 그가 말한다. "그때 저는 공포와 함께 미친 무언가를 조금 느낍니다. 그녀는 아이들에게 토했고, 저는 그녀에게 토했죠. 그것이 사람들이 하는 일이죠. 서로에게 죽음을 토하는 것 말이에요. 마이클, 저는 당신을 사랑합니다. 그렇게 되기를 바래요. 저는 무언가를 조금 느껴요. 무언가 조금을요."

"나는 당신을 사랑합니다." 어떤 종류의 사랑인데? 그것을 말한 사람은 나인가, 아니면 그인가? 짧은 순간 동안, 어니와 나는 서로의 내면 안에서 그리고 서로의 사랑 안에서 삶을, 그리고 광기를 토해낼 준비가 되어 있다.

* * *

어니는 약물을 끊고 나서 한 동안 기분이 더 나아진다. 그는 자기 자신을 느끼고 싶어 한다. 그는 자신이 자살이 확실시되던 5년 전보다 더 좋아졌다고 생각한다. 몇 개월 안에, 나쁜 감정들이 다시 돌아오고 차츰 고조된다. 그는 그것들을 견뎌내려고 노력하지만 자신이 삶에서 기능하지 못하게 될까봐 두려워한다. 그는 주말에 침대에만 누워 있는 것이 주중으로 번질까봐 두렵다. 하루를 무사히 보내기 위해 그는 다시 약물에 의존한다. 그는 훨씬 낫다고 느끼지는 않지만 해야 할 일들을 할 수 있게 되었다. 얼마 후, 그는 더 좋은 느낌을 갖게 되지만, 나쁘고, 가라앉은 그리고 추한 것들과 읽혀 있는 것이 더 낫다고 생각한다. 그는 그것을, 갑작스런 결말이 없이 긴 세월에 걸쳐 진행되는, "느린 자살"이라고 부른다. 그는 다시 약물을 끊는다. 그는 잠깐 동안이라도 핵심을 건드리는, 있는 그대로의 원초적인 감정을 느낄 필요가 있다. 그는 얼마나 나쁜 감정을 느낄 수 있을까? "나는 나쁩니다." 그가 말한다. 그는 이것이 알려지길 원한다. 약을 끊으면 그는 절망적 공포에 닿을 수 있다. 약을 먹으면 그는 기능할 수는 있지만, 더 깊은 내면에서는 절망을 느낀다.

상자 안에 또 상자가 들어 있는 중국인 상자(Chinese box)처럼. 절망의 내부에 미친 사랑이 있고, 미친 사랑의 내부에 무(無) 있으며, 무의 내부에 세상의 모든 감정들이 있다. 그것들은 일상생활을 지탱해주는 약물과 쿵하고 부딪친다. 그는 모든 것의 충격을 줄이기 위해 피아노의 약음 페달(soft pedal)처럼 약물을 사용한다. 그는 너무 많은 삶들에게 중요한 존재다. 그는 계속해서 앞으로 나가야 한다.

* * *

"외상, 외상" 그가 카우치를 향해 가면서 중얼거린다. 말이 넘쳐난다. "외상의 모든 것 … 외상 …" 그 말의 의미가 무엇인지 알기는 어렵지만 나는 그가 계속해서 자신을 아프게 하는 어떤 것, 즉 잠잠하게 만들 수는 있어도 끝내지는 못하는 약물을 의미한다고 생각한다.

이때 전환이 일어나고 외상의 주제는 성적인 상처들로, 즉 찌르듯이 아프거나 성난 성교로 들어간다. "제가 제 아이들과 성교를 해야 합니까? 제가 손자들과 성교를 해야만 합니까?" 그것은 광기의 강제이다. 모두가 모두와 성교를 하지만, 어니의 강제성은 그를 나쁜 사람으로 만든다. "저는 아기의 입에 제 페니스를 집어넣었어요. 저는 아이를 망쳤어요." 전-후 관계를 보라. 그의 아이는 한 순간 순수하고 온전했다가 다음 순간 더러워지고, 얼룩지고, 외상을 입는다. 하나의 순간을 형태를 달리하면서 반복한다. 그것은 자신의 상처를 세상에 보여주기 위해 타자들을 상처 입히고 자기 자신을 소름끼치게 하는 일종의 미친 강제성이다. 그것은 상처가 존재한다는 것과, 그 상처는 결코 간과되어서는 안 된다는 것을 세상에 보여주어야 한다는 강제성이다. 섹스는 외상을 사로잡고, 외상을 익사시키며, 외상이 된다. 한 순간 사람을 광적인 쾌락으로 채우는 것이 영원한 고통이 된다. 어니는 자신의 존재 자체인 상처를 타자들과 공유하면서, 고통을 담아줄 위반 행위들을 해야 한다고 강요당하고 있다.

그가 아기에게 한 행동에 대한 희미한 느낌이 있다. 그것은 하나의 쾌락의 광기요, 뒤틀림이다. 또한 그것은 갈망이라고 불리는 외로운 증오이다.

*　*　*

어니는 건조한 울음을 울기 시작한다. 건조한 울음은 그가 만들어낸 말로서, 건조한 성교(dry fucking: 성교동작만 흉내 내는 성교)나 건조한 구토처럼 특별한 여운을 남긴다. 그는 그다지 울고 싶지 않지만, 이 감정이 아닌 것을, 또는 감정에 가까운 것을 토해낸다. 만약 그가 감정을 느끼는 사람이라면, 그는 느껴지는 울음을 울 것이다. 행위라기보다는 하나의 감정으로서의 울음을 말이다. 어디에나 있는 성교. 어디에나 있는 울음. 그는 그것에 구토를 한다.

그가 억지로 눈물을 참는 것이 아니다. 눈물이 떨어질 얼굴이 없기 때문에 눈물은 형성되지 않는다. 그것은 형성되기 이전에 말라붙는다. 혀끝에 맴도는 말. 영혼 끝에 매달린 눈물.

"선생님은 자기와 타자에 대해 글을 쓰시죠." 그가 말한다. "저는 자기와 타자에 대해 아무것도 모릅니다. 핸드폰 번호만이 제가 자기와 타자에 대해 아는 전부예요." 그는 나를 놀린다. 그의 핸드폰이 두 번 울리자 그는 그 전화가 자신을 구해줄 특별한 친구로부터 온 것이길 바라면서, 누구인지를 확인한다. 약물은 리비도를 앗아 간다. 리비도라는 말은 그의 의사가 사용하는 단어다. "약물은 리비도를 낮춥니다." 이것은 무엇을 의미하는가? 만약 외상이 섹스에 쏟아 부어지고, 약물이 섹스를 앗아 간다면, 그렇다면 약물은 외상을 없애주는 것인가?

* * *

그는 의사들이 그의 어머니의 정신증을 줄여주기 위해 그녀의 두개골을 부수고 수술을 하고 났을 때 어머니의 머리를 싸고 있는 화려한 색상의 두건을 뚫어지게 쳐다보았던 것을 기억한다. 그는 수년 간 그녀의 두건을 쳐다본다. 그리고 나이가 든 지금도 어머니의 뇌를 바꾼 자국들을 덮고 있는 그 두건을 여전히 바라보고 있다. "어머니는 카드놀이를 하곤 하셨어요. 그녀는 그림을 그렸고, 책을 읽었으며, 재미있는 곳들을 방문했어요." 그는 지성의 징표들, 삶의 징표들을 나누고 있었다. "그녀는 저를 돌보았어요." 삶이 중요했다.

그녀가 죽기 바로 직전, 그는 그녀를 집으로 데리고 왔다. 그러나 그녀는 길을 배회하였고, 다시 병원으로 돌아가야 했다. 그는 그녀를 돌볼 수 없었다. 일년 후, 갑작스러운 발작이 일어났고, 그것이 끝이었다. "제가 얼마나 운이 좋은지 보세요." 그가 조롱하듯 말한다. "저도 정신증적이지만 저는 다시 돌아와요. 저는 삶을 통해서 회복돼요. 제가 보호시설에 보내지는 일은 없을 겁니다. 저는 운 좋은 정신병자이고, 너무 많은 것을 성취하는 정신병자입니다. 저는 일도 합니다." 그는 자신을 바닥에 내던지고, 몸부림치다가, 어느 정도 자신을 추스른 다음, 멋쩍고 고통스런 눈빛으로 나를 바라본다. "저는 비명 지를 수 없는 비명 지르는 귀신입니다. 약물은 제게 바닥을 제공합니다." 그는 일어나서 몸을 구부리고는 놀리듯이 말한다. "저는 노력할 겁니다, 저는 노력하고 노력하고 또 노력할 거예요." 그는 여전히 손상되고 건조한 울음을 울고 있다.

* * *

그는 현재 자신이 어머니가 돌아가셨을 당시보다 20년이나 더 나이가 들었다는 것을 내게 상기시킨다. 그에게 그녀의 사망일은 일종의 생일이다. "저는 먼 곳에 있어요." 그가 시간적 거리에 대해 말한다. 그는 오랫동안 바닥에서 몸부림치는, 주저앉은 시체귀신이 될 여유가 없다. 그는 너무 많은 책임을 지고 있다. 그는 언젠가는 그 시체귀신의 욕구들에 더 많은 관심을 기울일 거라고 약속한다. 그는 자신이 언제 귀신으로 변했는지 혹은 외상이 얼마나 그를 상하게 했는지 정확히 말할 수 없다. 아마 조금씩 진행되다가 어떤 커다란 폭발이 있었을 것이다. "언젠가 저는 그것을 찾아서 치유할 겁니다." 그는 마치 그러한 고통의 근원이 어디에 있는지 찾을 수 있기라도 하듯이 말한다.

그는 닫힌 문 뒤에 서 있는 벌거벗은 소년 꿈을 꾸었는데, 그것은 뒤에 남겨진 자기에 대한 꿈이었다. "언젠가 저는 …" 그는 그의 잔해들로 돌아와 자신의 벌거벗음을 방문할 것을 약속했다.

* * *

외상은 약물의 도움을 벗어났지만, 그가 해야 하는 일상적인 임무로부터 자유롭지는 못했다. "정신적 피부 아래에 있는 혹처럼, 당신은 그것이 거기에 있다는 것을 알고 있고, 다른 일들을 하는 동안에도 당신의 손가락은 그것을 계속해서 만지고 있어요." 그러자 그는 소파에서 일어나 나를 노려보며, 분노와 호소가 섞인 말투로, "외상이란 무엇이죠? 선생님은 아세요?"

나는 대체로 이렇게 말한다. "당신의 어머니가 외상이지요." 그러나 그는 그녀가 아니라고 말한다. 그 주제로 돌아갈 필요는 없었다. 대신 나는 그를 바라보며 말한다. "나, 내가 외상이에요. 그리고 당신이 외상입니다. 당신의 마음과 같은 마음을 갖는 것, 그리고 나의 마음과 같은 마음을 갖는 것 말입니다."

그는 그의 사무실 사람들에 대해 말한다. "저는 외상으로 상처받은 사람들을 봅니다. 그들의 얼굴들의 일부, 고통을 둘러싸고 신체가 형성되는 방식, 팽팽하고, 흐늘흐늘한, 빗나간 영역들을, 즉 기형으로 변한 정신-영혼-육체를 말입니다. 저는 그것을 느껴요. 모두가 그것을 느끼겠죠." 사람들이 마치 이런 것을 보지 않는 것처럼 행동한다는 것이 그는 못마땅하다. 어느 날 아침 그는 소리를 지르면서 깨어났다. "아무도 이런 것을 보지 않아!"

"저는 어떤 사람들은 더 좋아지고, 어떤 사람들은 더 나빠지는 것을 봐왔어요." 그는 계속해서 말한다. "선생님은 제가 어떤 점에서는 더 나아졌고, 또 어떤 점에서는 더 나빠졌다고 말할 수 있을 겁니다. 끔찍한 어떤 것이 시야에서 사라지지 않아요. 제가 선생님과 관계를 끊는다면 그것이 줄어들까요? 선생님이 그것을 계속 유지하시는 건가요? 저는 과거의 치료사들과 헤어졌어요. 저는 선생님 없이는 살 수 없을 것 같아요. 잘못된 감정이죠. 외상은 우리의 존재에요. 우리가 그것이고, 그것이 우리죠. 그것은 선생님이나 저 때문이 아니에요. 선생님은 저에게 그것과 함께 살아가는 법을 가르치기 위해, 그것을 줄여주고 있는 건가요? 아니면 더 악화시키고 있는 건가요? 만약 선생님이 저를 더 악화시키고 있다고 판단된다면, 제가 너무나 나빠서 선생님이 도울 수 없다고 판단된다면, 저는 선생님을 떠나야만 되나요? 저는 과거의 치료사들과 결코 가깝다고 느낀 적이 없어요. 선생님은 가까움에 대해 글을 쓰시죠."

"나는 하나의 외골격(exoskeleton: 몸을 보호하기 위해 딱딱해진 외부골격)이에요." 내가 말한다. "만약 우리가 가까워지지 못한다 해도 그것은 당신의 잘못이 아니에요."

"그렇지 않아요, 모든 것을 선생님 탓으로 돌리지 마세요. 그것은 그렇게 단순하지 않아요."

거의 접촉에 가까워진 순간, 우리는 무엇인가를 확실히 느끼면서도 그것이 무엇인지는 확신하지 못하고 있다. "저는 좀 이상하기는 하지만, 완벽하다고 말할 참이었어요." 어니는 인정한다. 완벽하고 이상하다? 무엇이? 어떻게? 나는 그가 우리가 어려움 가운데 있을 때 함께 만들어 가는 감정을 의미한다고 생각한다. 완벽한 감정? 아마도 완전한 것은 아니겠지만, 그에게, 또 나에게 무언가가 일어나고 있다는 느낌은 충분히 완벽했다. 그 순간을 의미 있는 것으로 만드는, 우리 사이에 느껴진 어떤 것이 있었다. 우리의 문제들을 감안할 때, 이 감정은 그것 자체가 보상이었다. 그러나 나는 그의 생각의 흐름을 멈추게 할 생각은 없다. 완벽하다는 것에는 우리가 배울 것이 많다. 기이하게 완벽하든 완벽하게 기이하든.

* * *

"저는 직장에서 만나는 사람들에게 과잉친절하지 않아요." 어니는 그가 나에게 과잉으로 친절하게 대하고 있다는 것을 암시하면서, 말을 시작한다. "저는 아버지의 따스함을 물려받았지만, 그것과 관련되어 있지는 않습니다. 저는 따스함을 가지고 있지만 제가 정말로 사랑하는지는 알지 못합니다. 저는 제 직원들에게 제가 정말로 미쳤다고, 저를 병원으로 데려가 달라고 말하고 싶습니다. 저는 이것이 진전이라고 봅니다. 저는 선생님이 선한 사람이라는 것을 압니다 …" 그러나 그를 돕는 데는 무력한 사람일까?

그는 연속적으로 이어지는 어린 시절의 장면들로 화제를 돌린다. 두 살 때, 세발자전거를 타고 나무 주위를 돌고, 또 도는 장면. 생선을 사기 위해 그를 도시로 데려가는 아버지에 대한 기억. 다섯 살 때, 한 작은 소녀에게 그의 페니스를 보여준 일. 여덟 살 때, 페니스를 어떤 동물의 입에 넣으려고 했던 것. 열 살 때, 흑인 아이들과 스틱볼(stickball, 막대기와 고무공을 사용하는 야구 비슷한 놀이)을 했던 것. 카메라를 갖고 싶어 했던 일. "카메라는 제가 원했던 유일한 것이었어요." 그의 어머니는 카메라대신 그에게 전쟁 직후에 매우 귀했던 타자기를 주었다. 당황스러움. 왜

카메라가 아니지? 그녀는 그가 원하지 않았던, 귀중한 물건을 주었나? 미치게 만드는 소리 없는 좌절이 쾌락과 섞여 삶을 통해 흐르고, 그것의 강도는 흐려지고 변질된다.

그는 외상이 시작된 곳으로 돌아가지만, 소득이 없자 방향을 바꾼다. "내가 외상입니다." 그 말은 '나'의 출현, '내'가 되는 과정을 의미하는 것처럼 보인다. 그것은 존재의, 그리고 의식의 추가 이득이다. 마음(mind)은 외상을 확대하고, 상상력(imagination)은 감수성을 확대한다. 상상한다는 것은 자기 자신, 어느 한 장면, 어떤 드라마 속의 자기 자신을 보는 것을 의미한다. 그는 잠시 멈추고, 나를 바라보며 묻는다. "선생님은 외상이 무엇인지 정의하실 수 있으세요?" "좋은 질문입니다." 내가 말한다. "제가 다니는 직장에 저를 울고 싶게 만드는 한 여성이 있습니다. 저는 그녀에게 일어나는 일들을 보고 있고, 그녀의 삶이 더 좋아지는 것을 봅니다. 그저 놀랍습니다. 그녀는 포기하지 않습니다. 그녀는 자신이 제공할 수 있는 어떤 것, 진실한 어떤 것, 진실해야 할 어떤 것을 가지고 있다는 걸 알고 있습니다. 그녀는 타락하지 않았습니다. 그녀는 제가 되고 싶은 존재, 감정을 가진 영혼, 진정한 사람입니다. 선생님께 그녀에 대해 이야기하는 동안, 눈물이 나올 것 같네요.

"어제 그녀는 제가 긴장을 풀고, 아무런 생각 없이, 동정적이지도 정서적이지도 않은 상태로 길을 잃은 듯이 서 있을 때 저와 우연히 마주쳤습니다. 그녀는 떠나면서 이렇게 말했습니다. '조만간 봬요.' 따뜻한 말이었습니다. 그런 삶의 중요한 호흡을 느끼는 것이 어떤 의미를 갖는지 선생님께 말씀드릴 수 없습니다. 그녀는 제 눈에서 어떤 것을 발견했습니다. 후에 저는 쇼핑하고 있는 그녀와 우연히 마주쳤습니다. 그녀는 나의 팔을 만졌고, 우리의 눈은 빛났습니다."

"제가 얼마나 운이 좋은지 보세요. 작은 알약들이 무엇을 할 수 있는지를 말입니다. 어쨌든, 지금 당장은요." 그 말은 언젠가는 약을 끊고 눈빛으로 살아가고 싶다는 의미였다. 그러나 약 없이는, 그 빛은 기회를 갖지 못할지도 모른다.

또 다시 갑작스레 화제를 바꾸어, 그는 힘에 대해 이야기한다. "랜스 암스트롱(Lance Armstrong, 고환암을 극복하고 프랑스 도로일주 사이클 대회인 '투르 드 프랑스'에서 7연패를 달성한 미국 출신 사이클 선수)은 외상을 입었나요? 그는 그의 외상을 해결해 나가고 있는 걸까요? 그렇게 자전거를 타는 것은 미친 짓인가요?" 그는 자신의 약섬에 굴하지 않는, 암스트롱의 힘을 존경한다. 외상에 흥미를 갖는다는 것은 약한 것이다. 랜스 암스트롱 같은 사람에게 외상은 어떤 의미일까? 단지 극복해야 할 어떤 것에 불과할 것이다. 어니에게는 어떤 의미일까? 압도당하는 어떤 것일 것이다. 그는 자기 자신을 깔아뭉개고, 약함을 경멸한다. 나는 그가 어린 시절 세 발 자전거를 타고 나무 주위를 도는 모습을, 그 에너지와 힘을 생각해본다. 그 힘과 투지는 어디로 갔는가? 원 안에 갇혔나? TV에 나오는 암스트롱의 이미지들은 그에게 생기를 불어넣는다. 한 여성의 손길과 눈길은 그를 잠에서 깨운다. 그는 다른 강한 사람들, 어떤 일들을 하는 사람들, 여기에서 저기로 오가는 사람들, 어떤 일들이 발생하게 하는 사람들에 대해 이야기한다.

"당신은 당신 자신을 쏟아 부을 수 있는 힘의 영역을 찾고 있다는 느낌이 드네요." 내가 언급했다. "선생님은 제가 랜스 암스트롱처럼 그 힘의 영역을 둘러싸고 저 자신을 형성할 수 있다고 생각하시는군요?" 그가 놀리는 투로 말한다. "이것 보세요, 저는 아닙니다. 제가 할 수 있는 거라곤 삶을 파괴하는 뿐이에요. 당신의 삶을, 그리고 제 삶을 파괴하는 것입니다. 제 삶. 그것이 무엇인지 잘 모르겠지만요. 그는 거의 눈물을 흘릴 지경이었다, 내면에서는 느껴지지만 표면까지 도달하지는 않은, 건조한 눈물들을 흘리고 있다. "선생님은 저를 도와주세요. Z박사도요. 선생님은 시체귀신의 삶을 고양시켜주고 계세요."

그는 대화 치료와 약물 치료 모두를 필요로 한다. 그에게는 두 가지 모두에 감사하고, 두 가지 모두를 조롱해야 할 필요가 있다.

"시체귀신이죠. 그러나 단지 시체귀신에 불과한 것만은 아니에요." 나는 그의 경험 안에 있는 긍정적인 것을 확인한다. 그것은 말해서는 안 되는 것이고, 그의 화를 돋구는 것이다. 그는 자신이 전혀 선하지 않다는 것을 증명해야만 한다. "저는 가족의 삶에서 단지 장신구일 뿐이었습니다. 저는 무심한 아버지이고, 남편이라고 하기에는 부족합니다. 저는 여전히 시체귀신입니다. 선생님은 항상 이런 것들에 대해 글을 쓰시죠." 제로 수준까지 자신을 비하한다.

한 여성에 의해 감동받는 것은 부분적으로 "나의 영웅"으로 번역되는데, 그것은 그가 공격하고 있는, 인정에서 존경으로의 전환을 의미한다. 무언가가 감정의 진실을 왜곡하고, 그것을 바로잡기 위해 공격한다. 누군가가 그를 고귀한 존재로 취급해줄 때 강한 감정을 받아들이는 것은 어려운 일이다. 한 여성의 손길은 감정을 떠오르게 한다. 그의 마음은 그것과 우스운 짓들을 하지만, 그 여운은 여전히 남는다. 나는 그것에 대해 어떤 것도 말하지 말아야 한다는 것을 배워야 한다. 그것은 그의 내면 안에, 즉 그의 사생활 안에 있는 것이다.

* * *

"여기 정신병적 사고의 좋은 예가 있습니다." 어니가 말을 시작한다. "초콜릿 막대사탕 = 배신. 여기에는 이유가 있어요. 6년 전 한 의사가 제 손자에게 호흡기 문제를 야기한다는 이유로 초콜릿을 먹지 말라고 말한 적이 있어요. 제 손자는 숨쉬는 데 어려움이 있었지만, 그 의사의 말을 듣지 않았는데도, 오히려 더 좋아졌습니다. 제가 막대사탕 하나를 건네 준 것은 일종의 음모였고, 배신이었으며, 호흡기 발작이 일어날 수도 있는 위험을 감수하는 일이었습니다. 물론, 아무 일도 일어나지 않았죠. 우리는 그 막대사탕을 즐겁게 먹었습니다. 모든 것이 다 괜찮았습니다. 그러나 저는 제가 손자의 건강을 배신했다고 계속해서 생각하게 되었습니다. 손자는 수 년 간 계속해서 더 좋아졌지만, 저는 제가 어떤 끔찍한 일을 저질렀고, 의사가 하지 말라고 한 것을 했다고 생각했습니다. 수년 전부터 그것은 내게 명령하는 음성이 되었습니다. 저는 '배신'이라는 말을 계속해서 들어왔습니다. 저는 죄인이고, 나쁘며, 제가 사랑하는 사람들을 배신합니다. 제 손자는 어떤 나쁜 일이 일어난다고 해도 저를 용서할 겁니다." 여기에서 죄책감과 나쁨 안에서 용서라는 주제가 등장한다. 누군가는 그를 용서해야 한다. 용서받는 것은 용서하는 것과 다르다. 전자는 중독성이 있고, 후자는 해방시킨다.

그는 새로운 정신과 의사를 만나고, 다른 약물을 시도한다. 더 나은 어떤 것을 찾으려고 노력한다. 그가 처방받은 약물은 효과가 있지만, 그것은 그에게 우습다는 느낌을 준다. 그는 약물에 대한 느낌에 대해 좀 더 민감한 정신과 의사를 원한다. 기분이 더 좋아지는 것으로는 충분치 않다. 낫다고 느끼는 방식이 중요하다. 기분을 더 좋게 만드는 방법들 중에는 자체 안에 더 나쁜 것들을 내포하고 있다. 약물은 그를 더 공격적으로 만들고 그의 생각들을 더 공격적인 것으로 만든다. 그는 모든 사람들, 그의 아이들, 그가 돌보는 사람들과 성교를 하고 싶어 한다. 그가 먹는 약은 그로 하여금 자신이 신뢰해서는 안 될 사람이라고 느끼게 만든다. 오늘 아침 그는 아무 것도 먹지 않았다. 지난 밤 그는 신경안정제를 먹었고, 잠을 잘 잤다. "저는 정신을 가지고 있지 않기 때문에 약이 필요합니다." 그가 나에게 말한다. 그는 마치 내가 그를 공격하고 있기라도 하듯이, 약을 먹는 것에 대해 사과한다. 약을 먹는 것은 그로 하여금 스스로가 약하다고 느끼게 만든다. 그는 약을 필요로 하는 자기 자신을 얕본다. 약은 그로 하여금 그가 해서는 안 될 어떤 것을 하고, 해를 끼칠 거라는 느낌이 들게 한다.

"나의 정신은 찢어졌습니다. 전이된 암과 같아요. 저는 하루를 무사히 마치기 위해 약을 먹을 겁니다. 저는 기능할 필요가 있습니다. 약은 저에게 위험하다는 느낌을 주지만 또한 제가 한 인간 존재처럼 행동할 수 있게도 해줍니다. 저는 그 짓을 하지 말았어야 해요. 그 초콜릿 막대사탕을 준 일 말이에요. 그것은 하지는 말았어야 할 위험한 짓, 잘못된 행동이었어요."

"초콜릿을 먹지 말라." 내가 말한다. 달콤하고, 검은 색깔을 한 것. 그것은 그가 하지 말았어야 하는 것들의 목록을 나타낸다.

"저는 빛나는 얼굴을 보기 위해 제 아이들을 보러 갑니다." 그가 말한다. 그는 옳은 일을 하지 못한 것에 대한 회한을 느낀다. 회한은 광채와 균형을 이룬다. 두 가지 모두는 그에게 매우 중요하다.

* * *

어니는 외상 덩어리에 대해 말한다. 우리가 함께 있는 것은 그 덩어리의 조각들이 떨어져 나가 그의 정신적 혈류 안으로 녹아 들어가는 것을 돕는다. 그 덩어리는 끝이 없다. 그것은 호흡을 가로막는다. 그것은 긴장을 발생시킨다. 그는 그 덩어리를 이루고 있는 자기 자신의 부분을 쥐어짜지만, 그것은 완전히 사라지지 않는다. 그는 그것을 쪼아내는 활동을 멈추지 않을 것이지만, 일부는 여전히 남아있을 것이고, 그는 그것과 함께 살아야만 한다. 그 덩어리는 감당할 수 없는 많은 고통을 가지고 있다. 그것은 부분적으로 고통에 대한 증오와 수축으로 이루어져 있다. 때때로 어니는 그가 그 덩어리 안에 있다고 느끼면서, 그것이 그를 꼬집고, 질식시키고 있다고 느낀다. 외상과 관련해서 그는 목이 졸리는 무언가를 느낀다. 그것의 또 다른 말은 절단되다, 난도질당하이다. 그 말들은 심각한 기형, 또는 막힘을 가리킨다. 외상이 없는 삶이 있는가? 어니는 더 이상 알지 못한다. 그는 그가 살 수 있는 곳들에서 살고 있다. 그는 그의 부모, 그의 모든 직계가족, 조상들보다 훨씬 더 잘 해냈다. 어떻게 해서든, 그는 살아남는다. 그는 초콜릿이 좋다는 것, 그리고 그와 손자는 그것의 살인적인 죄성(罪性)으로부터 살아남을 것임을 알고 있다. 그들은 나쁜 것으로부터 살아남을 것이다. 그가 초콜릿 막대 사탕들을 샀고, 그들은 그것을 먹으며 좋은 시간을 보냈다는 것, 그것은 하나의 사실이다. 비록 그가 지옥의 맛을 견뎌야 했지만 말이다. 그의 손자는 자랄 것이고 어니의 사랑도 자랄 것이다. 그가 더 잘할 수 있었다고 당신을 말할는지 모른다. 그와 나는 말한다, 우리는 우리가 할 수 있는 것을 하고 있다고.

주(notes)

1. 나는 조롱꾼 악마에 대해 여러 곳에서 글을 썼는데, 특히 「정신증의 핵」(Psychotic Core, 1986)과 「전기가 흐르는 밧줄」 (The Electrified Tightrope, 1993, 16장, "자기의 악마화된 측면

들")에서 자세히 썼다. 「정신증적 핵」에서 나는 반쯤 홀린 (semi-mesmerized), 번갈아 교대되는 수동적-폭발적(passive-explosive) 신체자기(body self)를 조롱하고 모욕하는, 악의에 찬, 초월적인 정신적 자기에 대해 묘사했다. 나는 이것이 우리 시대에 널리 퍼진 하나의 구조라고 생각한다.

2. 프로이트(1921)는 여러 종류의 지도자들과 권위자들이 이상화되고 과대평가되는 바람에 종종 참혹한 결과를 가져오는 일상생활 속의 전이적 광기(a transference madness)에 대해 썼다. 극단적이지만 그리 드물지 않은 예들로, 우리는 개인들이나 집단들이 메시아적인 기능을 이행하기를 기대하는 현상을 들 수 있다(Bion, 1970).

5장

선거 강간

　"선생님은 제가 편집증적이라고 생각하시겠지만, 저는 부시 (Bush)가 선거와 9/11 테러를 훔쳤다고 생각해요. 칼라(Carla)는 2000년 미국 대선을 언급하고 있었다. "그들은 모든 면에서 약자를 괴롭혔고, 거짓말과 속임수를 일삼았습니다. 유권자들을 투표하지 못하도록 막고, 명단에서 제외하고, 투표소에 도착하지 못하게 장애물을 만들고, 투표소에서 문제들을 일으키고, 투표용지 형식도 엉망으로 만들고, 투표 집계도 엉터리로 하고, 투표결과에 대한 신임도 떨어뜨리고 … 그것은 약자를 괴롭히는 행동이었습니다. 베이커(Baker, 대선 당시 부시측 대변인이자 총책임자)의 얼굴은 잊을 수가 없습니다. 저는 그의 얼굴이 나오고 파타키(Pataki, 당시 뉴욕 주지사)가 플로리다의 개표 의원들을 향해 소리를 지르는 악몽을 꾸었습니다. 제가 10대 때 정치에 관심을 끊은 것도 놀랄 일이 아니죠.

　"저는 대법원에 의해 강간당한 기분입니다! 아이들이 대법원으로부터 배운 것이 무엇일까요? 그들은 수단과 방법을 가리지 않고 이기는 것을 배우고, 권력을 얻기 위해 타자들을 망치는 것을 배웁니다. 거짓말과 속임수와 괴롭히는 방법을 배우는 거죠. 강간자가 되는 것이 괜찮은 것일 뿐만 아니라, 필수적인 것이 되고 있어요. 그것은 사람들이 이기기 위해 하는 것의 일부입니다. 최고의 강간자가 이기는 세상이에요. 부시의 취임식 때, 거리는 침범당한 사람들로 가득했습니다."

"그들은 선거로 우리에게 폭격을 가했고, 그 후 9/11 사태가 일어났습니다. 저는 이런 생각들을 했습니다. 폭력에 대한 폭력, 거울에 비친 이미지들, 확대경에 갇힌 폭력. 괴물, 벽에 걸린 괴물. 누가 가장 사악합니까? 영혼 안에는 한 기괴한 거울이 있는데, 일단 그 거울에 한 번 빠지면, 당신은 그것으로부터 빠져나올 수 없습니다.

"강간은 확산됩니다. 헬로윈 한 달 전이었죠. 그땐 아무런 파티도 열리지 않았습니다. 1년 후 저는 예언자의 복장을 했습니다. '화가 있을 지어다, 화가 있을 지어다. 회개는 어디에 있는가?' 9/11 사건은 저를 침묵케 했습니다. 저는 재를 들이마셨습니다. 거리는 텅 비었죠. 제 마음의 자석에 달라붙어 있는 것들이 있었습니다: 엔론(Enron, 미국 7대 기업에 속하던 에너지 회사, 2001년 파산), 헬리버튼(Halliburton, 미국 에너지 공급 회사), 캘리포니아에서 발생했던 에너지 착취. 기업들에 대한 강간, 알래스카의 석유를 착취하고, 캘리포니아를 망치고, 환경을 망치고, 부유한 자들에게 세금을 우대해주고, 전 세계를 착취하고 있는 부시 행정부.

"그들의 머릿속은 경제적 소음들로 가득 차 있었기 때문에 테러리스트가 자기들끼리 주고받는 말들은 전달되지 않았습니다. 그들은 자신들이 옳은 것처럼 생각하고 있고, 그들이 정말 미국을 대표하는 것처럼 행동하고 있으며, 미국사람들은 이렇다 저렇다고 말하지만, 글쎄요, 저는 미국인이지만 그들이 원하는 것을 원하지 않습니다. 그들은 확실히 저를 대변하지 않습니다.

"저는 3월 전까지는[뉴욕시에서 2004년 공화당 전당대회가 열린 달] 그렇게 많은 사람들이 저와 같은 느낌을 느끼고 있다는 것을 몰랐습니다. 그 광대한 분출: 폭력에 대한 똑같은 느낌을 가진 그렇게 많은 다양한 종류의 사람들. 강간을 당한 사람들의 모임이었습니다."

칼라는 유년기에 그녀의 삼촌에게 성폭력을 당했다. 가장 첫 기억으로, 그는 그녀를 혀와 손, 성기로 관통했다. 그는 그녀가 유아일 때부터 강간을 시작했다. 그가 그녀가 생후 6개월 전에 그녀의 성기에 입과 손 그리고 성기를 갖다 댔다고 해도 나는 놀라지 않을 것이다. 그는 그녀가 말 할 수 있기 전에 이미 그녀의 삶의 일부였다. 사람들은 그녀가 그와 일부가 되어 말하기 시작한 것이 그녀에게 어떤 것이었는지를 오직 상상할 수 있을 뿐이다. 그녀는 그녀의 언어 기관 안에서 그와 함께 말을 배우기 시작했다.

칼라는 한 여성의 목소리를, 아마도 "안 돼, 그것은 옳지 않아"라는 그녀의 어머니의 목소리를 어렴풋이 기억하고 있다. 그리고 "괜찮아. 그녀는 그것을 좋아해"라는 한 남자의 목소리를 기억하고 있다. 축축한 느낌의 목소리들, 입과 혀로 핥고, 성기 안에서 말하는 목소리들. 무엇이 무엇을 하는지 알지 못한 채, 유아용 침대에 누워 있는 그녀. 그녀가 볼 수 없었던 어떤 것을 하고 있는 한 남자의 입. 그러나 그녀는 정확히 알고 있었다. 그녀는 그가 무엇을 하고 있는지, 왜 그렇게 하고 있는지 정확하게 알고 있었다. 알지 못함(not knowing)과 융합된 섬뜩한 명확함, 그녀의 존재를 관통한, 그녀의 인생 전체에 남아있는 명확함과 혼동. 외부 감각들, 딱딱한 얼굴, 껄끄러운 구레나룻, 부드러운 입, 함께 공유하는 표면들에 대한 둥글고, 흐릿한, 지속적인 느낌에 둘러싸인 채, 그녀는 그것이 어떤 것인지 알고 있었다.

현재 무슨 일이 일어나고 있는지를 무시하고, 그녀의 주의를 사로잡고 있는 것에 대해 알지 못했다고 믿게 하는 패턴은 그녀가 말을 하기 전에 이미 자리를 잡았다. 말을 적시는 축축하고, 따뜻하고, 거친 감각의 얼룩, 그것은 기억일까? 상상일까? 칼라는 그녀 안에 머물고 있는 사건들의 조각들에 대해 마치 탄환이 박혀 있는 치유될 수 없는 상처들이 아물고 있는 것처럼 이야기한다.

치유(healing)라는 단어는 사람의 신체, 말의 분위기, 소리와 색의 음색 및 색조 안에 있는 심리적 상처와 관련해서는 적절치 못한 말이다.

환상은 감정의 거미줄을 짠다. 칼라의 어머니는 행동하는 데 실패한다. 그녀의 반대의견은 가라앉는다. 여성은 굴복한다. 침범은 삶을 구성하는 직물의 일부이다. 여성은 생명을 탄생시키고, 남성은 아기들이 자라나는 현실을 만든다. "그녀는 그것을 좋아해. 괜찮아." 그녀가 좋아하는 그것은 무엇인가? 그녀는 알기나 하는가? 축축한 따뜻함은 괜찮게 느껴질 수 있다. 그녀는 그것을 좋아하는가, 또는 좋아하지 않는가? 여기에 "또는"이라는 말이 해당되는 것일까? 그것은 무엇인가? 좋아한다(liking)는 것이 말이 되는 것인가? 그것은 좋아하는 것 이상이거나 좋아하는 것과 다른 것이고, 더 어렵고, 복잡하고, 감질나게 하는 어떤 것이다. 간지럼은 가라앉고, 좋아함이나 쾌락이나 무력함으로부터 멀어진다. 그녀는 보호 받지 못한 채 누워 있고, 그 무력함 내부에서 어떤 일이 일어나고 있다. 그녀는 그가 행하는 것에 의해 정의되고 있다. 그리고 그녀가 수동적인 주체로 낙인찍히고 있다고 말한다면, 그 수동성 안에서는 많은 비인간적인 활동들이 진행되고 있다. 그녀의 신경체계 안에는 행위를 받는 그녀, 행위자인 남자, 걱정하지만 실패하고 있는 방관자로서의 어머니 사이에 삼각관계가 형성된다. 행위자가 되려면 남자가 되라. 행위를 받으려면 여자가 되라. 그러나 누가 행위를 당하고, 누가 방관하는가? 여기에는 혼란스런 호기심이 끊임없이 존재한다. 무슨 일이 나에게 일어나고 있는가? 그것은 무엇인가? 생각하는 마음이 탄생하기 위해 애쓰고 있다. 폭력이 주관적인 현존을, 즉 집요함을 지닌 주관적인 함입(invagination)을 흥분시키는 경우가 있다.

프로이트의 글들에서, 삼촌은 아버지로 드러난다. 아버지는 어머니가 보는 앞에서 이런 행위를 할 수 있을까? 안 된다고 말하는 어머니 앞에서 딸에게 성폭력을 가할 수 있을까? 그것은 No라고 말하는 어머니에 대한 위반이기도 하다. 이 시점에서 예와 아니오는 그 여아에게 무슨 의미를 가질 수 있을까? 감각 이상의 것이 위험에 처해 있다. 감각은 힘과 융합된 쾌락의 한 분야에 속하는, 욕망과 의지의 놀이이다. 여기에서는 모든 권리를 포기하는 것과 무력감이 주된 역할을 한다. 여성은 남성의 힘 주변에서 날개를 퍼덕거린다.

그러나 그것은 단지 힘의 문제만이 아니다. 음탕한 어떤 것, 변태적인 어떤 것이 피부에 달라붙는 문제가 있다. 그 후 칼라에게 쾌락을 주는 것은 오직 항문 섹스뿐이었다. 그녀는 서너 살 즈음, 아니 그 전부터, 항문을 자위하기 위한 새로운 방법들을 찾는 데 많은 시간을 보냈다. "그것은 그가 찾지 못한 단 하나의 구멍이었어요," 그녀가 말했다. "그것은 전적으로 제 소유인 어떤 것이었어요." 물론 그것은 망상이고, 환각이었다. 자기만의 것인 구멍에 대한 환각. 그녀의 삼촌-아버지는 오래 전에 그것을 소유했다. 어쩌면 그녀가 경험했던 것은 그의 소유를 그녀가 소유하는 것이었는지도 모른다. 때를 기다리는 초월적인 방관자로서, 규정되기 어려운 상태로 남아있는 동안, 그녀를 그의 소유로, 그를 그녀의 소유자로 삼았던 경험이었는지도 모른다. 항문만큼, 괴기한 통제를 드러나지 않게 숨기고, 기다리고, 행사할 수 있는 장소는 없다.

정치 현장은 그녀가 아기였을 때 무슨 일이 일어났는지를 읽어낼 수 있는 장소가 된다. 위반은 뚜렷했다. 그것은 단지 가족의 사생활 속에 있는 유아나 작은 소녀가 아니라 백주 대낮에 모두가 바라보고 있는 데서 그리고 한 국가 앞에서 행해진 강간과 사취이다. 그것은 어머니가 보는 앞에서 아버지에 의해 강탈당한, 아기였을 때 그녀가 처한 상황과 유사한, 그러나 좀 더 확대된 상황이다. 그것은 권력과 간계, 그리고 불신에 의해 혹은 붙잡기 어려운 무의식적인 매혹에 의한 마비에 의해 아마도 반쯤 최면에 걸린 관중이 방관하는 동안에 발생한 강탈의 현장이다.

이것에서 한 가지 요소는 역전되어 있다. 그것은 특정한 관점에 유리하도록 상황을 다시 채색하는 것과 관련되어 있다. 즉 너의 것이 아닌 나의 의지, 권리, 쾌락, 권력을, 또는 심지어 너의 것으로서의 나의 의지, 권리, 쾌락, 권력을 강조하는 것이다. 하나의 예로써, 좋아하는 것도 싫어하는 것도 두드러지게 드러나지 시점에, "그녀는 그것을 좋아해"라는 말을 들 수 있다. 그 아기는 자신이 3인칭인 그녀로 언급되고 있는 것을 듣고 있고, 그녀의 주관성이 마치 외부인이 내면에 들어와 있기라도 하듯이 외부로부터 다루어지는 것을 알게 된다. 마치 그가 그녀 자신보다 그녀의 더 깊은 내부에 있기라도 하듯이. 그는 "그녀는 그것을 좋아해"라고 말한다. 문제는 이 말이 그녀의 경험에 대한 정의적 진실이 될 수 있다는 것이다. 그녀가 그것을 좋아하는지 아니면 좋아하지 않는지가, 또는 그녀가 자신의 좋아함에 대해서도 아는지가 타당한 관심사로 부상된다. 타자의 앎이 그녀의 앎을 대체하고, 그것이 곧 그녀가 아는 것이 될 공산이 크다. 그녀 내부에 대한 타자의 평가가 그녀의 내부가 될 위험에 처한 것이다. 타자의 내면은 무언가 잘못된 일이 일어나고 있다는 얼얼하고 섬뜩한 느낌과 함께 그녀 안으로 미끄러져 들어온다.

그것은 가장 깊은 앎, 가장 깊은 내부와 내부의 접촉은 아니지만, 여전히 충분히 깊다. 아버지가 그녀의 현재를 정의하는 방식에는 잘못된 것이 있는데, 그것은 그 정의가 외부에서 온 것만이 아니라, 마치 병적인 모세의 율법과도 같이 위로부터 온 것이라는 점에서 그렇다. 너는 … 그것을, 내가 행하는 것을, 내가 네가 좋아한다고 말하는 것을 좋아할지어다. 너는 나의 병든 율법을 좋아하는 사람이 될지어다. 여기에는 교활하고, 뱀 같고(그녀의 엉덩이 위에서), 탐욕스럽고(아기의 허기를 몰수하는), 지기-중심적인(자신의 순간을 가질 수 있는 아기의 권리를 대체하는) 어떤 것이 있다. 내가 그녀가 그것을 좋아하기를 원하기 때문에, 또는 내가 그녀가 그것을 좋아한다고 생각하고 싶어 하기 때문에 그녀는 그것을 좋아한다는 생각이다. 이제 우리는 왜 우리가 신을 영으로, 모든 것을 알고 육체에 의해 방해 받지 않는 존재로 생각했는지 알 수 있게 된다: 왜냐하면 그래야만 직접적이고 즉각적인, 마음에서 마음으로 전달되는 영향력이, 즉 나에서 나로 전달되는 영향력이 존재할 수 있기 때문이다. "내가 좋아하는 것을 그녀는 좋아한다"라는 생각에서, 다만 차이의 흔적만이 지워지는 것이 아니다. 나와 나, 마음과 마음 사이의 주고받음은 차이 위에서, 아래에서, 그것을 관통해서, 그 옆에서 일어난다. 적대적이고, 부패한 마법(적대적인 탈취)이 발생하는 것이다. 즉 나의 소망이 그녀의 소망이 된다. 마치 그녀가 자신의 마음 안에 그리고 자신의 힘이 미치는 범위 안에 있기라도 한 것처럼 믿는 것이다. 이렇게 해서 소망하는 것은 의지가 되고 의지는 그것을 가능하게 한다.

혼란과 마비를 일으키는 한 가지 원천은 자신의 욕망에 대한 평가를 포함해서, 타자의 욕망 외부에 자신을 위치시킬 수 있는 그녀의 능력이 붕괴되었다는 것이다. 마비된 혼란의 또 다른 단초는 자신 안으로 미끄러져 들어가는 타자의 의지와 소망을 은밀히 보고 있는 것이다. 그 경우, 개인은 마치 그 미끄러져 들어가는 의지가 자신이 발견하는 것을 정의하고, 무시하고, 사용하기라도 하듯이, 정지된 상태로 그것을 바라본다. 그는 영화를 볼 때의 전적인 수동성을 지닌 채, 타자에 의해 점령된 자신의 내부에 대한 영화들을 바라보며, 삼투성(permeability)과 정신적 이동(transfer)에 대한 발견에 매혹된다. 그때 그는 분리(separation)라는 것이 전혀 장벽이 되지 않는다는 것을 깨닫는다. 모든 것은 내부로 들어옴과 침투성의 질에 달려 있다.

상실하는데도 상실되지 않는다는 것은 지금 일어나고 있는 일이 잘못된 것이라는 느낌을 준다. 여기에는 암시적인 정의감이 발생한다. 즉 이것은 옳지 않고 잘못되었다는 느낌이 그것이다. 그러나 그 사람은 그것에 대해 어떻게 해야 할지 알지 못한다. 그는 그것에 대해 무엇을 할 수 있겠는가? 비명을 지르는 것? 우는 것? 도망치는 것? 덤비는 것? 여유롭게 그것을 즐기는 것? 굴복하는 것? 그는 현재 일어나고 있는 일의 의미를 확실히 알지 못하기 때문에 현재 일어나고 있는 일에 대해 의구심을 갖는다. 그는 그것을 어떻게 평가해야 할지 확실히 알지 못한다. 그 상황을 어떻게 처리해야 할지 모르는 그는 감각들과 소리 없는 생각들의 멜로디들을 맛보며, 조금 당황한 상태로 거기에 누워 기다린다. 그는 상황이 명료해지고 구체화되기를 기다리고 있다. 그는 도움을, 투명성(transparency)을, 가시성(visibility)을 기다리고 있다.

그러는 동안, 복잡한 긴장들이 형성된다. 사고능력이 영향을 받는다. 비어있음, 소용돌이와 절정, 의심, 집착, 히스테리, 분열의 혼합물이 거기에 있다. 계속된 성장에 의해 묻혀 버린, 잘못된 어떤 것에 대한 감정이 있다.

나는 그 잘못된 것이 사라진다고 생각하지 않는다. 자주 분노가 그것에 달라붙고, 경우에 따라서는, 커다란 파괴를 촉발시킨다. 보통, 우리는 우리의 장점들 및 약점들과 함께 살아가는 법을 배우기 위해 절뚝거리며 따라가고, 깡충깡충 뛰며 쫓아간다. 우리는 그 일을 잘 해내고, 충분히 잘한다. 칼라는 우아한 삶을 살았다. 그러나 40대에 접어들면서 그녀는 어떤 것을 상실할까봐 두려워하기 시작했다. 그녀는 또한 어떤 것에 시달린다고 느꼈다. 잃는 것과 시달리는 것은 똑같지 않았다. 그녀의 즐거움은 일, 여가, 여행, 연애, 몇몇의 꽤 오래 지속되는 관계들이었다. 일은 그녀의 삶을 조직화했다. 이제 시간이 그녀를 겁나게 했다. 그녀는 자신이 언젠가 아이들을 갖게 될 것이라고 생각했지만, 그 날은 그녀를 피해갔다. 그녀의 삶은 잘못된 것들, 없어진 것들, 고통에 시달리는 것들을 무시해도 좋을 만큼 지금까지 충분히 좋은 것이었다.

내가 칼라에게 상실하는 것과 시달리는 것에 대해 좀 더 말해보라고 압력을 가하던 어느 날, 그녀는 갑자기 자발적으로 말하기 시작했다. "저는 항문 섹스에 의해 채워지는 느낌이 들어요. 하지만 저는 숨지요. 아무도 저를 찾지 못합니다. 저는 제 항문 안에서 안전합니다. 저는 저 자신에게서 주의를 돌리고, 드러내지 않고 자신을 채웁니다. 저는 보이지 않게 뒤에서 하는 것을 좋아해요. 아무도 저를 보지 못합니다. 저는 보이지 않습니다. 그들은 저를 소유할 수 없지만, 저는 그들을 소유하고, 그들은 저를 가득 채웁니다. 저는 항복하지 않고서 항복할 수 있습니다. 저는 그리 많은 것을 주지 않고서도 모든 것을 소유할 수 있습니다." 먹여주는 자의 현실을 인정하지 않는 먹기, 그것은 하나의 신체 기관에 의해 채워지는 것으로 충분하다. 스며드는, 격렬한, 공허한 섹스. 생산성과의 유대는 깨어졌고, 세대 간의 고리로부터도 자유롭다. 그러나 그녀는 세대 간의 고리가 줄 수 있는 것을 상실한다. 그녀는 그녀가 가졌을 지도 모를 아기들을 삼켜버렸고, 항문 성교를 통해 아기들이 다니는 길을 실제 아기들은 다니지 않는 길로 대체했다. 하나의 구멍을 다른 구멍으로 대체하는 일은 그리 드문 일이 아니다. 환상 속에서는 모든 새는 구멍들을 막는 것이 완성처럼 느껴지고, 모든 부족한 것들을 메우는 것처럼 느껴질지 모르지만, 그때 아이의 살아있는 나-아님(not-me)의 요소는 결여된다. 거대한 부정(not)은 태어나지 않은 채 내부에 갇히게 된다.

그녀의 마음을 어지럽히는 것은 잘못된 어떤 것에 대한 느낌이다: 여기에는 강간의 기본적인 기표/행위자로서의 아버지, 스스로 주목하지 않으려고 노력하는 자기의 위반(violation)과 성격의 왜곡이 포함되어 있다. 아버지는 그것의 원인제공자인가, 그것을 표현하고 있는가, 아니면 둘 모두인가? 위반은 근원적인 (primordial) 것이고, 다른 형태들을 취할 준비가 된 상태로 개인을 기다리는 것이 아닌가? 그 개인이 자라기를 기다리면서? 칼라의 아버지는 천의 얼굴을 가진 위반일 수 있지만, 또한 하나의 특별한 외상 지점, 특권을 가진 가해자, 특히 가차 없는 외상의 전달자일 수도 있다.

칼라는 이제 정치적 사건들로부터 그녀에게로 다가오는 위반을 느낀다. 그녀는 그녀 자신을 둘러싸고 강한 위반을 조직한다. "그들은 거짓말을 했어요. 거짓말을 했습니다. 그들은 이라크가 대량살상무기를 가지고 있지 않다는 것을 알고 있었습니다. 그들은 전문가의 조언을 무시했습니다. 그들은 그들이 원하는 대로 상황을 왜곡했습니다. 현실은 그들이 말하는 것입니다. 우리가 말하는 것은 상관이 없습니다." 여기에는 정치와 유년기 외상 사이에 맞아 떨어지는 부분이 있다. 성적 학대는 학대자의 죄를 면제해주는 혼돈스러움으로 덮여 있다. 폭력은 망각에 의지한다. 실제로 일어나고 있는 일이 정말로 일어나고 있다고 믿기란 힘들다. 그것이 일어날 수 있다는 것을 믿기가 어렵다.

폭력과 학대에 대한 분노는 아이로서, 어른으로서, 모호해지고, 분산되며, 다른 통로를 통해 분출된다. 사람들은 자신들의 아버지, 지도자, 정부, 상급법원들을 좋게 생각하고 싶어 한다. 아이이자 시민으로서 우리는 그들을 위해 변명거리들을 찾고 잘못된 것을 못 본척하려 한다. 너무 자주 가해자들은 자신들이 옳고, 정당하다고 느끼거나, 적어도 지도자들이 만들어내는 현실에 대한 혼란을 이용한다. 옳음과 그름은 뒤바뀌고 또 뒤바뀐다. 때때로 가해자와 피해자가 뒤바뀌는데, 그런 식으로 동일한 시나리오를 다음 세대에 전달한다. 이 뒤바뀜과 경직성은 함께 간다.

칼라가 성인기 때 겪은 세상 경험과 그녀가 유아기로부터 짊어지고 있는 위반 사이에는 맞아떨어지는 부분이 있다. 외상화된 망각과 혼동 아래 혹은 내부에는 부당하다는 느낌, 무언가가 잘못되었다는 끊이지 않는 느낌이 있다. 정서적 수준에서의 옳고 그름에 대한 느낌, 또는 감수성이 침해되었다는 느낌이 그것이다. 그 느낌은 짓밟히고, 역전되고, 대체되고, 분산되고, 다른 방향으로 흘러갈 수 있지만, 그것이 끝이 아니다. 그 느낌은 수면을 방해하고, 꿈을 방해하며, 사람들의 일상생활을 교묘하게 괴롭힌다. 존재를 괴롭히는 잘못된 어떤 것, 삶 전체를 따라다니는 폭력에 대한 느낌, 그것은 아마도 삶을 구성하는 요소일 것이다. 거기에 있어서는 안 될, 있을 수 없는, 존재 외부에 있는 어떤 것이 아니라, 우리 자신의 일부인 것이다. 그것은 또한 신체적이고 심리적인 탄생의 일부로서의 위반, 그것은 우리를 구성하고, 우리의 존재를 가능하게 하는 발생적 과정들(originating processes)의 일부이다. 선거 강간, 경제적 강간, 군사적 강간, 가족 내 강간, 이것들이 모두 그런 것이다.

우리는 상징적 의미를 가진 상징들과 행동들을 통해 폭력을 영속화하고 정교화한다. 우리는 알카에다에 의해 공격을 받았기 때문에 이라크를 공격한다. 우리가 이라크를 공격하는 것은 우리가 그렇게 할 수 있기 때문이다. 그것은 인명의 희생을 과소평가하거나 실제적으로 고려하지 않은 상태에서, 우리가 해낼 수 있다고 생각하는 어떤 것이다. 우리가 진짜 적을 겨누고 있는지의 여부보다 우리가 공격을 한다는 그 사실이 더 중요하다. 적은 곧 올 것이다. 그들이 올 것이라는 생각의 한 변형으로서, " 파괴하라 그러면 그들이 올 것이다"가 생겨난다.

알카에다에 의해 공격받은 것에 대한 응답으로서 이라크를 공격하는 것은 어느 정도 일리가 있다. 이라크와 알카에다는 많은 미국인들의 정신 안에서 하나로 융합되어 있다("그들은 다 똑같아"). 어쨌든 전치(displacement)는 정신적 작용들이 일어나는 방식의 일부이다. 확실히, 테러 조직과 지역 독재자 사이의 차이는 구별하기 어려웠다. 진보주의자(무슨 일이든 허용되는)와 보수주의자(도덕적 가치관)를 구별하는 것이 더 쉬웠다.

누가 누구를 공격하느냐가 우리에게는 중요하다: 우리에게는 힘이 중요하다. 역사를 보면, 누가 누구에게 무엇을 하느냐보다 x가 행해졌다가 더 중요한 것처럼 보인다. 예컨대, 폭력적인 연결고리를 둘러싸고 주체와 객체는 뒤바뀌거나 변화한다. 누가 누구에게 그것을 행하는가가 변하는 동안, 폭력은 동일하게 남아 있다. 침범하고자 하는 욕구는 시나리오와 등장인물들이 바뀌어도 여전히 지속된다. 파괴는 전염되고, 주체에서 주체로 퍼져나간다. 그것은 어디에서 시작되는가? 우리는 어디에서 그 기원을 찾는가? 아이들에 대한 강간에서? 또는 아이들의 영혼에 대한 강간에서? 폭력은 이미 자리를 잡고 더 많은 주체들의 탄생을 기다리고 있지 않은가? 우리는 근원을 향한 욕망을 가지고 있다. 우리는 우리의 폭력적인 본성의 기원을 찾아 우주생성의 근원지인 빅뱅(Big Bang)으로 거슬러 올라가, 자연과 우리 안에 존재하는 폭발적인 과정들 사이의 연속성을 찾고자 한다. 만약 우리가 부분적으로 폭력적인 과정들의 일부라면, 우리가 우리 스스로를 다스리는 방법에도 폭력이 포함된다는 것은 놀랄 일이 아니다.

그러나 여기에는 또 하나의 시각, 또 다른 실마리도 존재한다. 우리는 서로를 상처 주어서는 안 된다는, 예언적이고 도덕적인 차원의 심오한 느낌을 가지고 있다. 외부에서 오는 요구만이 아니라, 우리가 사랑하는 방식의 일부로서의 진정한 돌봄(caring)에 대한 욕구가 있다. 즉 우리는 소중하고, 그렇게 노력할만한 가치가 있다는 느낌이 있는 것이다.

우리는 우리의 폭력적 본성을 나타내는 점들과 돌보는 본성을 나타내는 점들 사이를 연결하는 방법을 모른다. 어쩌면 연결할 수 있는 점들이 없을 수도 있다. 두 가지 성향 모두는 우리의 존재 속에 깊이 뿌리내리고 있다. 우리는 우리 자신과 서로를 상처 입히지 않는 것이 불가능하다는 것을 배운다. 그렇지만 용서와 보상과 같은 경험들이 상처 입은 느낌 주위에서 자라난다. 선함이 스스로 꽃을 피우는 아름다운 순간들도 있다. 사람은 자기 자신에 대한 어느 정도의 반대세력이 필요하다는 사실을 배울 필요가 있다.

고대 선조들은 우리에게 균형을 맞추라고 말하지만, 우리는 그 균형이 무엇인지 확실히 알지 못한다. 윌리엄 블레이크(William Blake)는 우리가 정말로 너무 많이 왔을 때에야 비로소 그 사실을 알게 된다고 말한다. 즉 충분히 왔는지 아니면 너무 많이 왔는지를 안다. 그는 그것을 긍정적인 의미로 말했지만, 우리 안에는 화상을 입고 타자들이 형태를 몰라볼 정도로 화상을 입은 후에조차도 우리가 끓는 기름솥을 엎었다는 사실을 깨닫지 못할 수 있게 하는 어떤 것이 있다. 우리가 갈 수 있는 데까지 갈 때까지, 우리가 이길 때까지, 혹은 우리가 일으키는 손상이 충분한 고함 소리를 만들어낼 때까지, 우리의 의지를 둘러싸고 가려주는 망각이 존재한다.

우리는 파괴성을 완전히 뿌리 뽑을 수는 없지만, 어떤 강간들은 피할 수 있지 않을까? 교육이란 우리 자신들을 확장하는 것을 돕고, 필요하다면 우리 자신들과 싸우는 것을 돕기 위한 것이 아닌가?

파괴를 최소화하는 법을 배우는 데는 어떤 것이 필요할까? 단지 피상적인 억제가 아닌, 우리 자신의 본성에 대한 급진적인 비판으로서의 자기-투쟁(self-struggle) 외에는 다른 대안이 없다.

우리는 가능한 것이 무엇이고 또 어떤 변화가 가능한 것인지를 실험하고 있다. 주변 집단인 심리치료사들은 듣고 반응하려고 노력한다. 우리는 가족적, 생물학적, 문화적 차원 등 여러 차원에서 사적인 외침과 분노에 관한 이야기를 듣는다. 사람들은 그들 자신들의 성격에 의한 압력에 대한 반응으로 그들 자신들이 왜곡되었다는 사실에 대해 분노한다. 그들은 자신들과 같은 사람들을 증오한다. 어떤 사람들은 신체적 외상, 양육방식, 문화적 폭력과 냉정함 안에 갇히거나 뭉개졌다는 느낌을 갖는다. 우리는 많은 기회를 갖지만, 타협을 위한 거래는 심각한 결과를 가져올 수 있다. 우리가 누군가와 함께 행하는 작은 선함이 세상의 광대한 문제들을 줄여줄 거라고 생각하는 것은 망상일 것이다. 그러나 나는 우리가 하는 일이 전혀 효과가 없다고는 믿지 않는다.

그러는 사이, 나는 칼라가 자신의 항문에 대해 말하는 것을 듣는다. 그것은 비록 원색적이지만 미묘한 주제이고, 나는 내가 엿듣고 있다는 느낌을 갖는다. 그녀가 당황한 기색을 보이지 않자, 나도 긴장을 푼다. 그녀는 항문 강간에 대해 이야기한 다음, 자신이 한 말을 다시 한 번 돌아본다. "항문 강간이 가능할까요? 저의 경우는 아닐 것 같아요. 하지만 저는 제가 강간을 흉내 내고, 무효로 만들고, 그것을 좋게 만들고 있다고 느껴요."

그녀는 나쁜 것을 좋게 만들려고 한다. 끔찍한 어떤 것은 얼룩을 남겼고, 그녀는 부정적인 것을 보다 긍정적인 것으로 재창조함으로써 그 얼룩을 씻어내려고 노력한다. 그녀의 오르가즘이 숨는 곳, 항문 안에서 맛보는 천국의 느낌에 대해 그녀는 여러 차례 털어놓았다. "아시다시피, 항문 섹스는 천국처럼 황홀해요." 몇 차례나 그녀는 덧붙였다. "황홀한 폭력이지요." 나의 마음속에서는 그녀가 말하는 육체에 새겨진 황홀한 폭력이 곧 그녀가 자신의 영혼에서 씻어내려고 노력하는 끔찍한 폭력이라는 생각이 스쳐간다.

몇 분간의 두드림 끝에 그녀는 성공하고, 거의 황홀경에 가까운 순간들과 가득 차고 흠뻑 젖은 느낌에 도달한다. 이렇게 얼룩은 다시 형성되고, 그녀는 그것을 또 다시 지워야 한다. 나쁜 것을 잠시 사라지게 만드는 것, 폭력을 잠깐 쫓아내는 것은 일시적인 유예에 지나지 않는다. 그녀는 과거에 자신을 범했던 행동으로 자신이 당했던 폭력을 무효화하기 위해 신체 혹은 환상속의 신체를 사용하는 법을 택했고, 침범을 쾌락으로 변환시키는 경로를 생각해냈다. 불은 불로 다스린다지 않는가. 항문 황홀경은 항문 강간을 더 없는 행복으로 만든다.

그녀는 그녀의 아파하는 영혼을, 끝나지 않는 고통을 치료로 가져온다. 거기에는 분류해내야 할 많은 것들이 혼동되어 있다. "긍정적인 항문과 부정적인 항문이 있어요." 그녀가 말한다. 창조적인 항문은 항문 폭력을 인식한다. "제가 선생님께 온 한 가지 이유는 선생님이 항문 악마들에 정통하기 때문이에요. 선생님은 항문 악마들에 대해 글을 쓰시죠. 뒤에서 취하는 것, 은밀한 공격,

교활한 마음에 대한 모든 말들을 말이에요. 때때로 선생님은 항문 악마처럼 보여요. 저는 기쁨을 주는 엉덩이를 가지고 있죠. 선생님은 팽팽한 엉덩이를 가지고 계시죠. 선생님 역시 장난스런 악마에요. 선생님은 제게 항문과 관련된 것들을 하지 말라고 말하지 않으시죠."

"저는 결코 살아야 할 권리를 실제로 느껴본 적이 없어요. 저는 제가 살아있다는 것을 믿기 위해 섹스를 해요. 저는 남자들을 보고 생각하죠, 그들은 나에게서 똥을 빼낼 수 있을까? 똥은 잘못된 모든 것들을, 제가 입은 모든 상처와 세상의 모든 상처를 똑같은 것으로 만들죠. 저는 그놈의 치료를 원합니다. 남미에 갔을 때, 저는 여성들이 옷의 영혼을 깨끗하게 한다며 물이 흐르는 바위 위에서 방망이로 옷을 두드리는 모습을 몇 시간 동안이나 본 적이 있습니다. 저는 제 항문의 영혼을 마구 두드려 깨끗하게 하려고 하지만 그 똥은 스스로를 다시 채웁니다."

"테러리스트들은 세계무역센터(World Trade Center)에 거대한 똥을 눔으로써, 그것을 쓸어버림으로써, 세상을 깨끗하게 하려고 했습니다. 부시 조직은 온 나라에 똥을 누었고, 선거를 쓸어버렸고, 그 다음엔 엉망진창 상태를 깨끗이 하기 위해 이라크에 똥을 누었습니다." 똥을 눔으로써 청소하는 것, 그것이야말로 심리사회학적인 청소 작전인 셈이다. 강간의 형태로서 똥 누기 혹은 반대로 똥 누기로서의 강간. 칼라의 언어는 똥 누기와 강간 사이를 미시적-거시적으로 오가면서, 개인적, 가족적, 경제적, 정치적 영역들의 똥 누기-강간을 묘사한다. 그것은 폭력과 파괴의 언어, 외상 언어의 일부이다.

강간은 광선을 발하고, 외상적 매듭들의 연결망들은 서로에게 끌린다. 칼라의 삶에서 유년기와 세계의 외상 사이에는 하나의 울림이 있다. 그녀가 어린 소녀였을 때 강간은 일상생활 속에 녹아들었다. 어른이 된 지금, 그것은 전 세계의 사건들 속에서 비명을 지르고 있다. 칼라는 국가적 강간을 통해 유년기 강간과 접촉한다. 그녀는 세계적 사건들에 대한 민감성에 의해, 역사에 대한 격노에 의해, 그녀의 외상적 역사의 일부를 되찾는다. 칼라는 자신의 개인적 삶에서, 외상을 쾌락과 개인적 만족으로 덮어버렸다. 좋은 항문은 많은 죄들을 덮는다. 개인의 만족은 중요하다. 그러나 어떤 달콤한 항문도 사회-정치적 삶의 냄새를 썩게 하는 성폭행을 숨길 수 없는, 과거의 지점이 있다.

거짓말은 공적인 위반을 기벼운 것으로 믿들고, 나쁜 깃들에 좋은 이름을 붙여준다. 강간은 우리가 숨 쉬는 대기처럼 된다. 지도자들의 거짓말은 어머니의 "다 괜찮아질거야"라는 말처럼 작용하기 때문에, 국민들은 더 이상 아물지 않은 상처를 느끼지 않게 된다. 그러나 약자에 대한 괴롭힘과 교활함이 껍질에 구멍을 내는 지점들이 있다. 그때 혐오와 공포가 터져 나온다. 외상이 새어 나온다. 권력의 파괴적 사용이 그 모습을 드러낸다. 그것을 만나기 위해 개인적 존재의 상처받은 심연이 떠오른다. 칼라로 하여금 나를 만나게 하고, 그녀의 삶에서 진실 된 것을 추구하게 하고, 필요한 것을 찾도록 밀어붙인 것은 바로 이 끔찍한 것이 휘저어지고 쏟아 부어지는 지점이다.

상처들은 불신 속에 숨는다. 우리는 이런 일이 일어났다는 것을, 일어나고 있다는 것을, 그런 일들이 일어날 수 있다는 것을 믿지 못한다. 외상을 주는 권력의 측면은 불신과 공포 사이, 불신으로 이어지는 공포와 자신의 상태를 깨닫게 해주는 공포 사이에 위치한 시간의 경과에 의지한다.

6장

치유에의 갈망

슬프고, 외로운 소녀는 당시에 혼자 살고 있었다. 그녀는 나를 만나기 위해 3주를 기다려야 했고, 만나기로 약속한 후에 다섯 번이나 전화를 했다. 나는 그녀가 나타날 거라고 생각하지 않았다.

그런데 그녀가 나타났다. 나는 생각한다, "세상에, 그녀가 왔네!"

그녀의 말소리는 듣기가 쉽지 않다. 거리의 소음이 심한데다 그녀는 조용히 말한다. 나는 의자를 끌어 그녀에게 조금 더 가까이 다가간다. 그녀의 얼굴은 창백하고, 억눌려있고, 민감하다. 나는 그녀가 태아상태에 있다고 말하고 싶은 유혹을 받지만, 그건 너무 성급하다. 정확히 꼬집어 말할 수는 없지만, 그녀의 억눌림이 내게 전해진다. 나는 기다린다.

그녀는 그녀가 10년 넘게 만난 그녀의 이전 여성 치료사를 사랑한다. 그녀의 치료사는 아이를 낳기 위해 그녀를 떠났다. 몇 개월 후에는 다시 치료를 계속할 거라고 말했지만, 반년이 지나고, 1년이 지나고, 더 오랜 시간이 지났다. 결국 그 치료사가 다른 사람들을 치료하고 있는 것을 알았지만, 그녀와의 작업으로 돌아오지는 않았다.

아네트가 건 수백 통의 전화들은 응답되지 않았다. 드물게 통화가 되어도, 그 치료사는 전화를 끊어버렸다. 한번은 전화를 끊기 전에 아네트에게 직접적이고 차갑게 말했다. "내가 다른 치료사의 이름을 알려줬잖아요. 그녀에게 전화하세요."

나는 아네트의 아픈 마음을 느꼈고, 염려되고 난처했다. 무엇을 생각해야 하나? 무엇을 믿어야 하나? 생각들이 마음속에서 스쳐 지나갔다. 아네트를 치료하는 것이 새 아기 엄마에게는 너무 부담스러웠을까? 너무 절박하게 전화를 많이 한 것이 그녀에게는 위협적으로 느껴졌을까? 사실 아기를 갖게 되면 모든 것이 변한다. 내가 아빠가 되었을 때, 나는 상담 중에 잠이 들고, 물건들을 떨어뜨리고, 이상한 생각들을 떠올리기도 했다. 나는 내 자신이 더 충만하고, 자애로운 것을 느꼈다. 아버지됨은 우리 모두가 서로에게 부모이자 자녀라는 강한 느낌을 포함해서, 나를 새로운 곳으로 데려다주었다. 나는 많은 시간 동안 그 곳 바깥에 있었다.

아네트는 그 치료사가 자신을 버린 동기가 육아 때문만은 아니라고 확신했다. 결국 그녀의 전화는 수신 거부가 되었지만, 그녀는 계속해서 편지를 쓰고, 또 썼다.

"X 보세요. 나는 당신이 내게 얼마나 중요한 사람인지 다 말할 수 없습니다. 우리의 작업은 나의 삶을 구했습니다. 나는 내가 좋은 환자가 아니라는 사실을 알고 있습니다. 나는 더 열심히 노력할 것을 약속합니다. 나는 중요한 것들에 대해 이야기할 것이고, 당신이 제공하는 것을 더 잘 활용할 것입니다. 제발 저를 피하지 말아주세요."

그녀는 자신이 과거에 자해를 시도했었고, 자살 시도와 자살 충동을 수반한 우울증으로 여러 번 입원했었다고 내게 말했다.

그녀는 자신이 가까이 있다고 느끼는 우울증에 또 다시 빠질까 봐 두려워했다. 그녀는 거의 50세쯤 되었는데, 십대 이후로 이런 상태를 견뎌오고 있었다. 나는 그 병의 끈질긴 힘이 놀랍다고 느 꼈다. 그녀는 마치 바람이 불면 하늘높이 날아가 버리는 한 가닥 의 가느다란 도깨비불 같았다. 그녀는 평범한 직업을 갖기에는 너무 "약했고," 애정 관계를 가져본 적이 한 번도 없었지만(그녀 의 치료사를 제외하고는), 우울한 갈망의 힘과 지속성을 먹으며 살아가고 있었다. 우울증이 사람을 강하게 만들 수 있을까?

나는 궁금해지기 시작했다. "아, 그 눌린 모습?으스러지고, 확실 히 안으로 숨어들고, 위축된 모습?그러나 짙은 힘이 그 안에 숨 어 있어. 형태 없는 감촉을 지닌 반죽과 같은 성질?오랜 세월에 걸쳐 모래가 되고, 점토가 되고, 바위가 되는 진흙처럼."

내 안에는 처음에 내가 상상했던 것보다 더 무거운 감정이 느 껴졌다.

* * *

나는 그녀가 필요로 하는 만큼 그녀를 만날 시간이 내게 없다 는 것을 처음부터 알고 있었다. 그리고 그녀는 치료비를 낼 돈이 없었다. 그녀의 아버지가 남긴 돈은 거의 남아있지 않았다. 그녀 의 어머니는 오래 전에 돌아가셨다. 그녀는 자신을 무료로 치료 해줄 수 있느냐고 물었지만, 나는 그렇게 하고 싶지 않았다. 나의 시간은 거의 차 있고, 나는 학교를 마칠 때까지 지원해주어야 할 아이들이 있다. 그러나 그녀는 전화를 계속했고, 우리는 이따금씩 만났다. 그녀는 나와 함께 있는 것이 좋다고 말했다. 우리는 마치 영이 우리를 움직이기라도 하듯이, 말을 하든 안하든 상관없이, 함께 있는 것이 편해졌다. 더 깊은 수준에서, 그녀는 그녀가 느끼는 것에 대해 많이 말하는 것을 두려워했다. 내가 추측하기로, 그녀는 그녀가 시도했던 다른 사람들보다 나와 불편하게 있는 것을 더 편하게 느꼈던 것 같다. 아니면 아마도 내가 그녀의 전화들을 받아준 유일한 사람이었을 수도 있다.

그녀는 다량의 약을 먹고 있었고 지금까지 오고 간 일련의 의사들 중 가장 최근에 만난 정신과의사의 돌봄을 받고 있었다. 나는 그녀가 이제 막 진료를 시작한 정신과의사들을 만나 왔고, 그들은 자리를 옮기면서 그녀를 떠났을 것이라는 느낌이 들었다. 낮 동안에 그녀는 책을 읽고, 노숙자를 돕고, 파트타임으로 낮 프로그램에 들러 입원환자들을 위해 봉사하는 시간을 가졌다. 그녀는 그녀의 시간을 생산적으로 사용했지만 돈을 벌지는 않았다. 한동안 나에게 오는 그녀의 전화의 횟수가 늘어났다. 한번은 내가 말했다. "당신은 지난 24시간 동안 내게 20번쯤 전화한 사실을 알지 못하는군요. 당신은 불안과 절박함 속에서, 내게 몇 번이나 전화했는지를 기억하지 못하는 것 같아요." 나는 그녀가 내 삶을 범람하지 않으려고 스스로를 억제하려고 노력했다는 것을 알고 있다. 그리고 그녀는 그것이 그녀의 치료사가 그녀를 떠난 한 가지 이유라는 것을 알고 있다고 말했다.

내가 그녀를 정식 환자로 받아들일 수 있는 방법은 없었다. 처음에 잠깐 동안은 상담료를 줄이는 방법을 생각했지만, 그렇게 하지 않기로 결정했다. 그 모든 전화와 이메일을 받으면서, 나는 침범에 분노하지 않도록 상담료를 충분히 높게 잡기로 결정했다. 그것은 그녀가 나를 자주 볼 수 없다는 것을 의미했고, 그래서 전화와 이메일, 편지들과 함께 그녀의 간헐적인 방문은 계속되었다. 침범, 폭격, 범람, 분출이 이어졌다. 아네트는 변동 상태에 빠져들었고, 그런 상태들을 나와 공유했는데, 그런 그녀의 모습은 마치 이 불에서 저 불로 옮겨 다니는 것이 어떤 것인지를 아무런 감정 없이 전달하는, 지옥의 스포츠 해설자와도 같았다.

내가 왜 계속해서 그녀를 보았는가? 처음에 나는 그녀가 다른 누군가와 상담을 다시 시작할 때까지 그녀를 잠시 도와주어야겠다고 생각했다. 즉, 그녀가 마음을 추스르는 동안 일종의 안전망을 제공할 생각이었다. 그러나 그 망 사이사이의 구멍은 너무 컸다. 몇 달이 지났으니 지금쯤 그녀는 한 회기를 위한 자금을 모았을 것이다. 내가 그녀에게 말했다. "아시다시피, 나는 당신이 전화로 하는 말들을 대부분 듣지 않습니다. 그건 너무 많으니까요. 그 전화 이야기들을 다 들을 수 있다면 좋겠지만, 그렇게 할 수가 없습니다. 그러나 나는 그것들의 일부를 들음으로써 그것들이 거의 같은 감정을 전달한다는 것을 압니다. 당신은 이전의 치료사가 당신을 보고 싶어 하지 않는 사실 때문에 불행해합니다. 그것은 당신이 어렸을 때 어머니를 잃은 것과 같은 엄청난 상실입니다. 당신은 나나 누군가에게, 혹은 모든 사람들에게 그것이 얼마나 심각하게 느껴지는지, 당신이 얼마나 외롭고 불행한지, 당신이 아래로 가라앉는 것을 얼마나 두려워하고 있는지, 그래서 당신을 들어 올려줄 누군가를 원한다는 것을 말해야 합니다." 나는 내가 그녀의 전화를 많이 받지 않거나 그녀를 자주 보지 않기 때문에, 그녀와의 접촉을 유지할 수 있다고 생각한다. 그러나 또 다른 내면의 목소리는, 아마도 상식은 이렇게 말한다. "너는 그녀가 다른 사람을 보는 것을 가로막고 있어. 만약 네가 그녀에게서 손을 뗀다면, 그녀는 다른 사람을 찾을 거야."

그럼에도 불구하고, 우리는 이런 관계를 계속 유지했다. 우리는 함께 감정들을 느꼈다. 호소, 고통, 외로운 갈망, 희망, 절망. 그런 것들뿐만 아니라, 피부와 눈과 연결된, 가슴 내부의 감정을 느꼈다. 나는 그녀를 바라보는 것을 좋아했고, 그녀는 나를 바라보는 것을 좋아했다.

나는 내가 그녀를 부당하게 대할까봐 두려웠다. 이때쯤 나는 그녀가 이전 치료사를 잃은 사건이 고립된 사건이 아니라는 것을 알게 되었다. 그녀가 시도한 치료들은 행복하게 끝난 적이 없었다. 지난 번 치료사가 그녀가 사랑한 유일한 사람이었다. 마치 아네트가 수년 간 유혹해온 것처럼 들렸지만, 그 순간에 상황은 다르게 느껴졌다. 나는 그 유혹하는 감정이 다시 나타날까봐 두려웠고, 나의 내면의 목소리는 경고했다, "이 감정은 반동하게끔 되어 있는 연결고리야." 내 가슴 속의 어떤 감정이 올라와 그녀 안의 비슷한 감정을 불러일으킬 것이고, 나는 최종적인 거절을 할 수 없을 것이다.

* * *

어느 날 그녀는 내 상담실 대기실에서 발견한 어떤 논문을 움켜쥐고 들어오면서, 이렇게 말했다. "이것이 우리가 하고 있는 건가요? 서로에게 항복하는 것?" 내 대기실은 책과 논문들로 가득하다. 그녀의 손에 들려 있는 것은 엠마뉴엘 겐트(Emmanuel Ghent, 1990)의 '피학증, 복종, 항복'이라는 논문이었다. 그녀는 나에게 상처들을 치유하고, 새로운 어떤 것을 만들어내고 싶은 갈망, 소망, 충동에 대해 읽어 준다. 그것은 진실이 드러나는 순간이었다. 그것은 그녀가 원하는 것이고, 그녀가 이전 치료사에게 원했던 것이다. 그러나 일은 항상 빗나간다: 실패한 항복은 끝없는 상처 속으로 가라앉는다.

"저는 제 문제가 피학증, 복종, 혹은 겐트가 나열한 다른 것들(순종, 거짓 자기, 사디즘)인지 확신하지는 못하지만, 그보다는 더 격렬하고 더 치명적인 것이라고 느껴요. 더 철저한 것이죠. 저의 전인격이 엉망이에요. 저는 엉망진창이에요. 저는 그 논문이 정확하게 제 모습을 반영하고 있다고는 생각하지 않지만, 저의 갈망이 반영되고 있는 것을 봅니다.” 그것은 상처 깊은 곳 속에 자리잡고 있는 치유에의 갈망이다. 그것이 손상된 갈망일 수도 있지만, 치유에 대한 희망을 간직한 갈망이다.

갈망이 상처를 치유할 수 있는가? 그것은 상처의 결과인가? 아네트와 함께 있으면서, 나는 그녀가 가진 갈망이 내가 느끼는 것과 같지 않다는 것을 깨닫는다. 그녀가 느끼는 것은 내 삶이 닻을 내리기 전인 수년 전에 내가 느꼈던 방식에 더 가깝다. 나는 그것이 되돌아올 수 있다는 것을 알고 있고, 아네트가 그것을 상기시켜주는 표임을 알고 있다. 나는 가족과 일을 사랑하는 것을 통해서 바빠졌고, 강해졌고, 참여적이 되었고, 자신을 추스렸다. 파괴적인 갈망에 의해 잠식되기에는 너무나 해야 할 일들이 많았다. 나는 파괴적 갈망이라는 말을 했다. 나는 파괴적 갈망과 창조적 갈망을 결합시켰다. 나는 겐트가 말하는 세계 안으로 뛰어 들어갔다. 그것은 항복 대 복종, 피학증, 거짓 자기, 순종, 가학증, 즉 양면을 갖고 있는 동전이었다.

우리는 빠져나오기 힘든 길고 뒤틀린 길 위에 있다. 우리가 걸을 때 길을 둘러싼 벽들이 높아지면서 탈출을 막는다. 나는 앉아서 기다리며 드릴을 꺼내어, 약한 지점을 찾아내고 슬그머니 다른 지점을 시도해보고 싶은 유혹을 느낀다.

“통제적이라는 것이 문제였죠.” 아네트가 말한다. “저의 치료사는 제가 그녀의 삶 속으로 들어가려고 하고, 그녀의 삶을 차지하려 한다고 말했어요. 그녀는 그런 나를 이해한다고 했고, 내가 고통 가운데 있지만 더 나아질 거라고 말했어요. 그녀가 거기에 있었다면, 우리는 때가 되어 작업을 해냈을 것이고, 저는 성장했을 거예요.”

“그런 일은 일어나지 않았어요. 제 마음은 변하지 않았지만, 그녀는 저와 함께 있고 싶어 하지 않았어요. 그녀는 제가 통제적이라고 했어요. 저는 절망을 느꼈습니다. 머리로는 알아요. 제가 당신에게 50번이나 전화하는 것이 통제적이라는 것을 알지만, 저는 그때 응답을 원하고 있었다고 생각됩니다. 저는 절망을 느낍니다. 제 치료사는 매달리는 것이 통제로 이끈다고 가르쳐주었죠. 매달리는 것은 통제입니다. 그런데 그게 무엇을 통제하나요? 제가 선생님과 그녀를 통제하려고 하는 건가요? 아니면 저 자신을 붙들고, 가라앉는 것과 영영 사라지는 것을 막으려고 하는 건가요?"

"절망적인 사라짐, 그것이 제가 느끼는 거예요. 삶에 집착하는 것은 통제하는 것처럼 보이죠. 마치 물밖에 있는 누군가가 물속에 있는 내 팔을 붙잡고 있어서 나는 수영도 할 수 없고 마비되어 있는데, 그 사람은 두려워하면서 자신을 구하기 위해 도망치는 것과 같아요. 나는 사람들이 나로부터 도망쳐야 할 필요가 있는 사람이에요. 내가 내면에서 느끼는 것과 내가 다른 사람들에게 느끼는 방식 사이에는 건널 수 없는 틈이 있어요."

"겐트는 알 겁니다. 그는 두려워하지 않을 거예요. 그는 내가 왜곡되어 있고, 부정적인 이미지에 사로잡혀 있지만, 거기에는 선한 어떤 것이 빛과 성장을 추구하고 있다는 것을 알아볼 거예요. 그리고 나쁜 것들은 위장되고, 더럽혀지고, 뭉개진 좋은 것들이었다는 것을 알 겁니다."

그 논문을 쓴 사람에게 전화를 걸어 아네트가 전화할지도 모른다고 경고해야 할까? 아니, 그는 스스로 잘 처리할 수 있을 것이다. 중요한 것은 우리가 말하고 있는 이 순간에 그녀가 그 저자에 대해 갖는 이미지와 느낌이다. 그 논문을 통해 그녀는 자신에게 경청해주는 누군가를 만났다. 그녀는 알아보는 것이 주는 충격을 느꼈다. 이것은 순전히 상상일까? 아니면 실제적인 어떤 것이 일어나고 있는 것인가?

* * *

"저는 그녀를 사랑하고 그녀는 저를 사랑합니다." 아네트가 선언한다. 그것은 맨 밑바닥의 확실성이자, 심리적 사실이요, 그녀의 존재의 핵이었다. 그녀는 치료사가 그녀를 단지 과거에만 사랑한 것이 아니라 지금도 사랑한다는 것을 확신하고 있다. 그 사랑은 현재 시제의 사랑이요, 존재의 중심에 그리고 삶의 중심에 있는 사랑이다.

동시에 그녀는 헤엄치고 있었고, 가라앉고, 떨어져 나가고, 상실되고 있었다. 버려지고, 거절당한 채 사라진다. 그녀가 버려질 때, 그녀는 산산이 부서진다. 그녀가 돌봄을 받을 때, 그녀는 돌아온다. 다시-나타난다. 사랑은 그녀를 추스르게 하고, 거절은 그녀를 죽인다.

이렇게 말하는 것은 소용이 없다, "당신은 너무 민감합니다. 강해지세요. 모든 사람은 거절, 상실, 부족을 다루는 법을 배워야 합니다. 당신도 예외는 아니죠. 태도를 바꾸십시오."

그녀는 그녀의 감정들이 인식되기를 원한다. 그녀는 그녀가 겪고 있는 것이 존중되고, 기억되기를 바란다. 나는 베트남전 기념비, 유대인 대학살 기념비들, 건축 중에 있는 세계무역센터 기념비에 대해 생각한다. 그녀는 그녀의 고통, 깨어짐, 사라짐이 기념되기를 원한다. 나는 그녀의 정신 박물관 안으로, 고통과 상처의 역사적 사건들 속으로 걸어 들어가 그것들에 경의를 표할 것이다.

깨어짐의 중심에 사랑이 있다. 사라지는 지점에 사랑이 있다. 뭉개지고, 멍해지고, 마비된, 그러나 그 스스로의 방식으로 존재하는 사랑이 있다.

누군가가 증오 안에 있는 나를 사랑한다는 느낌, 내가 나의 불행을 사랑한다는 느낌이 있다. 나는 학살을 당하지만, 사랑 없이

당하지는 않는다. 내가 학살당하는 것은 내게 사랑이 없기 때문이다. 사랑은 사랑 없음을 숨기는가? 사랑 없음은 사랑으로부터 숨는가? 이 둘은 모두 방어적인 것인가? 이 둘 모두가 가장 밑바닥에 있는 것인가? 이것을 빠져나갈 방법은 없다.

우리는 그것 안으로 더 들어갈 수 있는가?

* * *

"항복과 통제는 함께 가지 않아요." 아네트가 말한다. "겐트의 논문에서 그것들은 서로를 돋보이게 하는 것들이에요. 그것들은 사람을 다른 곳으로 데려가죠. 항복은 열고, 통제는 닫아요. 삶은 깔끔하지 않아요. 매우 통제적인 사람들이 무언가를 발견하고, 통제 욕구가 배우는 데 필요한 에너지를 공급해요. 만약 우리가 항상 열려있는 상태에 머문다면, 과연 무엇을 성취할 수 있겠어요?"

"당신의 말은, 항복과 통제가 한 짝, 한 쌍을 이룬다는 뜻인가요?" 내가 말한다.

"우리는 항복에 기여하는 통제와, 통제에 기여하는 항복, 두 가지 모두를 필요로 해요." 그녀가 계속 말한다. "우리는 그 둘 다에요. 저는 어느 한 쪽에 대해서도 확신할 수는 없어요. 저는 제가 통제하고 있다는 것을 알지만, 그것을 느끼지는 못해요. 저는 그것을 보고 그것을 믿지만, 그것과 접촉할 수는 없어요. 비참함이 제가 느끼는 거예요. 절망이에요. 저는 제가 사라지고 있다고 느껴요. 영속적인 사라짐, 그것이 저의 존재이고, 저의 현실이에요. 나의 치료사가 통제라고 부르는 것은 브레이크를 밟으려고 애쓰는 나예요. 사라지는 것을 늦추고, 사라짐의 속도를 늦출 수는 있지만, 그것을 멈추게 할 수는 없어요. 세상의 어떤 "통제"도 그것을 멈추게 할 수 없습니다. 통제는 사라짐으로부터 자라나요.

'통제'를 멈추기 위해서, 저는 사라지는 것을 멈춰야겠지요. 우리는 사라지는 것을 사라지게 할 수 없어요. 저 자신이 사라짐이에요. 사라짐은 산산조각 나게 합니다. 사라짐은 산산조각난 파편의 일부예요. 산산조각 나는 것은 절대 중단되지 않습니다. 어떤 종류의 사라짐은 사라짐을 산산조각 내면서 부서져요. 그것이 불꽃놀이일 때 그것은 아름답고, 우리는 그것이 영원히 계속되기를 바랍니다. 그러나 그것이 우리의 자기일 때, 우리는 그것을 중단하길 원합니다."

"처음에 저는 항복이 그것을 멈출 거라고, 항복은 다함께 사라지는 것을 의미한다고 생각했어요. 항복에 대해 생각하는 것은 위안이 돼요. 우리는 모든 비참함이 떠나가도록 허용하죠. 우리가 열면, 그것은 떠나갑니다. 저는 제가 이것을 하고 있다고는 생각하지 않아요. 저는 기다리고 있어요. 그러나 저는 그것을 생각하고, 그것을 소망합니다. 항복은 소망인가요? 그것이 현실이 될 수 있나요?"

"겐트는 그것을 꿈처럼, 제가 그 속에 있고 싶은 꿈처럼 들리게 해요, 저는 그가 그것을 현실로 만든다고 말하고 싶지만, 그렇게 말할 수는 없습니다. 그것은 제가 곤경에 빠져 있는 곳에 달라붙어 있어요. 끊임없는 산산조각남, 저는 그 산산조각남이 항복이 되기를 원합니다."

"어쩌면 항복은 자기의 사라짐을 의미할지도 모릅니다. 최종적으로는 자유함이지요. 사라짐은 마침내 자체를 완성해요. 저는 실패한 사라짐이에요. 사라짐은 자체를 완성하지 못해요. 그것은 결코 완전히 실현될 수 없어요. 항복은 완전한 실현처럼 보이죠. 겐트는 복종이 긍정적인 형태로 변형된다고 말합니다. 어쩌면 사라짐도 그럴 수 있을지 모르죠. 어쩌면 사라짐이 항복으로 변형될 수 있을지도 몰라요. 아주 조금은 말이에요."

"저는 복종이 지겨워요. 피학증 쪽으로 너무 멀리 갔어요. 겐트는 좀 더 응집력이 있는 사람들, 좀 더 통합된 사람들에 대해 말하고 있는 걸까요? 저는 가학증과 피학증이 우리는 전체적이고 통일된 존재로 느끼게 만든다고 생각합니다. 저의 치료사는 제가 저 자신에게는 피학적이고 그녀에게는 가학적인 것 같다고 보았는데, 설령 그녀의 생각이 맞는 것이었다고 해도, 저는 그렇게 느끼지 않아요. 제가 느끼는 것은 병든 나, 제 안에 있는 잘못된 어떤 것이에요. 그것은 제가 피학적이거나 복종적이라는 뜻이 아니에요. 겐트는 고통을 추구하는 것에 대해 이야기합니다. 저는 지 자신이 고통이라고 생각하죠. 제가 곧 고통이에요. 저의 나(I)는 썩은 이요, 썩고 있는 신경입니다. 항복이라는 생각은 저를 괴롭혀요. 저는 그가 저처럼 병든 사람들을 위한 공간을 가지고 있는 건지 잘 모르겠어요. 그는 저처럼 심각한 사람들에 대해 이야기하고 있는 것 같지는 않아요."

"누가 무엇에게 항복하죠? 누가 누구에게? 저는 우리가 서로에게 항복한다고 말했는데, 그게 사실일까요? 어쩌면 저는 제가 느낀 어떤 것, 제가 우리가 느꼈다고 생각하는 어떤 것에 잘못된 이름을 붙이고 있는지도 모릅니다. 사실, 선생님은 제 치료사도 아니에요. 선생님은 시간이 없고, 저는 돈이 없습니다. 우리는 무엇을 하고 있는 걸까요? 저는 오고, 선생님은 저를 만나줍니다. 이게 뭘까요? 저는 이것이 항복이라고는 생각하지 않습니다. 어떤 것이 접촉하는 것이죠. 우리는 어떤 것 안으로 들어갑니다. 그것은 결코 충분하지 않아요. 그러나 저는 선생님과 헤어지고 나면 당분간은 기분이 좋아집니다. 선생님께 상황이 얼마나 나쁜지에 대해 말하면서 제 기분이 좋아집니다."

*　*　*

그것은 시간 없는 공간처럼 느껴진다. 정확히는 아닐지 모르지만, 마치 시간이 고통이고 우리가 그 고통의 다른 부분들 안에서 만나고 있는 것 같다.

아네트는 겐트의 논문과 함께 살고 있다. 침대 옆에 두고 잠들기 전과 잠에서 깬 후에, 활동하다 쉬는 동안에 그리고 지하철에서 읽는다. 그는 그녀의 내적 대화의 일부가 되었다. 그녀는 그에게 여러 번 전화했지만, 매번 말을 하지 않고 끊었다. 그녀는 그가 그녀를 보지 않을 것임을 알았다. 그는 그녀를 도울 수 없을 것이다. 만약 그가 그녀를 도울 수 있다면, 상황을 더 악화시킬까? 그것은 환상이었다. 그녀는 그가 받는 상담료를 낼 수 없을 것이다. 왜 또 하나의 사라지는 상황을 만들기 시작하는 걸까? 사라져야만 하는 누군가를 보려는 것일까? 그녀가 사라지는 것에 중독되었다고 말하는 것은 너무 약한 표현이다. 그녀 자신이 곧 사라짐이다. 그녀가 두려워하는 것은 그녀 자신이다. 마이더스처럼, 그녀가 만지는 모든 것은 사라진다.

그러나 그녀는 그 논문을 붙들고 있다. 그녀의 텅 빈 방은 그것으로 온통 도배가 되어 있다. 그녀가 잠자는 동안, 그 논문의 페이지들은 몇 배로 늘어난다. 그녀가 아침을 만드는 동안, 그것은 그녀의 주변에서 싹을 틔우는 식물이 되어 그녀의 눈을 뒤덮는다. 엠마뉴엘 겐트라는 식물이 도처에 있다. 그의 말은 그녀의 눈을 덮고, 그녀의 귀마개가 되고, 그녀를 보호해주는 조용한 한 목소리가 되는데, 그것이 그녀를 조금 더 낫게 해준다.

"겐트는, 누구 혹은 무엇에 항복하느냐는 상관이 없고, 항복하는 과정이 중요하다고 말합니다. 저는 거기에 존재하고 머무르는 누군가에게, 즉 사라지지 않을 누군가에게 항복하고 싶습니다. 제가 마음을 열기 시작할 때마다, 그 타자는 떠납니다. 그것이 제 경험이고, 제 삶이에요. 겐트는 그것 이상의 어떤 것에 대해, 사라짐을 포용하며 마음을 여는 것에 대해, 그리고 삶에 마음을 여는 것에 대해 말합니다. 우리에게 또 다른 장소를 열어주는 열림이 있는 곳, 그 곳은 열림 그 자체만으로 충분한 장소입니다."

"그는 참자기(true self)에 마음을 여는 것을 말합니다. 그는 참자기가 존재한다고 추측하고 있는 걸까요? 참자기는 손상되지 않나요? 아무것도 손상을 피하지는 못합니다. 제 삶, 제 존재, 제 인격은 속속들이 손상되어 있습니다. 진실됨은 어디에서 오는 걸까요? 제게 그것을 위한 자리는 없습니다."

"제가 어린 소녀였을 때, 교회는 저의 예수님을 망쳐 놓았습니다. 그러나 지금 저는 고통을 바라보고 있고, 어쩌면 진실은 그 손상 안에 있을지도 모른다고 생각합니다. 저는 그것이 어떻게 작용하는지 모르지만, 추측하건대, 잔인하게 작용할 것 같아요. 저는 상상할 수 없습니다. 진실은 그 상처 안에 있어요. 그러나 이 참자기에 대한 이야기는 다 무엇일까요? 그것은 제게 저처럼 아픈 사람들을 고문하는 잔인한 환상처럼 들립니다."

"그는 마리온 밀너(Marion Milner)를 인용하는데, 혹시 그녀에 대해 아시나요? 그녀는 성장을 위한 힘, 성장하기 위한 분노, '일종의 창조적인 분노'에 대해서 말합니다. 제가 그것을 갖는다면 좋겠어요. 그것은 저와는 어울리지 않는 것 같거든요. 그런 일이 제게 일어날 수 있을까요? 그것은 저와는 거리가 먼 것 같습니다. 제 삶은 바람 빠진 풍선이에요. 저의 삶은 가라앉고, 붕괴하죠. 저에게 남은 것은 많지 않아요. 계속 사라지기에 충분할 정도만 남아 있습니다."

"저는 망각 모드에 있습니다. 그것은 커다란 발견이지요. 저는 망각 속에 빠져 있어요. 그 망각은 그것을 계속 먹여주기에 충분할 정도로만 저를 남겨놓습니다. 저는 망각의 농장입니다. 저의 대부분은 망각 기계를 먹여 살리는 악한 존재에 의해 길러져요. 겐트는 이런 종류의 나쁨을 소화해낼 수 있을까요. 그는 저의 나쁨을 도움을 요청하는 중단된 성장으로 볼까요? 어떤 조치가 취해질 수 있을까요?"

"항복을 위해서는 더 많은 인격의 요소가, 더 많은 건강이 있어야 하지 않나요? 만일 우리가 보고 있는 모든 것이 중국 상자처럼 열고 열어도 그 속에 또 들어있는 질병이라면, 끝없는, 입체영상적인 아픔이라면, 항복은 무엇을 할 수 있고, 또 어디서 시작되는 걸까요? 그토록 독에 물들어 있고 왜곡된 세상인데, 그 안에 독이 들어있는 왜곡된 항복 외에 무엇이 존재할 수 있을까요? 저는 명상할 수 없습니다. 저는 앉아 있을 수 없어요. 그 모든 나쁜 것들, 악몽, 저 자신과 앉아있는 것이 너무나 두려워요. 그러나 저는 여기에 잠시 동안 앉아 있을 수 있습니다. 여전히 고통스럽기는 해요. 저는 선생님께 더 많은 것을 말하기를 원하며 조용히 앉아 있죠. 선생님이 여기에 없다면, 저는 이것을 감당할 수 없을 거예요. 저는 이것을 견딜 수 없었을 겁니다. 저는 죽고, 가라앉았을 거예요. 이것이 제가 항상 겪는 상황이죠. 죽고, 가라앉고. 선생님은 그것이 중단되어야 한다고 생각하지만, 그것은 중단되지 않습니다. 겐트는 그것이 양성반응인 것처럼 말하지만, 저 같은 사람은 어쩌라는 거죠?"

"그의 목소리에는 무언가 좋은 것이 들어있습니다. 제가 믿는 어떤 것, 제게 와 닿는 것이 있어요. 제가 느끼는 사랑처럼, 그리고 제 치료사와 제가 서로에게 가지는 사랑처럼 말입니다. 그녀는 저를 버렸습니다. 그녀는 저를 보지 않을 거예요. 그녀는 제 전화나 편지에 답하지 않을 겁니다. 그녀는 그녀의 삶 속에 저를 받아들이기를 원하지 않아요. 우리의 사랑이 어떻게 진짜일 수 있겠어요?”

“그러나 저는 그것이 진짜라고 생각합니다. 저는 그것을 믿어요. 어떻게 그럴 수 있을까요? 저도 모르겠습니다. 저는 그것이 거기에 있다는 것이 기뻐요. 그것이 의미 있는 유일한 것이죠. 그것은 희망이에요. 항복이 아니죠. 그것은 항복을 가득 채웁니다. 그것은 항복을 대체합니다. 그것은 저를 채워요. 제가 그것을 채울 때, 그녀가 저를 거부함으로써 그것을 가져가 버릴 수 있을까요? 그녀기 그것을 떠니기게 할 수 있을끼요? 그녀는 그것을 고통스럽게 만들 수 있고, 그것을 흔들 수 있습니다. 그것은 마치 우리가 계속 입으로 불어 끄려고 하는 촛불과도 같아요. 그렇지만 그것은 지속됩니다. 그것을 끌 수는 없습니다. 최종적으로는 말이에요. 그것은 제가 진짜라고 믿고 있는 사랑일 뿐이라고 제게 말하시겠죠. 그러나 그것이 제게 남겨진 모든 것이에요.”

“저는 진실이란, 누군가가 제게 친절할 때 제 안에서 느껴지는, 사랑이 샘솟는 것 같은 느낌이라고 생각합니다. 저의 치료사는 지치기 전에 저를 도우려고 노력했습니다. 저는 그녀가 저를 돌보았다는 것을 느낄 수 있어요. 선생님이 인내심을 가지고 듣는 것을 볼 때 저는 이것이 사랑이라는 생각의 유혹을 받죠. 아마도 그것은 누군가가 나에게 친절하게 대하는 것일 거예요. 저는 그렇게 굶주린 상태이고, 텅 비어있고, 절실합니다. 친절하게 대해주는 누군가는 제게서 사랑을 일으킵니다.”

“저는 제가 항복할 만큼 멀리 갈 수 있을지 의심이 듭니다. 사랑이 항복의 일부가 되고 항복이 사랑의 일부가 될 수 있을까요? 겐트의 논문은 저를 배제시킵니다. 제가 결코 다다를 수 없을 긍정적인 세상을 말하지요. 그렇지만 그의 목소리는 저를 감동시킵니다. 저는 완전히 그 세상 밖에 있는 것은 아니에요. 그것의 맛을 느낄 수는 있어요."

* * *

나는 회기들 사이에 아네트에 대해 많이 생각한다. 어쩌면 그녀가 가질 수 없는 사람들을 향한 예외적인 사랑의 가장자리가 있는지도 모른다. 그녀는 그녀가 도와주는 사람들이나 그녀를 거절하지 않을 사람들에 대해 이야기할 때는 사랑에 대해 많이 언급하지 않는다. 나는 그녀가 함께 작업할 수 있는 클리닉이나 치료사들을 제안했지만, 그녀는 그런 곳에 가지 않아야 할 이유들을 찾는다. 가장 큰 이유는 그녀가 그녀를 다시 떠날 누군가와 함께하기 싫다는 것이다. 그러나 나는 그런 상황이 바로 그녀가 재현해야 할 필요가 있는 것이 아닌가 하고 의심한다.

그녀는 자신이 나의 정식 환자가 될 수 없다는 걸 알면서도 나를 방문하는 일을 계속한다. 그녀는 우리의 간헐적인 접촉들이 마음을 여는 것과 남겨지는 것에 대한 어떤 보호를 제공한다고 생각하고 있지만, 그것은 또한 결코 가질 수 없는, 항상 떠나는 느낌을 살아있게 만든다. 아마도 그것을 조금 가져 보는 느낌일 것이다.

그녀가 지난 번 치료사에게 마음을 여는 데는 여러 해가 걸렸다. 그들이 함께한 시간 동안, 그녀는 자신이 해야 할 일을 하지 않고 있다고 느꼈다. 그녀는 자신의 감정들에 대해 이야기하는 좋은 환자가 되지 못했다. 상담 중에 그녀는 조용해졌다. 그녀는 말할 감정들을 가지고 있지 않았다. 그녀는 불안해졌고, 말문이 막혔고, 그녀의 치료사의 인내심에 의지했다. 그녀는 전혀 진전이 없는 것에 대해 스스로를 비난했다. 그녀의 치료사도 역시 그녀를 비난하는 것 같았다. 아네트는 치료가 그녀의 나쁜 감정들을 떠나보내 주길 원했다. 그러나 그렇게 되는 대신 그녀는 침체되었고, 그녀의 치료사와 그녀 자신에게 좌절감과 부담을 주었다.

복종하고 동조하는 거짓 자기 인격이 될 수 있을 정도로 자신이 조직화되지 못했다는 그녀의 말이 맞는 것일까? 치료사에게 쓴 그녀의 편지들은 비참한 내용이었고, 때로는 비난조였다. 그 편지들은 치료사가 떠난 것을 두고 신의가 부족하다며 비난하고 있었다. 마치 치료가 더 많은 것을 약속하기라도 하듯이, 또는 그것이 지킬 수 있는 것보다 더 많은 것을 약속하기라도 하듯이 말이다. 아네트가 환자로서 얼마나 실패자였는지를 고려할 때, 그 편지들은 그녀의 치료사가 떠난 것에 대한 변명으로 채워져 있었다.

치료가 신의를 가져다줄 수 있을까? 그것은 배신으로만 끝을 맺어야 하는가? 아네트의 치료들은 치료가 다루는 한 가지 주제인 배신감을 통과하지 못했다. 치료는 배신과 같은 상태들과 타협하려고 노력한다. 치료 자체는 순수하지 않으며, 그것의 불순물들과 함께 순수하지 않은 방식으로 작업한다. 나는 아네트가 순수한 사랑을 원한다는 느낌을 받는다. 그녀는 사랑이 순수하기를, 치료적 사랑이 순수하고 오래가기를 원한다. 치료적 사랑에 대한 그녀의 끝없는 요구는, 사랑과 사라짐 사이의 전쟁에서 사랑이 사라지는 경향이 있다는 사실을 발견한, 그녀의 치료사를 겁먹게 한 한 가지 요인일 수 있다.

아네트의 애원과 간청은 복종 혹은 순종과 매우 비슷해보였지만, 나는 그녀가 그것을 또 다른 어떤 것으로도 생각하고 있었다고 추측한다. 수치와 형태 없음의 더 깊은 수준에서 비굴함이 가까이 다가온다. 그녀는 위협적이지 않은 의미를 갖는 일종의 결단력 없음이 되지만, 그것은 넌더리나게 하고, 사람을 비굴하게 만든다. 대중문화에서 "아첨하기"라는 말이 유행하고 있다. 권력의 자리에 있는 누군가를 설득하기 위해 친절하게 대하고, 호의를 얻기 위해 아부하는 것 말이다. 아네트의 경우, 그것은 호의적인 표정이나 말, 또는 애착을 확보하기 위해서이다. 어느 지점에서 이런 종류의 굴종이 사랑처럼 느껴지기 시작하는 걸까? 그 사라진 분노는 어디로 가는 것일까?

"밑에서 시중들다," "자신을 아래에 둔다"라는 표현은 이 과정을 조금은 나타내지만, 굴종이라는 단어가 이 전체 과정을 나타내는 데 꼭 적합한 것은 아니다. 그 과정의 일부는 무기들을 내려놓고 무방비 상태가 되는 것을 포함한다. 상대방이 높아지는 것에 대해 어떤 경쟁도 하지 않는 것 말이다. 아마 분노의 일부는 자신을 지속적으로 낮추고, 자신을 아래에 유지하는 데 사용될 것이다. 상대방을 높은 데 두고, 그가 의존하고 있는 토대를 넘어뜨리지 않는 것은 훈련을 요한다.

스타가 자신에게 미소를 지을 때 미칠 것처럼 흥분하는 팬들이 있지만, 아네트의 치료사는 그 이상의 어떤 것을, 어딘가에 도달할 수 있는 어떤 관계를 원했다. 그녀는 치료가 자리를 잡기를 원했고 어디론가 미끄러져 내려가지 않기를 원했다. 그러나 기대는 충족되지 않았고, 일어나기로 된 것은 일어나지 않았다. 우리는 그녀가 이것을 또는 저것을 했어야 한다고 추측할 수 있다. 우리는 우리가 어떻게 더 잘할 수 있었을지 생각할 수 있다. 어떤 것이든 생각은 할 수는 있지만, 비난을 해서는 안 된다. 이런 경우, 비난은 반격을 불러온다. 그녀와 삶을 함께 해오던 그녀의 치료사는 그녀를 얼음구멍 속으로 집어 던졌다. 그러나 아네트는 쉽게 과거를 놓아주지 않았다. 그녀는 그것을 전혀 떠나보내지 않았다. 그녀는 과거를 놓아주기 위해 아니면 그녀의 분개심을 더 강하게 하기 위해 겐트의 논문을 찾은 것일까? 그의 목소리에 대한 그녀의 반응은 그녀가 그것 이상의 어떤 것을 찾고 있다는 것을 암시한다.

만약 그녀가 겐트의 논문을 보지 않았다면, 그가 묘사하는 사랑이 있는 인정(recognition)이 가능하다는 환상이 유지되었을지도 모른다. 그러한 사랑이 가능하며, 그러한 항복이 사랑에 마음을 연다는 환상 말이다.

* * *

상실은 아네트의 삶에서 중심적인 문제이다. 사랑에 대한 착각 중 남아있는 부분마저 상실되는 것은 시간문제일 뿐인가? 그것이 그녀로 하여금 삶을 지속하게 하는, 또는 삶을 가로막고 있는 최후의 보루인가?

외동딸인 어린 소녀는 어머니를 잃었다. 아네트가 사랑의 어떤 형태에 집착한다는 사실은 실제로 맛본 사랑의 주머니들에 대한 증언인가? 아기, 어린 소녀로서 경험한 사랑의 순간들인가? 아니면 순간들 이상의, 어쩌면 사랑이 깃든 분위기인가? 아네트의 사라짐을 그녀의 어머니의 사라짐과 연관 짓지 않을 수 없다.

그녀의 아버지는 그 틈새를 메우려고 시도했지만, 그렇게 할 수 없었다. 그는 생계를 꾸려야 했고 그래서 가족들과 많이 떨어져 지내야 했다. 여러 보모들이 오고 갔다. 그들 중 하나와 애착이 형성되기 시작했을 때, 그것은 또한 끝의 시작이었다. 유대는 결렬을 나타내는 기표가 되었다. 그녀는 그녀가 만들어낼 수 있었던 유대를 공고히 하려고 집요하게 노력했는데, 종종 나중에 매달리기-통제로 불리는 감정들과 함께 그렇게 했다. 그것은 다가올 결별에 대한 방어로서의 매달리기였다.

아네트의 아버지는 그녀를 사랑했지만 그녀와 친밀하게 지내지는 않았다. 그는 신문을 읽고, 뉴스를 보고, 어린 소녀의 일들에, 타자의 삶에 관심 있는 척 하려고 노력하는 것 이상을 하는 것을 힘들어했다. 그는 다만 자신 안에 관심을 가지고 있지 않았지만, 때때로 그렇게 하려고 노력했다. 그는 보통 그녀와 놀 때 잠이 들곤 했다. 사라짐은 길고 복잡한 역사와 많은 지류들을 가지고 있었다. 그는 아네트의 20세 생일 전에 죽었고, 그녀는 병원들을 전전하며 아버지의 대체물들을 찾았다. 거기에서 유대는 그것이 형성되기도 전에 깨지는 것이 자연스럽게 받아들여졌다. 왜냐하면 그런 유대가 실제로 시작될 수도 없었기 때문이었다.

* * *

조금씩 우리는 그녀의 어머니가 삶 전체는 아니지만 간헐적으로 우울한 순간들을 살았다는 것을 깨닫게 되었고, 차츰 나타났다가 사라진 멍한 순간들의 조각들을 맞추어 나갔다. 우리는 그녀가 입원했었는지, 혹은 침대에 들어 누웠는지 알지 못한다. 자세히 들여다보면 볼수록, 어린 소녀인 아네트가 받았던 지지는 더 적은 것으로 드러났다. 사랑의 순간들, 비교적 좋은, 꼭 붙잡고 있어야 할, 좋거나 덜 나쁜 감정의 섬들이 거기에 있었다. 그녀의 정신은 오래 동안 반쯤 붕괴된 상태에 있었다. 그녀는 구멍이라는 단어를 많이 사용했는데, 그녀가 여러 개의 구멍들을 가지고 있었다는 사실은 구멍들을 통해 사라졌고, 구멍들로 가득 채워졌다.

구멍들로 채워진다는 표현은 유별난 것이기는 하지만 효과적이다. 내 마음속에 확신 있게 떠오른 한 가지는 아네트가 그녀 자신을 상실로 채우려고 애쓴다는 것이었다. 그녀는 상실을 상실로 채우는 것에 익숙해 있다. 사라짐은 그녀가 그녀 자신을 채우는 방법이다.

그녀가 살아남은 황량함이 눈에 보이기 시작했을 때, 나는 상상적이든 실제적이든 그녀에게 사랑의 섬들이 존재한다는 사실에 어리둥절했다. 설령 어떤 사랑의 현존도 사라짐을 전제로 하고 있다 해도 말이다. 그녀가 자신이 사랑했던 치료사와 함께 증명했던 것은 그녀의 치료사가 그녀를 더 이상 받아들일 수 없을 때까지 사랑의 사라짐이 끊임없이 계속되었다는 것이다. 그녀는 아마 아네트에게 그녀와 함께 있는 것을 격려하고 떠나지 않겠다고 약속했을 때 자신이 어떤 상황으로 들어가고 있는지 깨닫지 못했을 것이다.

* * *

위니캇(1992, pp. 119-129)은 성격이 형성되기 시작할 때 깨어지는 것에 대해 서술한다. 외상이 성격의 형성에 타격을 줄 경우, 성격 형성의 시작은 영원히 재앙과 연결된다(Eigen, 1999, 9, 10장, 2004, 2장, 2005, 3장). 나는 이것이 아네트가 처한 곤경에 관해 무언가를 말해준다고 생각한다. 아네트의 인격 안에는 재앙과 사랑이라는 두 개의 기둥이 있는 것처럼 보인다. 그리고 그 중 하나가 다른 하나보다 더 강한 것 같다. 그녀가 산산 조각남과 사라짐으로 묘사하는 것은 지속되는 재앙에 대한 느낌이다. 그것은 느낌 이상의 것으로서, 재앙 그 자체이다. 그녀는 더 이상 견딜 수 없을 때까지 끊임없이 지속되는 산산 조각남, 고통, 사라짐을 느낀다. 그녀의 삶이 지닌 놀라운 특질은 고통을 소화해내지는 못하면서도 그 고통을 견디는 능력이다. 그 고통은 누그러지지 않고, 원 상태로 남아 있고, 점점 더 악화된다.

동시에 거기에는 사랑과 갈망 그리고 돌봄의 순간들이 존재한다. 그녀는 사람들을 돕고, 사랑을 느낀다. 그녀는 비록 치료가 그녀를 거부했고, 실패했고, 그녀에게 재앙과도 같은 고통을 가져다 준 것이라 할지라도, 치료의 중심에 사랑이 있음을 증언한다. 치료가 고통의 끌어당기는 힘에 굴복했다고 말하는 것이 더 정확할지도 모른다. 잠재적으로 좋은 작업이 재앙에 의해 삼켜졌다. 그러나 사랑의 핵은 지속된다.

마치 그녀의 성격은 성격의 질병을 먹고, 견딤으로써 스스로를 강화하는 것처럼 보인다. 그녀의 삶은 많건 적건 재앙에 대한 불안을 견디는, 재앙의 고통으로 채워져 있으며, 그것은 만성적이고, 혹독하다. 이제 나는 짓눌린 듯한 그녀의 모습이 스스로를 고통으로 짓누르고 있는 그녀의 성격이라는 것을 깨닫는다. 고통을 통해 스스로를 짓누른다. 고통이 어떤 지점을 지나면, 그녀는 전화를 걸고 또 건다. 나는 그녀가 고통이 가라앉고 삶이 좋아질 때까지 내내 그녀를 지원해줄 어머니를 찾고 있다고 느낀다. 그러나 현실은 이런 일이 일어나도록 마련되어 있지 않다.

여기에는 항복이 없다. 재앙만이 있을 뿐이다. 그러나 재앙이 배경 속으로 가라앉는 또 다른 순간들과 시간들이 존재한다. 나는 우리들 대부분의 경우, 대부분의 시간 동안 소리 없는 재앙적 불안이 우리 존재의 배경의 일부를 구성하고 있다고 생각한다. 그것은 심리적 우주 안에서 들려오는 일종의 방사능 같은 (radioactive) 소음이다(Eigen, 1996, 16장). 아네트의 경우 그것은 항상 전면에 있고, 강도와 정도가 변화한다. 그것은 줄어들 수 있지만, 위협적이며, 남은 것이라곤 구멍, 우울, 고통, 산산 조각남, 해체됨, 끝없는 사라짐뿐일 때까지 삼켜버리는 것이 된다.

다른 쪽 핵은 상대적으로 더 적은 것을 요구한다. 우리는 그녀가 말하는 사랑이 환상인지 실제인지, 혹은 어떤 종류의 환상이고 어떤 종류의 실제인지 알지 못한다. 우리는 단지 그녀가 그것을 소중히 여긴다는 것만을 안다. 그녀가 그것에 희망을 걸었고 그것이 실패했다는 것을 우리는 안다. 그것은 실패하지만 끝나지는 않는다. 그것은 어쩌면 많은 "나쁜" 것들(통제, 산산 조각남, 요구, 조종, 방어적 태도, 사기)과 연관된, 사라지는 사랑일지도 모르지만, 그것이 존재한다는 사실 자체가 다른 꿈들을 가능하게 한다.

이 두 세계 모두에 한 발을 걸쳐 놓고 있는 것이 내가 아네트의 "바로 그 때 경험"이라고 부르게 된 것의 근저에 놓여있다. 그것은 동정, 원통함, 공감, 관심, 그리고 일종의 극적이고 비극적인 "오, 망할!" "젠장!" 혹은 "방금 놓쳤어!" "다시는 안 돼!"와 같은 표현들을 이끌어 내기 위한 담화이다. 그것은 이런 식으로 진행된다: "내가 어떤 것을 느끼기 시작한 바로 그 때, 내가 환자가 되려고 한 바로 그 시점에, 내가 치료를 사용할 수 있게 되던 바로 그 찰나에…" 그토록 소망하던, 항상 미루어졌던 그 일이 마침내 일어나려고 하던 바로 그 때, 그녀의 치료사는 그만두었고, 중단했고, 그녀를 차버렸다. 그녀가 사람(person)이 되기 시작하고, 그녀 자신을 표현하고, 의사소통을 하고, 나를 이용하기 시작한 바로 그 때, 나는 그녀를 무료로 보지 않겠다고 말하고, 그녀의 전화나 이메일에(충분히 빨리) 답하지 않았다. 그 일이 일어나려고 하던 바로 그 순간에 그것을 가능하게 했던 조건들이 사라지거나 돌연 중단되었다. 한 번 더 그녀는 구멍 속으로 빠지고, 끝없이 사라지고 만다.

한 발은 재앙에, 다른 한 발은 희망에 걸치고 있는 그녀의 경우, 전자에 훨씬 더 큰 비중이 실려 있지만, 후자도 느껴지기에는 충분하다. 고르지 못한 걸음걸이가 그녀를 걸려 넘어지게 하기 바로 직전에 간신히 그 상황을 벗어난다. 거의 모든 발걸음에 걸려 넘어지면서도 삶을 견뎌 내는 것이 그녀의 삶의 모습이다. 우리는 넘어짐의 충격을 완화하기 위해 또는 충돌의 속도를 늦추기 위해 우울증에 기댄다. 우리는 어떤 진전을 이루는 것이 가능하다는 신념을 잃고, 진전에 대한 믿음을 머지않아 중단한다. 우리가 어디에 도달하든지, 우리는 앉아서 회복을 위해 노력하고, 주위를 둘러보기 시작하려는 바로 그 순간, 땅 위에 앉아 살아가는 것에 익숙해지기 시작하려는 바로 그 때, 우리는 우리의 영혼을 터치하는 어떤 것을 알아차리게 된다. 그리고 그때 우리는 우리가 여전히 살아있고, 생기 있고, 민감하고, 사랑하는 마음을 갖고 있다는 것을 깨닫는다.

* * *

"아시겠지만, 선생님은 겐트의 논문 안에 있습니다. 그는 선생님을 인용하고 있는데, 거기에서 선생님이 말하는 것은 참 아름답습니다. 선생님은 실용적이고 필수적인 욕구들 외에도 다른 욕구들을 알아봅니다. 단지 사랑만이 아니라, 자기와의 깊은 접촉에 대한 욕구 같은 것 말입니다. 선생님은 신뢰에 대해 말하고, 그는 항복에 대해 말합니다. 겐트는 그 두 가지가 함께 간다고 생각합니다. 겐트와 선생님은 모두 저로 하여금 저 자신에게 귀 기울이게 하는 공통의 목소리를 갖고 있습니다."

"저는 결코 많은 믿음을 갖지 못할지도 몰라요. 저는 결코 항복하기 위해 마음을 열지 못할지도 몰라요. 그러나 거기에는 긴박한 소망이 있어요. 저는 그 소망이 강력하고 좋은 것이라고 느낍니다. 그것은 제게 삶에 대한 믿음을 줍니다. 설령 제가 그 믿음을 뒷받침하지 못하고 허물어지더라도 말이에요. 저는 겐트가 가리키는 그런 종류의 통합을 이루지는 못할 거예요. 저는 결코 그렇게 하지 못할 겁니다. 그러나 그 가리킴은 중요한 어떤 것을, 제가 가치 있게 여기는 어떤 것을 건드립니다."

"어쩌면 제가 드물게 오는 것이 그리 나쁜 일이 아닐 수도 있어요. 어쩌면 그것이 선생님이 저를 계속 보고 제가 계속해서 오는 것을 가능하게 하는지도 모릅니다. 선생님은 제가 저의 고통으로 선생님을 범람하는 것을 허락하지 않습니다. 결국 가장 중요한 것은 제가 그 고통을 다루어야 한다는 거예요. 그렇지만 선생님 또한 저와의 관계를 끊지 않으세요. 어쩌면 오락가락하는 것이 제게 맞는 것인지도 모르죠. 선생님이나 제가 다룰 수 있을 정도로만 말이에요."

나는 항복/믿음이 현실과 한편이 아닐까 궁금해 한다. 우리는 상황이 제공하는 것을 가지고 작업하고, 우리가 할 수 있는 것을 한다. 믿음과 현실적인 것 사이에 모순은 없다. 아네트와 내가 갖는 접촉의 형태는 내가 예측했었을 것과 맞지 않는다. 우리의 들락날락하는 관계는 그것 자체의 자발적인 선들을 지닌 채 유기적으로 자라났다. 단순히 체념하는 것이 아니라 상황이 가져오는 것에 마음을 열고 있는 것이 중요하다. 그것은 눈물을 자극하는 수용의 느낌이다.

성한 곳이 거의 없는, 그녀의 손상의 내부에는 보이지 않는 항복이 존재하는 걸까? 아네트에게 사라짐은 단순히 위험에 대한 방어로서의 사라짐이 아니다. 그것은 한계가 없어 보이는 재앙-사라짐의 쌍둥이 관계이다. 우리가 말하고 있는 종류의 손상은 사라지지 않는다. 사람은 자신의 목발을 던져버리고서 신을 찬양하지 않는다. 사람은 우리가 제거할 수 없는, 우리를 놓아주지 않을 목발에 기댄 채 우리의 비틀어진 자기의 중심에서 신을 찬양한다. 만약 우리가 감히 용기를 내거나 방법을 안다면, 목발 없이도 살아갈 수 있을지 모른다. 그러나 그것은 마치 만약 우리가 호흡하는 생물이 아니라면 산소 없이 살아갈 수 있을 거라고 말하는 것과 다르지 않다. 그것은 목발과 노래들을 포함하는, 형언

할 수 없는 항복에 대한 암시들, 끈질기게 지속되는 상처, 산산이 부서지는, 수십 년 간 우리 자신을 압박하는, 넘어지면서도 춤추게 하는 고통을 중단시키지는 못한다. 아네트는 겐트가 묘사하고 있는 것을 성취할 수 없다고 생각한다. 그러나 그녀가 듣는 목소리, 그것이 항복 그 자체의 소리의 일부가 아닐까?

주(notes)

1. E. 겐트(1990:112-113); M. 밀너(1969, pp. 384-385); M. 아이건(1993: 14장)
2. E. 겐트(1990:109,115-116). 겐트가 인용하는 논문들은 아이건의 책에 수록되어 있다(1993, 1장, 11장). 겐트의 깊은 성찰의 일부에서 나의 작업을 발견하는 것은 커다란 기쁨이다. 우리가 글쓰기를 통해 깊이 있게 공명한다는 사실은 작가들이 조사하고, 뻗어나가고, 도달하고, 생기를 부여하는 과정 중에 서로에게 미치는 영향력의 놀라운 중요성을 드러낸다. 그것은 문화가 우리에게 주는 귀중한 선물의 일부이자 베풂(giving)에 대한 우리의 시도의 일부이다.

7장

나 홀로 지점들

나는 모든 사람에게 정서적 바다가 되어주지는 못한다. 사람들 중에는 내가 정서적으로 멀리 있는 사람이라고 생각하는 사람들도 있다.

내가 많이 사랑하는 한 여성은 이렇게 말한다. "제가 처음으로 선생님께 갔을 때, 선생님은 좋았어요. 제가 선생님을 이상화하는 동안에 선생님은 제게 감정을 보여주었지요. 그러나 제가 저 자신이 된 지금, 선생님은 예전보다는 덜 공감적이세요. 선생님은 저와 더 많은 것을 공유할 필요가 있어요. 선생님은 제가 더 나아지도록 도와주셨지만, 이제는 저를 충분히 받아주시지 못하는 것 같아요."

나는 조용해진다. 끔찍한 느낌이 든다. 나는 내가 느끼는 것을 말할 수 있기를 바란다. 나는 내가 무엇을 느끼는지 알 수 없다. 나는 내가 더 잘할 수 없다는 것, 그녀가 상호적인 살아있음에서 나를 능가했다는 것, 그녀가 나보다 앞서 있다는 것에 끔찍한 느낌이 든다고 말한다. 이 불충분에 대한 나의 고백은 그녀를 더 미치게 만든다. "선생님은 발뺌하고 계세요." 제나(Jena)가 나에게 말한다. "선생님은 변명하고 계세요. 이제 껍질을 벗고 나와 마음을 여세요."

나는 내가 종종 들어가는 상태 안에 있다. 그 안은 방향 없이 떠다니는 모호하고 소리 없는 강렬함들, 뚜렷한 위치가 없는 실마리들과 균열들이 지배한다. 그곳에서 차츰 말이 형성된다: "끈적거리는 어떤 진한 것들." 그것이 내가 응시하고 있는 것이다. 나는 그것에서 빠져나올 수 없다. 그것은 외상에 의해 말을 잃은, 태어나지 않은, 젤리처럼 형태가 굳어지지 않은, 용기에 담긴 어떤 것이다. 이것이 그녀의 치료사로서의 나의 상태이다.

제나는 나를 흔들어 깨우고, 나를 사람으로 대하려고 노력한다. 그녀는 내게서 부정적이고, 주지 않는, 그녀가 남자들에게서 오랫동안 경험한 어떤 것을 느낀다. 그녀는 내가 가진 장애가 나로 하여금 두려움과 증오 혹은 다가갈 수 없음을 사용해서 아랫사람을 돌보는 척하고 다른 사람들보다 높은 위치에 있고 싶은 욕구를 숨기게 한다고 생각한다. 나는 만성적인 철수 상태에서, 나를 존재하라고 압력을 가하는 질식의 느낌을 제외하고는 거의 아무것도 알아차리지 못한다.

동시에, 나는 기분이 좋다. 나는 나의 내면 깊은 곳에서 울리는 조용한 종소리를 듣는다. 나는 제나가 그것을 듣지 못하는 것이 안타깝다. 내 말의 의미는 아마도 내면의 종소리를 듣는 나를 그녀가 만족스럽게 생각하지 않는다는 것이 유감스럽다는 뜻일 것이다. 그녀는 더 많은 것을 원한다. 그녀는 내가 나의 내면에만 있지 않고 그녀와 함께 있기를 원한다. 아마 그녀도 내면에는 그녀 자신만의 종소리를 가지고 있을 것이다. 그녀는 내게 미치지 못하는 관심들을 갖고 있다. 내가 나의 종소리를 듣고 있는 동안에는 나는 접근이 불가능한 사람이라는 생각이 맞는 것일 수도 있다. 그러나 나는 내가 내면에서 어떤 특정한 방식으로 살아있는 상태를 접근이 불가능한 상태라고 생각하는 것을 좋아하지 않는다. 나의 피부는 그 종소리의 울림을 느끼고, 그 울림으로부터 미소가 번지기 시작한다. 나는 내가 바보처럼 보인다는 것을 깨닫고, 나의 미소가 그녀에게 모욕적으로 느껴진다는 사실에 화들짝 놀란다. 나는 앉아서 종소리가 울리고 그것이 퍼져나가는 소리를 들으며 많은 시간을 보낸다. 내 머리 속에서 하나의 목소리가 말한다. "저는 선생님이 저와 함께 있는 동안 앉아서 선생님 자신의 목소리에만 귀를 기울이라고 돈을 지불하는 게 아니에요." 그러나 그것이 바로 내가 종종 하는 일이다.

제나는 내가 무엇에 대해 미소 짓고 있는지 묻고, 나는 그녀에게 말하려고 하지만 실패한다. 나는 스스로 숨이 막힌다. 나는 내가 더 잘하지 못하는 것이 슬프다. 나는 나의 얼어버린 상태를 증오한다. 그녀는 내가 그녀를 느끼고 있다고 생각하지 않는다. 나는 단순히 한 사람으로서 충분하지 못하다. 나는 내가 느끼는 것을 말이 되는 것으로 만들 수 있는 방법을 찾을 수 없다. 그녀는 더 많은 것을 필요로 한다. 제나는 내가 할 말을 하지 않고 있으며, 충분히 노력하고 있지 않다고 주장한다.

나는 내면에서 폭파되고 있는 것인가? 블랙홀, 소용돌이, 모래 늪의 이미지들이 생각나는데, 그 x가 어떤 것이든 나를 안으로 끌어들이고 사라지게 만든다. 우리는 서로를 발견하지 못한다. 나는 내 자신을 땅속으로 처박고 사라진다. 나는 만성적으로 나를 망치로 때리고 분쇄한다. 나는 내 자신 안에서 감당할 수 없는 것을 사라지게 하려고 노력하지만, 그것은 더 강해지고 그것 대신 내가 사라진다. 내 안에는 내가 생각하는 것보다 더 많은 것이 존재한다는 제나의 말이 맞는 것일까? 그녀는 마치 내가 더 많은 형태를 갖춘 사람인양, 마치 내가 그녀 자신과 같은 사람인

양, 진정한 사람인양 계속해서 말한다. 그녀가 반복해서 말하는 것은 이것이다: "무(無)에 대한 당신의 중독은 질병이고 변명이에요." 내가 사라지는 이유가 그곳에 있는 것을 두려워하기 때문이고, 주는 것의 외관 뒤에 숨지 않는 것을 두려워하기 때문이라는 그녀의 말은 옳은 것이다. 그러나 내 안의 한 목소리가 말한다: "그건 공평하지 않아. 너는 실제로 주고 있어." "내가 무엇을 주지?" 내가 묻는다. "네 피부 안에서 울리는 그 종소리를 주지." 그 목소리가 말한다.

공격하는 목소리가 있고, 방어하는 목소리가 있다. 내가 그녀와 처음보다 더 잘 맞지 않았지만, 제나는 나를 떠나지 않고 나도 그녀를 떠나지 않는다. 사람들은 아기들을 잘 다루지만 아기의 반항이 시작되고 좀 더 복잡한 인간존재로 성장하는 것을 받아들이지 못하는 어머니들에 대해 이야기한다. 반항 이전의 시기가 실제로 있는 걸까? 나는 눈물이 고이는 것을 느끼는데, 그것은 더 없는 행복감을 준다. 나는 텅 비고, 행복한 혼란이 되고, 온화하게 편안한 감정이 된다. 감정의 바다 안에 있는 결핍, 더 없는 행복의 바다 안에 있는 결핍, 그것이 나이다. 어쩌면 제나는 나의 결핍, 나의 흉터를 보는 것을 견딜 수 없는 것인지도 모른다.

나는 나 자신이 바보천치임을 스스로를 입증한다. 감히 말 한 마디, 변명, 교묘한 거짓말을 할 수 없는 나는 조용하다. 나는 내가, 보잘것없는 존재이기에는 너무 소중한 제나를 나 자신으로부터 보호하고 있다고 상상하는 걸까? 꽤 시간이 걸렸지만, 나는 나의 부적절한 비어있음이 제나에게 충분하지 않다는 것을 이해하기 시작했다. 제나는 나의 상처를 자극하지만, 나는 그 나가 아니다. 그녀는 그녀의 삶 속에서, 나와는 달리 그녀를 위해 진정으로 존재하는 사람들에 대해 말한다. 나는 그녀가 그렇게 하는 것이 다행이라고 느낀다. 감사하게도 거기에 진정으로 있어주는 사람

들이 있다. 나는 그들 중 한 사람이 아니며, 그런 사람이 더 이상
될 수 없다. 나는 그녀가 나의 잘못을, 나의 비어있음이 그녀에게
충분하지 않을 것임을 발견하길 바라면서도 그것이 두려웠다. 그
녀는 나에게 가혹하게 대하고, 나는 나 자신에게, 마땅하게도, 가
혹하다. 제나는 한 때 내가 존재 그 자체라고 느꼈고, 그녀의 존
재를 지원해주는 존재라고 느꼈었다. 그리고 지금 나는 아무것도
아닌 제로 상태다.

* * *

　세상에는 제나와 같은 방식으로 느끼는 다른 사람들이 있다.
그들은 내가 덜 좋아하거나 잘 알지 못했던 사람들이다. 그들은
한두 번 찾아왔다가 떠난다. 한 회기도 끝내지 못하고 떠난 사람
도 있다. 그들은 나로 하여금 나의 결점들을 느끼게 한다는 점에
서, 나는 그런 사람들에게 감사한다. 그들은 요란하게 팡파르를
울리는 과정을 거치지 않고 나를 곧바로 나의 한계로 데려다준다.
　우리가 누군가와 성공적으로 작업할 때, 결점들과 한계들을 덮
는 것은 쉽다. 거기에는 자기-만족과 자기-도취의 위험이 존재한
다. 특히 우리가 가진 문제들 중의 일부가 상호 작업의 초점이
될 때, 우리는 우리 자신의 문제들을 다루고 있다는 느낌을 갖는
다. 우리는 우리가 우리의 문제들을 다루고 있기 때문에 우리 자
신들을 다루고 있다고 생각하지만, 그것은 부분적인 진실일 뿐이
다. 우리는 때로는 더 좋고 때로는 더 나쁜 우리 자신들의 부분
들을 다루고 있는 것이다.

* * *

치료는 무모한 일일 수 있다. 왔다갔다 하는 강렬한 감정들, 찬양과 비난, 상황이 순조로울 때, 재앙적인 어떤 일이 일어나지 않았다는 안도감에 의해 균형이 이루어지는, 메시아적인 우쭐감이 치료 상황을 지배할 수 있다. 매 회기는 곧 일어날 것으로 예상되는 비행기 추락사고이다. 우리는 때로는 결코 아래로 내려오지 않고, 때로는 결코 착륙하지 않는다.

세월이 지나면서, 시작하기도 전에 떠나가는 사람들의 모습들이 축적되고, 그 패턴들에 대해 말할 수 있는 정도가 된다. 제나보다 더 빨리 나를 침묵의 지점으로 데려가는 사람들이 있다. 그때 나는 거의 즉각적으로, 말하는 것이 불가능한 장소들로 추락한다.

요구적이고, 자신들의 욕구를 충족시키는 데 목소리가 큰 여성들은 거의 변함없이 나의 입을 다물게 하고, 나를 주눅 들게 한다. 나는 유쾌하지 않은 여성들 및 남성들과 오랫동안 일해 왔고, 다양한 성공을 이루어왔다. 내가 묘사하려고 하는 사람들은 내가 지금까지 잘 다루지 못했던 사람들이다. 나는 나에게 항상 더 많은 것을 원하고 있고, 화가 나 있는, 궁핍한 한 무리의 여성들을 머릿속에 그리고 있다. 나는 결코 충분히 주지 않거나 잘못된 것을 준다. 나는 정확히 무엇을 주어야 하는지 단순히 이해하지 못하고 있거나, 주지 않고 혼자서 간직하고 있다. 나는 내가 남자임을 내세워 그 올가미에서 벗어나려고 시도할 수 있다: "주지 못하는 남자들은 어떤 사람들인가?" 그러나 이 여성들의 상당수는 그들을 받아들일 수 없었거나 받아들이고 싶지 않았던 여성 치료사들에 의해 버림받았다. 나는 이렇게 합리화할 수 있다: "어쩌면 그들이 필요한 사람은 바로 거리감 있고 감정이 없는 남자일 수 있어. 그 누구도 그들을 견딜 수는 없을 거야." 나는 어떤 것이든 앉아서 끝까지 지켜본다. 그들은 공격하고, 요구하고, 공격함으로써 그들의 욕구들을 충족시키고자 한다. 그때 나는 말문이 닫히고, 그들은 떠난다. 나는 그들과 영원히 함께 머무르고 싶지만, 그들은 떠나야 할 충분한 이유를 감지한다.

어떤 사람들은 얼마간 머문다. 그들은 내 안에서 좋은 점을 보고 나서, 내가 그것을 그들에게 주어야 한다고 주장한다. 나는 만약 내 가슴을 싸고 있는 강철판을 떼어낼 수만 있다면, 그렇게 할 것이다. 그들은 계속해서 강철판을 두드리고 강철핀에는 피가 흐른다. 나는 노력하고 노력하지만 내가 할 수 있는 것은 거의 없다. 마음은 저절로 닫힌다. 때때로 나는 내 자신의 마음을 열 수 있지만, 그들은 그런 나의 노력을 증오한다. 내가 자발적으로 마음을 열면, 그것은 너무 적거나 너무 늦은 것으로 인식된다. 거기에는 항상 좋은 것을 쌓아두고 있거나 마지못해 준다는 느낌이 있다. 내가 자유롭게 마음을 열고, 손을 내밀고, 포용하는 순간에도, 거기에는 단순히 충분하지 않고, 초췌한, 위축된 영혼과 같은 무언가가 내 안에 있다. 나는 충분히 좋고, 더 충만하고, 따뜻하고, 총명한 존재, 제대로 일을 처리할 줄 아는 더 나는 누군가를 마음속에 그려본다. 나는 상상한다. 아니 나는 실제로 그럴 거라고 믿는다: 나를 떠난 사람들 중의 일부는 그런 사람을 찾을 거라고. 나는 그런 사람들로 인해 행복하다. 나는 내가 그런 사람이 되기를 소망한다.

내가 그들 중 어떤 이들에게, 그리고 어떨 때에는 그런 사람이 될 수 있다는 사실은 내게 거의 위안이 되지 못한다. 이따금씩 사람들은 어떤 좋은 일이 일어나기를 기다리면서, 약간의 보상과 함께 어떤 실제적인 작업이 이루어지기를 희망하면서, 이삼십년을 나와 함께 머무를 것이다.

* * *

카렌(Karen)이라는 여성은 30년 넘게 나와 정신적으로 손을 붙들고 있다. 아마도 나의 정신적 무릎에 앉아 있는 것도 사실일 것이다. 그것은 때로는 그런 부분이 있기는 하지만, 랩 댄싱(누드 댄서가 관객의 무릎에 앉아 추는 선정적인 춤)은 아니다. 그때 그녀는 무릎에 놓인 아기에 가깝다. 그녀는 내 무릎에 앉아 있고, 함께 있다는 느낌은 좋다. 우리는 아무 일이 일어나지 않아도 서로를 만나는 것을 좋아한다. 우리가 서로를 만나는 것을 좋아한다는 것이 여기에서 발생한 일이다. 그것은 그녀에게 많은 것을 의미했고, 그녀의 삶에서 진정한 차이를 만들어냈다.

그녀는 내가 피곤에 지쳐 사라지거나 더듬어 알 수 없는 어떤 것 안으로 사라져 들어갈 때 나의 구멍들을 견딘다. 나는 네스호의 괴물(스코틀랜드의 네스 호수에 산다고 여겨지는 공룡처럼 생긴 괴물)이 나를 나 자신으로부터 빨아들이는 순간이 있다는 것을 알고 있다. 나를 피곤하게 만드는 것은 주로 내 자신이 너무 힘이 든다는 사실이다. 그렇게 많은 것을 필요로 하는 타자와 함께 존재하는 것이 힘들다. 그 타자는 내가 제공하는 것이 너무나 적다고 느낀다. 나는 카렌의 분노를 견뎌내고, 그녀가 나나 다른 사람들에게서 얻는 아주 작은 것으로 살아간다는 것을 발견한다. 작은 조각들이 여러 달 동안 그녀를 먹여 살린다.

내가 얼마나 많은 치료사들이 카렌을 거쳐 갔고, 그들이 이런저런 방식으로 그녀를 나쁘게 혹은 헛되게 치료했는지 말한다면, 독자들은 그것을 믿기 어려울 것이다. 만약 당신이 치료사라면, 당신은 아마도 이러한 치료사들에 대해 읽어봤거나 그들이 이야기하는 것을 들어보았거나, 심지어 그들의 감독이나 가르침을 받아본 적이 있을 것이다. 그녀와 크게 다를 바가 없는 다른 사람들이 나의 사라지는 행동을 견디지 못하는데, 그녀는 어째서 내 안에서 샘을 발견할 수 있었는지, 그것이 나를 어리둥절하게 만든다. 나는 그녀가 나를 견딜 수 있다는 것이 기쁘다. 그것은 부분적으로 그럴 수 없는 사람들로 인해 발생한 나의 부족감을 어느 정도 만회시켜준다. 그러나 주로 나는 우리의 접촉 또는 그것의 결핍을, 그리고 그것 자체 안에 있는 좋음과 나쁨을 가치 있는 것으로 간주한다. 이 경우에는 좋음 안에 있는 나쁨이 그것이다.

카렌은 내가 나의 침묵 속으로 숨는다는 것을 알아챈다. 그녀는 내가 숨는 것에 안도하다고 말한다. 그녀 또한 숨는다. 그녀는 외출하지 않고 그녀의 아파트에서 음악을 듣고, 영화를 보며, 신체적 고통의 변화하는 흐름을 따라가면서 주말을 보낸다. 그녀 또한 그녀 자신을 지치게 한다. 나는 주말을 나쁜 TV 쇼들을 보면서, 주거나 받는 것 없이, 자기 자신으로부터 쉴 수 있는 방법들을 찾으면서 보내는 것이 어떤 것인지 안다. 내가 그렇게 해야 했던 시절로부터 많은 시간이 흘렀지만, 그녀는 내가 그것이 어떤 것이라는 것을 알고 있다는 것을 안다. 나는 상담 중에 나 자신으로부터 쉬고 있고, 그녀는 그런 나(나쁜 TV 쇼)를 본다. 그녀는 때로 그것에 격분할 뿐만 아니라, 그것이 위안이 된다고 생각하기도 한다(대체로 격분만 하는 사람들과는 대조적으로). "제가 여기 오는 것을 좋아하는 이유 중 하나는 선생님이 선생님의 성격으로 저를 압박하지 않기 때문이에요. 선생님은 제게 사람이 되라고 압박하지 않습니다. 그로 인해 저는 제 구멍에서 가끔씩 나올 수 있고, 저 자신을 좀 더 맛볼 수 있습니다."

그녀는 그녀에게 무엇인가를 주는 척하던, 그녀와 함께 있으면서 그녀를 해석하고, 움켜잡고, 고문을 가하던 치료사들에 대해 말한다. 대부분은 그녀를 돕고자, 그녀가 살아갈 수 있도록, 좀 더 그녀 자신이 되도록, 자기-질식(self-suffocation)과 굶주림에서 벗어나게 하기 위해 노력한 사람들이었다. 어떤 사람들은 아주 오랜 시간 동안, 어쩌면 그들의 평생 동안 숨막히고 굶주릴 필요가 있다는 사실을 받아들이기란 매우 어려운 일이지만, 돌봄과 여유 공간이 주어진다면, 더 많은 일이 일어난다. 사람들은 외상과 박탈을 사라지게 하고, 그것을 극복하고, 그것을 넘기를 소망한다. 그러나 때때로 그것을 받아들이고 그것과 좀 더 오래 사는 것 외에는 다른 선택이 없을 때가 있다. 사람들이 사막에서 부유한 삶을 살 수 있다는 말은 은유 그 이상이다.

* * *

버나뎃트(Bernadette)는 제나와 카렌의 중간 어딘가에 있다. "저에게는 항상 충분히 주지 않는 가까운 누군가가 있어요." 그녀가 말한다. 그녀는 이러한 인식을 갖고 있다. 그러나 그녀는 그 사막과 오아시스의 개념을 거부한다. 카렌은, 내가 믿기로, 나를 (가끔) 오아시스로 받아들인다. 그러나 버나뎃트에게 오아시스는 충분하지 못하다.

오아시스 개념은 지상 낙원, 에덴동산, 험한 바다 가운데 있는 선함의 섬들과 연결되어 있다. 버나뎃트는 카렌만큼 바다를 싫어하지는 않는다. 그녀는 어려움, 장애물, 논쟁을 좋아한다. 그녀는 부정성을 기대한다. 그녀에게 나는 제로 상태도, 에덴동산도 아니다. 영화에서 오아시스는 신기루와 연관되어 있다. 버나뎃트는 실제적이고, 중간적이고, 혼합되어 있고, 부분적인 것을 얻고자 한다.

그녀는 타자들의 베풀지 않는 측면들과 맞서 싸우고, 그 일에서 완전히 승리하는 것을 좋아한다. 버나뎃트는 세상 사람들을 어느 정도 인격적으로 관대한 사람들과 속이 좁은 사람들로 분류한다. 그녀는 그녀를 위해 진정으로 거기에 있어주는 사람들에게는 아낌없이 따스한 찬사를 바치고, 이기적인 사람들의 결점들에 대해서는 차가운 눈빛을 던진다. 나는 그녀의 따뜻함과 차가움 모두의 대상이 되는 것이 어떤 느낌인지를 안다. 그녀의 차가운 눈빛은 나의 결점을 발견하고, 나의 부족한 점을 찾으며, 나의 정서적 인색함에 창피를 준다. 그녀는 내가 증오하고 부끄러워하는 나를 직면하게 한다. 나는 당황한다. 나는 나의 인색한 측면에 대해 평생 동안 작업해왔다. 나는 그것과의 작업을 계속할 것이다. 나는 그녀가 주장하는 것들이 옳다고 느낀다.

카렌이 나를 너무 많이 봐주고 제나는 너무 적게 봐준다면, 비나뎃트는 전혀 다르게 나를 대한다: 그녀는 내가 위기에서 수완을 발휘하기를 요구하지만, 내가 실패한다고 해도 나를 처벌하지는 않는다. 그녀는 계속해서 싸우고, 꿈틀거리고, 침투하고, 더 많은 것을 향해 나아간다. 그녀는 포기하지 않는다. 그녀는 전략을 짜고, 후퇴하고, 끈질기고 지속적으로 또 다른 각도에서 접근한다. 그러면서 거절하지 않는다. 그녀는 내가 재정비하고 출발선에 설 준비를 할 수 있는 시간을 주기 위해 기다린다. 그녀는 내가 쉽게 도망가도록 그냥 놔두지 않을 것이다. 그녀는 사람들이 나에게서 소량의 정서적 즙을 짜내기 위해 얼마나 멀리 가야 하는지를 (또 다시) 깨닫게 만든다.

나는 다른 사람들을 밖으로 나오도록 돕지만, 가장 필요할 때 나 자신을 밖으로 나오게 할 수 있는가? 나는 특정 종류의 열정과 요구 그리고 욕구를 만날 때 힘을 얻는다. 나는 모든 강한 여성들이 나에게 힘을 준다고는 생각하지 않는다. 그러나 내가 뚫고 나가려고 노력하는 방해물이 존재한다. 제나와의 경우, 나의 봉쇄된 지점에 도달하는 데 몇 년이 걸렸다. 어떤 면에서, 그녀는 운이 좋았다. 그녀에게는 나의 가장 좋은 것을 가지고, 삶의 더 풍요롭고 충만한 곳에 도달할 수 있는 기회가 있었다. 내가 일부러 나 자신을 저지하고 그녀에게 중요한 의미를 갖게 된 방식으로 나를 계속 제외시켰다는 그녀의 말이 맞는 걸까? 아니면 그녀가 나의 인격의 한계에 도달했다고 느끼는 내 생각이 맞는 걸까? 나의 방해물이 평생에 걸쳐 한 번에 조금씩 허물어지는 속도는 제나에게는 너무 느리게 느껴졌다. 나는 실패하고, 입을 다물고, 마음을 닫아 버린다. 심지어 내가 붕괴되어 말할 수 없을 때에도 나는 그녀를 지지하지만, 나의 지지는 불충분하다. 그녀의 성장의 기회는 나를 붕괴의 영역들로 몰아넣는다. 그녀는 일생 동안 남자들을 올가미에서 벗어나도록 허용했지만, 이제는 더 많은 것을 원한다. 그녀는 순응하는 법, 그럭저럭 견디는 법을 안다. 그리고 이제는 남성성이 붕괴되는 장소를 넘어 앞으로 나갈 것을 주장한다.

처음부터 나를 봐주지 않는 사람들, 만약 내가 충분히 빠르게 소통적이지 않으면 내게서 벗어나는 사람들은 어떤가? 내 생각에 그들은 내 안에 있는 박탈의 영역들을 포착하고 그것들이 점점 더 증가할까봐 두려워하는 것 같다. 박탈에 대한 즉각적인 감지는 그들을 공황상태에 빠뜨린다. 이러한 그들의 알아차림은 고통스런 과정과 결과에 비해, 얻는 것은 너무 작다. 그들은 잠시 동안 그들과 함께 있는 법을 내게 가르칠 수 있는지를 궁금해할지 모르지만, 그런 노력을 하지 않기로 결정한다. 그들은 내가 그들의 요구들을 충족시키지 않을 것이고, 내가 그들에게 흡족할 만큼 바뀌지 않을 것이며, 또 바뀔 수도 없다는 것을 안다. 시작하지 않음으로써 손해를 차단하는 것이 더 낫다. 어둡고, 모난, 깨무는 여성들, 그들에게 나는 충분하지 못하다.

＊＊＊

　나는 내 아버지의 누이인, 모나고 어둡고 신랄한 베르타 (Bertha) 고모를 생각한다. 그녀의 결혼 전날 밤, 그녀는 내가 그녀의 목욕하는 모습을 보기를 원한다. 나는 저항하지만, 그녀는 저항을 가볍게 무시한다. 그녀는 나를 욕실에 들어오게 하고 그녀의 모습이 어떠냐고 묻는다. 신체접촉이 있었는지, 대부분 시각적인 것이었는지 기억이 불확실하다. 내가 좀 더 나이가 들었을 때, 나는 그녀가 자신의 남편이 그녀의 앙상한 몸을 보는 것에 대해, 그리고 침대에서 자신이 어떻게 해야 할 지에 대해 두려워하고 있다는 것을 알았다. 그때 나는 다섯 살도 안 되는 어린 아이였다. 어쩌면 그녀는 과시하고 싶고, 빛나고 싶고, 너무 못생기지는 않았다는 말을 듣기를 바랐는지도 모른다. 그것은 과거의 장벽들을 밀어붙이는 성적 불안에 의해 추동된 확신에 대한 욕구였을 수 있다. 그녀는 작은 소년과 함께 있는 것이 충분히 안전하다고 느꼈던 것 같다. 그 이유는 아마도 내가 태어났을 때부터 그녀는 나의 벗은 몸을 보았기 때문이었을 것이다.

　나는 좋은 말을 해주려고 했다. 그녀는 자신의 신체 부위들을 가리키며 이곳과 저곳이 어떻게 보이냐고 물었다. 내가 감히 어떤 부분이 맘에 안 든다고 말할 수 있었을까? 나는 어리둥절했고, 당황했고, 욕실 밖으로 나가고만 싶었다. 나는 그 후로 그녀의 체형에 대해 어느 정도 역겨움과 혐오감을 느꼈다. 비록 그녀 같은 여성들과 화려한 성적 경험들을 해보았지만 말이다.

　베르타 고모에게는 톡 쏘는 말투와 같은 신랄함이 있었는데, 그것은 주로 나의 아버지를 겨냥한 것이었다. 그녀는 마치 끔찍한 박탈을 나의 아버지가 보상해주기를 기대하는 것 같았다. 아버지는 고모를 놔두고 부친과 함께 미국으로 왔다. 고모는 그녀의 어머니와 함께 본국에 남았고, 어머니가 죽는 것을 지켜보았다. 나는 옷가게에서 일하고 있는, 어른스러워 보이려고 애쓰는 십대 시절의 아버지 사진을 가지고 있다. 그는 십대임에도 불구하고 독학으로 회계학을 배웠고, 지역 상점들의 장부들을 정리했으며, 혼자 힘으로 로스쿨을 마쳤다. 그는 베르타 고모를 도와주었지만, 그녀는 더 많은 것을 원했고, 아버지에 대한 특유의 신랄함을 유지했다. 박탈과 요구, 그것은 내가 일찍이 배운 조합이었다.

욕실 사건이 있고 난 다음 날, 그녀는 우리가 사는 아파트에서 결혼했다. 데카르트는 유년기 시절 그의 집에서 일했던 사시 눈을 가진 하녀로 인해 사시 눈을 가진 여성들에게 끌렸다고 한다. 나는, 여성들이 내가 베르타 고모의 몸에서 느꼈던 박탈과 요구를 내게서 불러일으킬 때마다 본능적으로 뒷걸음질 친다. 그것은 전적인 거부반응이 아니다. 나는 브롱스(Bronx, 뉴욕 시 북부의 행정구역)에 살고 있는 베르타 고모와 고모부를 방문하는 것을 좋아했다. 그들은 뉴욕의 여러 곳에 나를 데리고 갔다. 나는 특히 호른 앤 하다트(Horn and Hardart)라는 레스토랑을 좋아했는데, 5센트짜리 동전들을 넣고 음식을 꺼내기 위해 유리 커버를 들어올리는 스릴과, 그들의 전축(수동으로 돌려야 했던), 그리고 열대어 수조를 무척 좋아했다. 이런 것들은 우리 집에는 없는 것들이었다. 어쩌면 그녀는 내 아버지가 알지 못했던 어떤 것을 알고 있었는지도 모른다.

나를 풍부하게 하는 이런 경험들이 내가 뉴욕으로 이사 오게 된 것과 관련이 있었을까? 나는 성인기 삶의 대부분을 베르타 고모의 몸속에서 살고 있었던 걸까? 사랑과 신랄함의 조합은 좋은 것을 위해 나쁜 것을 참던 제나를 생각나게 한다. 나쁜 것이 지나치게 나빠지면, 그것은 좋은 것을 뚫고 나아간다. 거기에는 반격이 시작되기 전에 견뎌야 할 것이 너무 많을 뿐이다.

그때는 이민자들에게 매우 힘든 시기였다. 사람들은 부정적인 성격적 특질들을 개선하기 위해 많은 시간을 보내지 않았다. 대부분의 사람들은 어떤 좋은 것을 가질 수 있는 기회를 잃는 것에 대한 두려움으로 인해 결핍과 신랄함을 참는 데에 익숙해 있었다. 제나와 나는 이러한 기층(基層)을 공유했지만, 그녀는 인내심을 잃기 시작했고 더 많은 것을 원했다.

* * *

본능적인 반동, 정서적 양분에 대한 욕망, 근친상간에 대한 두려움, 더 많은 어떤 것을 맛보고 싶은 욕심, 이 모든 것들이 내가 상담실에서 여성들을 기다리는 동안 내 안에서 일어난다. 그것들은 한데 섞여 혼합물을 구성한다. 비단 여성들만이 아니다. 한 남자는 나를 보러 온다. 처음 나를 만나러 오는 그는 두 번의 약속을 놓치고, 세 번째 약속에 15분 늦게 온다. "저는 지난 1년 간 아무에게도 말을 걸지 않았습니다." 그가 말문을 연다. "저는 제 방에서 일합니다. 저는 아무도 만나지 않습니다. 저는 컴퓨터로 생활비를 법니다. 저는 사람들에게 말을 걸고 싶습니다. 저는 접촉을 원합니다."

그는 그의 인생, 그의 고통들, 그의 가치관, 그의 장점들, 그의 장애들에 대해 대략적으로 설명하면서 남은 시간 동안 쉬지 않고 말한다. 그 다음 날 그는 나를 만나지 않기로 결정 했다는 메일을 보낸다. 그는 나와 이야기하는 것보다 내가 쓴 책을 읽는 것을 더 좋아한다. 내 책들이 말로 가득 차 있는 반면, 나는 그에게 충분히 말을 하지 않는다. 만일 그가 사람들에게 도달하고자 한다면, 그는 나에게서 더 많은 것을 필요로 할 것이다.

그가 나에게 많은 기회를 주지 않은 것이 사실이다. 그러나 그가 계속 이야기하는 동안 나는 내 안에서 무언가가 닫히는 것을 느꼈고, 그것은 내가 위에서 특정 여성들에 대해 설명한 것과 다르지 않았다. 나는 할 말을 찾았지만, 그의 삶의 고통에 대한 소리 없는 공감을 제외하고는 텅 빈 상태가 되고 말았다. 그에게 소리 없는 공감은 충분하지 않았다. 나는 내 자신이 삼진 아웃당하는 것을 느꼈지만, 아무것도 할 수 없었다. 나는 변명하고, 합리화할 수 있다. 나는 그가 살고 있는 소용돌이 속으로 빠져 들어갔고, 내 자신에게서 빠져나올 수 없었으며, 타자에게 도달할 수 없었다. 하지만, 무언가가 나에게 도달했다. 나는 그를 느꼈고, 그가 가엾게 느껴졌다. 그의 삶의 휘말림이 나의 마음을 움직였다. 아마 그는 내가 그를 질식시킬까봐 두려웠을 것이다. 나는 그를 내 자신의 캡슐 안에 집어넣으려고 할 것이다. 그러면 그는 나의 내부에서 자신의 고통 속으로 사라질 것이다.

어쩌면 나는 말의 포화가 끝나기를 기다리면서 단순히 방어막을 치고 있었는지도 모른다. 쉬지 않고 쏟아지는 그의 말, 들어줄 귀를 기다리는 억눌린 감정들이 이어졌다. 감정들이 대체로 상실되었지만, 말은 제 자리에 있었다. 그리고 나는 말없는 감정들과 함께 남겨졌다. 나는 그가 나에게 시간을 주기만 한다면 내가 그를 도울 수 있을 거라고 느꼈다. 나는 또한 내가 그를 도울 수 없다고도 느꼈다. 내가 누구를 믿어야 하는가? 어떤 나를 믿을 것인가? 이런 진퇴양난의 느낌은 나 자신이 박탈과 요구의 영역에 있고, 성난 욕구를 지니고 있으며, 삶으로부터 도망치고 있고, 바쁜 도시 속의 무인도에 갇혀 있다는 것을 암시한다. 바쁜 마음들이 바쁜 거리들을 채우고 있다. 나는 게임에서 제외되었다.

* * *

또 다른 남성은 첫 회기 중에 갑자기 이렇게 말했다. "선생님의 의자는 혐오스럽군요." 그는 다시 오지 않았다. 몇 년 전 누군가가 나에게 완만하게 경사진 커다란 가죽 의자를 주었는데, 그것은 낡고 상태가 좋지 않았다. 그런 의자의 모습은 그 환자를 얼어붙게 했고, 그의 말을 익사시켰다. 혐오스러운 의자. 수 년 동안, 나는 그것이 혐오스럽다는 것을 감지했지만, 한 번도 진지하게 생각하지 않았다. 혐오는 주변적인 것이었다. 그 상담을 돌아보면, 그가 너그러운 말을 했다고는 생각되지 않는다.

나는 그 의자를 채우고 있는 재료가 흘러나와 그 환자와 나 자신을 덮는 모습을 상상한다. 외견상으로는 내 것이지만, 그것은 그가 자기 것이 아니라고 부정한 자기-혐오를 나타낸다. 내 의자가 그의 자기-혐오를 자극한 것이다. 나의 내부가 그 방의 공간을 너무 많이 차지하는 바람에 그 가구를 덮고 있었다. 그는 그것을 집어넣을 수 있었고, 그의 자기-혐오를 내 것 안에 숨길 수 있었으며, 나를 희생시킨 덕에 자신의 모습을 좋게 보여줄 수 있었다. 그가 그렇게 할 수 있도록 내가 도운 것이다.

내가 새 의자를 사는 데에는 몇 년이 더 걸렸다. 그러나 새 가구가 좋아 보이지 않는 상태를 사라지게 하지는 않을 것이다.

* * *

나는 일정한 양의 혐오를 필요로 하는 사람일 수도 있다. 그것은 부분적으로 베르타 고모의 유산이고, 다른 이유들도 있을 것이다. 어쩌면 혐오는 내가 접촉 상태를 유지할 수 있도록 도와주고, 브레이크 역할을 하고 있는지도 모른다.

　내가 도울 수 있을 거라고 여겨졌던 한 여성은 몇 번의 상담 후에 사무실 페인트칠을 다시 하고 나면 전화하라는 말을 남기고 갑자기 떠나버렸다. 나의 사무실은 그녀에게 정신증을 앓았던 그녀의 어머니를 상기시켰다. 내 사무실에 있는 것은 그녀의 어머니 내부에 있는 것 같았다. 그녀는 그녀의 어머니의 광기 안에서 상담을 받는 것을 견딜 수 없었다.

　손상 입은 많은 사람들이 내 사무실에서 편안함을 느낀다. 그들은 여기가 화려한 장소가 아니라는 데서 안도감을 느낀다. 나쁜 것들, 광기, 혐오, 박탈에 의해 오염될지도 모른다는 두려움은 내가 방금 언급한 여성이 감당하기에는 너무 벅찬 것이었다. 단지 부분적으로 그녀와의 작업을 시작했을 뿐인 나는 그녀가 그것을 견뎌내길 바랐다.

　나는 몇 년 후 그녀를 거리에서 만났고, 우리의 만남들이 내가 상상했던 것보다 그녀에게 더 많은 도움이 되었다는 것을 알게 되었다. 나는 그녀가 내 사무실에 들어섰을 때 그녀가 혐오했던 그녀의 마음속의 어머니를 만난 것이 오랫동안 그녀를 사로잡고 있던 광기에 틈을 여는 계기가 되었다는 말을 듣고 놀랐다. 오염에 대한 혐오와 공포에 대해 그렇게 강하게 표현한 뒤에, 어떤 장벽이 걷힌 것이다. 그 후로 그녀를 괴롭혀 오던 일종의 무감각하고 불안한 마비가 사라졌고, 그녀는 삶을 지속해나갈 수 있었다. 그녀는 나에게 고마워했고 나를 껴안았다. 나는 그녀에게 내 사무실을 새로 칠했다고 말했고, 우리는 웃었다.

＊ ＊ ＊

　치료적 난관은 어느 때나 찾아올 수 있다. 그 이유들을 찾는 것은 한계가 있다. 그때 거기에는 마음이 닫히고, 막힌 지점들이 나타난다. 어떨 때 나는 내가 나의 막힌 지점에 있다고 느끼고, 다른 때에는 그 지점으로부터 좀 더 멀리 있다고 느낀다. 상황은 갑자기 예고 없이 막힌 지점을 불러올 수 있다. 그것은 서성이며 때를 기다리고 있다. 당신은 결코 그것으로부터 자유롭지 못할 것이다. 당신이 그것과 함께 머문다면, 그것과 좀 더 머문다면, 그것과 당신의 관계는 깊어질 것이고, 그것은 더 흥미로운 것이 될 것이다. 당신은 그것을 제거할 수 없지만, 그것을 난타하고, 그 안에 머리를 들이 밀고, 주위를 둘러보며, 잠시 몸을 담근다면, 무언가가 일어날 것이다.

* * *

한 남편과 아내가 도움을 청하러 왔다. 아내는 남편과 의사소통이 되지 않는다고 불평한다. 그녀의 남편은 아내가 공격할 때 마음을 닫는다. 그녀는 단절되어 있음을 인식하지 못하고 있다. 그녀 자신은 남편과 주고받는 관계를 가지려고 노력하고 있다고 느낀다. 그는 아내의 그런 도움을 받아들일 수가 없다. 그녀는 그에게 말한다. "당신은 내가 당신에게 동의하기를 바라잖아요. 내가 당신 기분에 맞지 않는 말을 하면, 당신은 고통을 느끼죠. 당신은 내가 벗어나서는 안 되는 범위를 정해놓고 있어요."

그는 아내가 반드시 순응해야만 하는 좁은 감정의 범위를 갖고 있다. 나는 그녀의 이 말이 진실이라고 느끼는데, 그것은 회기 중에 느껴지는 정서적 분위기가 그만큼 숨막히는 것이었기 때문이다. 그는 아내가 짹짹거리고 재잘거린다고 느끼고, 그럴 때마다 뻣뻣해지고 굳어진다. 그리고 그가 자신의 좁은 사고의 틀을 방어하는 순간에 나는 나 자신이 뻣뻣해지고 위축되는 것을 느낀다. 이 집요한 패턴에서 결정적인 것은 타자들에게 비좁게 느껴지는 것이 그에게는 무한히 광대한 것처럼 여겨진다는 것이다.

어떤 영화를 보고 난 후에, 그는 깊은, 그리고 처음 생겨난 감정을 느낀다. 그는 말로 표현할 수 없는 감동을 느끼고, 소리 없는 무한함 속에 남아 영화의 여운을 음미하고 싶어 한다. 그의 아내는 영화의 의미에 대해 이야기한다. 그녀는 패턴들과 장면들에 대한 그녀의 느낌들을 명료하게 이야기한다. 그런 모습은 마치 그녀가 자신의 현실을 승격시켜주는, 그 영화의 현실을 그녀 자신에게 로비하고 있는 것 같다. 그는 신경이 예민해지고, 그녀가 조용했으면 하고 바란다. 어쩌면 그는 그를 빨아들이는 말없는 의미에 그녀가 함께 동조해주기를 바랐을 수 있다. 그는 말없는 신성함에 잡혀 있고, 그녀는 그것에 핀을 꼽고 있다. 그는 그녀의 말들로부터 숨고, 자신을 몰아세우며, 무언가가 잘못되었고 자신이 궁지에 몰렸다고 느끼면서, 말없이 징벌적인 틈새 속으로 떨어진다. 이런 상태들이 몇 시간이고, 며칠이고, 몇 주고 지속된다. 그는 아내가 여러 해 동안 원한을 품어왔다고 하면서, 자신의 상태를 정당화한다. 아마도 그 말이 맞을 것이다.

그들이 나의 사무실을 떠날 때, 나는 이렇게 생각한다, "저런, 오늘 무서운 밤, 또 한 번의 끔찍한 싸움이 있겠군." 다음 번 상담에서 그들은 그 때 집으로 돌아가서 사랑을 나누었다고 말한다. 적어도 그 순간에는, 무언가를 얻었다. 치료와 회복의 기간은 더 빨라졌고, 더 완전해졌다. 막힌 지점에 머무른 것은 성과를 얻었지만, 그러한 성과가 언제 일어날지 누가 미리 알겠는가. 종종 우리는 자주 상처 받는다고 느끼고, 주의를 분산시키며, 뭔가 다른 것을 한다. 설령 그렇다고 해도, 그 막혀있는 지점에 간헐적으로 머물러 있는 것은 존재의 질을 변화시킨다.

* * *

한 사람에게는 한계 없음으로 느껴지는 것이 다른 사람에게는 질식시키는 것으로 느껴질 수 있다. 방금 언급한 남자 환자의 경우, 영화에 대해 그가 느낀 무한한 감정은 그의 아내의 자기표현 욕구에 올가미처럼 작용했다. 내면과 외면의 불일치는 재앙적일 수 있다. 팽창하는 개인이나 사회는 어떤 사람들에게는 위축시키는 압력이 된다.

자신을 어제하면서 팽창하지 못하도록 붙들고 있는 것은 숨을 쉬지 않는 것과 같다. 팽창은 삶의 생산력의 일부이다. 셰익스피어는 팽창과 수축이 서로를 목 졸라 죽이는 지점, 고문의 지점을 우리에게 보여준다. 그것은 일종의 분기점이다. 우리는 이 지점을 완전히 파괴하지 않고, 일부는 파괴하고 일부는 재형성함으로써 유지할 것을 요청받는다. 우리는 이런 일을 잘하지 못한다. 그러나 그것은 하나의 진화적 요청으로서, 우리에게는 그것을 오랫동안 포기하는 것이 허용되지 않는다. 자기와 타자를 위한 공간을 만들기 위해 손을 뻗으라는 압력을 받는 것이다.

* * *

환자들은 나의 말없는 지점을 위한 공간을 마련할 수 있을까? 그들은 꼭 그렇게 해야 하는가? 제나는 나의 침묵의 지점을 견디는 것이 그녀에게 해롭게 느껴지는 지점에 도달했다. 그녀는 더 나아질 준비가 되어 있다. 그녀는 내가 가진 것과 같은 결함을 지닌 치료사와 함께 절룩거리며 나아가야 할까? 그녀는 현재 그녀와 더 온전히 함께 할 수 있는 누군가를 찾을 준비가 되어있는가? 그녀는 내가 나의 무능력에 굴복해야 할 필요가 있다는 것을 믿지 않기 때문에 나의 무능력에 분노한다. 나는 스스로 목을 조르고 싶은 충동에 굴복하지 말아야 한다. 그녀는 그러기를 거부한다. 그녀는 그것을 통과해 간다. 왜 나는 그럴 수 없는가? 그녀는 내가 더 많은 위험을 감수하지 않을 거라는 것을 믿을 수 없고, 내가 그럴 수 없다는 것을 믿기를 거부한다. 그녀의 성장에 대처할 수 없는 나에게 무슨 문제가 있는 걸까?

* * *

나는 나의 환자들에게 내가 할 수 없는 것을 하라고 요구하고 있는가? 우리는 교대로 그렇게 하기를 거부하면서 가파른 벼랑 끝을 넘어 가라고 서로를 부추긴다. 하나의 깊은 데서 오는 충동이 우리가 할 수 있는 것을 하라고, 그리고 다음에는 그 이상의 것을 하라고 밀어붙인다.

모든 사람들이 이런 종류의 벼랑 끝 성장을 해야 하는 것은 아니다. 한 여성은 그녀의 손자들과 있는 것만으로도 충분하다고 말한다. 그녀를 더 행복하게 만들 수 있는 것은 없다. 그녀는 그 이상을 필요로 하지 않는다. 누가 정신적 고문을 필요로 하겠는가? 많은 사람들이 추구하는 그 고통스런 길이 따뜻한 마음을 가진 이 여성에게는 낯설다. 그런데 왜 그녀는 나에게 전화하는 걸까? 조금 들어본 후에, 나는 그녀의 말투가 신랄하다는 것을 인식한다. 그녀는 약물치료를 받고 있고, 그녀의 아이들도 약물치료를 받고 있다. "선생님이 좋다면, 무엇이든 좋아요." 그녀의 고통은 어디로 간 것인가? 그녀는 나에게 왜 전화를 하는가? 자신의 약물치료를 보충하기 위해서? 자신의 즐거움을 위해서? 그보다 더한 어떤 것을 위해서?

* * *

나의 침묵과 마비와 공백의 장소는 고통이 사라지는 곳이다. 그것은 그것을 필요로 하는 사람들에게는 의미 있는 곳이 된다. 그것은 처음에는 피난처가 되지만, 시간이 지나면서 박차가 된다. 그 박차는 제거할 수 없는, 항구적으로 쓰리고 민감한 밀어붙이 기다.

영화가 끝난 후, 말로 다 표현할 수 없는 깊이를 느낀 그 남자에게 아내의 말은 짜증스런 자극물이다. 그는 그의 소중하고, 사적이고, 깊은 감정과 그의 아내 모두를 필요로 한다. 둘 다 사라지지 않는 것이 중요하다. 이 경우에 그는 외부의 타자로부터 그의 자극물을 찾는다. 그는 자신이 스스로에게 얼마나 짜증나는 존재인지를 알아차리고는 도망치고 있다. 그것은 그가 성장을 통해 극복해야 하는 어떤 것이다. 격노와 철수가 그가 자기 자신을 향해 성장해 가고 확장되어 가는 것을 가로막고 있다.

나의 바보 같은 멍함은 그의 공명하는 한계 없음과 좋은 짝을 이룬다. 그로 하여금 명백한 것을 인지할 수 있게 해주는 무의식적인 연결고리가 만들어진다. 아내의 말은 그녀의 정서적 인식들로부터 자라나온 것으로서, 심연과 표면을 연결시킨다. 그녀의 말은 그가 잔잔하기를 바라는 호수에 던져진 돌멩이처럼 파문을 일으킨다. 그는 나처럼 얼어붙고 싶은 걸까? 장애는 무의식적으로 또 다른 인간 존재로부터 오는, 그리고 정서적 자기와 정서적 자기 사이에서 발생하는 메시지들을 전달한다. 우리의 투과성은 우리 안에서 발생하는 메시지를 교묘히 빠져나가게도 하고, 우리를 풍부하게도 한다. 내면의 상태들은 계속해서 변화한다. 우리는 흔들리는 접촉들을 통해 만나고, 아기가 걸음마를 배우듯이 정서적 교류에 대해 배운다.

　나의 환자들은 나의 질식케 하는 공백을 감지한다. 우리는 함께 걷는 법을 배운다. 때때로 그들은 너무 빨리 걷는다. 그래서 그들이 시야에서 사라질 때 나는 이렇게 생각한다. "세상에는 내가 결코 도달할 수 없는 곳들이 너무 많다."

* * *

　때때로 신호 체계가 도움이 된다. 우리는 타자에게 속도를 줄이라, 속도를 내라, 이쪽 또는 저쪽이라고 신호를 줄 수 있다. 영화를 보고 감동을 받은 그 환자의 경우, 그는 더 많은 신호들을 배우고 그의 정서적 레퍼토리를 넓힌다. 영화가 끝나고 나서 그는 자신의 배우자에게 신호를 준다. "나는 말하기 전에 시간이 필요해요 … 기다려 줘요." 사람이 움직임을 멈춰야 할 때 특별히 예민한 순간들이 있다. 사람들은 정서적인 신체언어를 발달시키는데, 그것은 서로의 성적 어휘를 익히는 것과 유사하다. 비록 후자가 대중의 더 많은 주목을 받긴 하지만 말이다.

　때때로 사람들은 조율의 결핍, 기다리지 않음, 다가오는 파도 속으로 뛰어드는 것과 같은, 유쾌한 충격을 추구하기, 흔들려지는 흥분을 더 좋아한다. 그것은 마치 위에서 언급한 남편이 영화를 본 후에 아내가 한 말의 충격을 용감히 받아내고, 소용돌이에 자신을 맡기는 것을 통해, 전혀 다른 정서적 환경 안에 있는 자신을 발견하고, 다른 사람의 말에 의해 변화될 수 있었던 것과 같다. 물론, 말은 정보만을 전달하지는 않는다. 말은 주체와 주체 사이의 접촉, 교환, 혼합을 중재한다. 상호-주관성의 칵테일을 만드는 것이다. 말을 통해서 우리는 서로의 정신에 의해 변화된다. 말은 반복해서 서로에게로 뛰어 들어가는 길이다. 때로 영화를 좋아하는 그 환자의 아내는 너무 잔소리가 심하다. 왜 그녀는 기다릴 수 없을까? 그녀는 그를 감지할 수 없는가? 그는 뒤로 물러나 그것에 대해 곰곰이 생각한다. 정서적 의사소통은 보이지 않는 글쓰기처럼 발달한다. 그들은 결코 서로에게 정확히 익숙해지지 않을 것이다. 그러나 그들은 많은 일이 진행되고 있다는 것을 느 낀다. 보이지 않는 글쓰기를 위한 장소가 열리고 있는 것이다.

* * *

ㄱ가 말한다. "아내는 저의 민감한 부분에 둔감해요."
그녀가 말한다. "그는 감수성 영역의 독재자에요."
그녀는 더 자유로운 주고받음을 원한다. 그는 더 충만한 경험을 원한다.
두 사람 모두 판을 새로 짜는 것에 대해 더 많은 것을 배울 수 있는 시간을 필요로 한다.

* * *

부부가 한 몸이 되는 것(사도 바울이 말하는)은 그리고 정서적 상호교환 안에 "하나됨"의 영역을 확립한다는 것은, 두 사람이 서로에게 미치는 영향력이 강력하다는 것을 의미한다. 모든 인류는 감수성 유대, 또는 정서적 쌍둥이 관계를 공유한다. 정동적 태도들은 상호 침투적이다. 어떤 하나에 영향을 미치는 것은 모든 것에 영향을 미친다. 그것은 하나의 소망일까? 윤리적 명령일까?
그 영화에 의해 유발된 사적인 정서는 매우 소중하다. 형태 없는 인식이 정서적으로 충전된다. 매우 사적인 것이지만, 그것은 명상가들의 방이나 공동 기도에서 발생하는 것과 같은 것이다.

거기에는 말 없음, 순결한 긍정, 온 몸으로 느끼기, 기다림 등이 있다. 그것은 슬픔을 감지하면서 기쁨의 눈물을 향해 천천히 나아가는 움직임이며, 정서적 삶 앞에서 느끼는 조용한 경외감이다. 그것은 마치 정신의 배경 안에 우리가 빠는 정서적 젖꼭지라도 존재하듯이, 또는 불꽃처럼 주위를 맴도는 정서적 눈물이 존재하기라도 하듯이, 오직 정서 외에는 아무 것도 중요하지 않은 순간이다. 그것은 우리가 충분히 얻을 수 없는 한계 없음이다.

* * *

한계 없는 침묵은 하나(One)로서 충분하다고 느끼는 확장된 하늘일 수 있다. 그것은 하나의 공(ball)으로, 사라지는 지점으로, 혹은 자궁으로 수축될 수 있다.

한 환자가 그녀의 침묵을 깬다. "완전히 혼자예요 … 그 소리가 마치 "옴-"이라는 소리처럼 들린다 …."

다른 한 사람은 내게 가르친다. "당신은 미지의 정서적 힘을 예배하는 군요. 나는 비온에 대한 당신의 글을 읽었습니다. 이데올로기로 옮겨진 정서적 깊이는 전쟁을 의미합니다. 이데올로기에 의해 조작된 정서는 죽음과 동등합니다. 살인은 하나됨이 효과가 없다는 것을 증명합니다. 우리는 모두 현실에 대한 우리의 해석을 타자들에게 주장하기 위해 애를 쓰고 있는 겁니다."

마음 속 깊은 곳에서 나는 생각한다. "나는 정의(定意)되지 않은 상태에 머무르는 것을 신뢰한다."

* * *

나는 왜 말할 수 없는가? 나는 형태 없는 약속에 걸려 오도 가도 못하고 있다. 형성되지 않은 잠재력은 내게 매우 중요하다. 우리는 영원히 신생아이고 배아(胚芽)이다. 나는 유연성과 적응성 그리고 필요할 때 개발되지 않은 자원들을 끌어내는 우리의 능력에 감탄한다.

그러나 여기에는 위험도 존재한다. 영화를 좋아하는 그 환자가 그 영화에 대한 느낌 안에 있을 때, 다른 사람들은 그에게 성가신 존재가 된다. 그때 우리는 타자들의 풍성함을 잃는다. 다른 한편, 말로 표현할 수 없는 토대와의 접촉을 잃는 것은 또 다른 형대의 황폐함이다. 우리는 동시에 두 장소에 존재할 수 있는가? 우리는 결코 달라질 수 있을까? 말로 표현할 수 없는 배경과 지평선은 삶을 위한 무대를 마련한다.

* * *

순수함에 대해 생각해보자. 순수한 정서만을 생각해보자. 오직 죽음만이 충분히 순수하다. 삶은 우리를 내버려두지 않고 연달아 강타한다. 순수한 상태는 근본주의자의 관점으로 용해된다. 삶은 부패한다. 삶은 너무 변화가 심하고, 예측할 수 없다. 사람은 그 혼잡스러움을 정리할 수도 바로잡을 수도 없다. 우리는 모든 것들을 똑바로 배열하고, 삶을 깔끔하게 유지하기 위한 하나의 시도로서 기하학적인 건물들과 디자인에 열중한다.

매주 같은 날에 일하러 가고, 같은 사람들과 같은 일을 하는 것은 위안이 된다. 나는 나의 일상을 좋아한다. 나는 그 안에서 성장한다. 거기에는 나를 지속적으로 행복하게 해주는 충분한 다양성이 있고, 내 정신을 온전히 유지시켜주는 충분한 지속성이 있다. 나의 사무실은 어떤 문제가 있든(너무 춥거나, 덥거나, 비어있거나, 꽉 차있거나, 편안하거나, 불편하거나 …) 아늑하다. 그것은 매일, 매주, 매년 나의 동굴이고, 나의 자궁이다. 나는 그 안에서 번성하고 있다. 그것을 향해 운전해 가고, 그 안에 머무르고, 그것을 떠났다가 다음날 아침 다시 돌아오는 것이 나의 일상적인 행복이다. 어떤 사람들은 이것을 지루하다고 느낀다. 그러나 나에게 그것은 안도감을 준다.

모든 인간은 소중한가? 당신이 정말로 그렇게 생각한다면, 당신에게는 어떤 일이 일어나는가?

당신은 정말로 타자성의 동일성을 감당할 수 있다고 생각하는가? 당신은 당신의 사무실을 대체로 동일하게 유지한다, 그것은 일종의 자기-위안, 계산된 부주의, 일종의 전체를 나타내는 부분이다. 그리고 그것은 생존에 대한 환상, 즉 계속해서 흔들리기에 충분히 안전한 장소를 제공한다.

* * *

홀로 있음에 대해 생각해보자. 영화를 보고 난 나의 환자는 그 영화의 여파로 깊은 정서적 반향과 정의되지 않는 심오함을 느낀다. 삶은 특정한 의미 없이 완전한 홀로 있음의 상태에서 의미 있는 진동을 계속한다. 사람들로 가득 찬 공간, 아내의 숨소리, 자세를 바꾸는 움직임, 숨 막히는 정동감, 이따금씩 들리는 속삭임, 신경이 쓰이는 큰 웃음소리 등이 감지된다. 도대체 사람들은 무엇이 우습다는 건가! 이 영화는 뼛속까지 파고든다. 그것은 자궁 속 어두운 현존들의 방이요, 비밀이 보장되지 않는 사적 공간이다. 서로를 보완해주는 현존들이 각각 자신의 보석을 드러낸다. 우리는 자궁 영화에서 볼 수 있는 물속을 유영하는 우주인으로서 삶을 시작한다. 일단 밖으로 나오면, 우리는 서로를 바라보면서 서로의 형태로 인해 흥분한다. 밖으로 나온 것에 안도하기도

하고, 안에 있는 것에 안도하기도 한다. 밖에 있는 것에 위험을 느끼기도 하고, 안에 있는 것에 위험을 느끼기도 한다. 우리는 서로를 생명의 신호, 자기의 신호를 찾기 위해, 그리고 표현되고 있는 것 안에 있는 침묵의 지점을 찾기 위해 서로를 바라본다. 우리의 말 없는 홀로 있음은 많은 정서적 지원을 필요로 한다.

* * *

이것들 중 어느 것도 나외 제나외 문제를 해결하지 못한다. 나는 내 안의 장벽들을 때려 부순다. 그녀는 내가 그녀에게 정서적 진실을 말하지 않는다고 말한다. 나는 도움이 되지 못한다. 그녀는 내가 속으로 눈물을 흘리고 있다는 것을 느끼지 못한다. 그녀는 보이지 않는 곳에서 무슨 일이 일어나고 있는지 관심을 갖지 않는다.

나는 자신들이 그 어떤 것과도 관련되어있지 않다거나 관련 없는 부분들을 가지고 있다고 말하는 개인들을 생각한다. 그들은 배우자, 아이들, 일, 대의 등과 관련되어 있을 수 있다. 그들은 사랑한다. 상실이 올 때, 그들은 크게 흔들리지 않는다. 만일 그들이 흔들린다면, 그들은 어떤 것을 고립시키고 차갑게 남겨둔다. 그들은 이런 질문을 제기한다: 그 흔들림 바깥에는 항상 어떤 것이 있는 걸까? 누구에게나 그런 걸까? 그들은 자신들이 다른 사람들과 같지 않다는 것을 예리하게 느낀다. 다른 사람들은 더 따뜻하고 인간적이다. 그들은 부분적으로, 어느 정도 까지, 어느 지점까지만 인간적이다. 그 나머지는 차가운 것이 차지한다. 어떤 이들은 영원한 관찰자요, 목격자인 초월적 기능에 대해 배운다. 예리하게 세공된 의식의 보석인, 금강경(Diamond Sutra)에 헌신하고 있는 한 선한 영혼에게 다른 한 사람이 열정적으로 묻고, 선언한다. "사람은 과연 초연함을 취소시킬 수 있을까요? 그리고 왜 그 래야만 하죠?"

차가움은 어떤 이들을 진정시킬 수도 있다. 그것은 소란한 상 태를 초월하는 폭풍 속의 고요함일 수 있다. 다른 사람들에게 그 것은 짜증나게 하는 것이고, 그들이 덜 인간적이고, 무정하고, 비 열하고, 괴물과 같다는 신호일 수 있다. 나는 치료가 반쯤 돌보는 방식을 통해서 돌봄과 돌보지 않음이 서로 부드럽게 만날 수 있 도록 돕는다고 생각한다. 그리고 그곳은 괴물들이 마음 편히 있 을 수 있는 곳이기도 하다.

나 홀로 있는 지점에서 나는 침묵하고, 의미 있는 진실을 말할 수 없으며, 외상에 의해 얼어붙어 있고, 배아와 같은 잠재력의 상 태에 잠겨 있으며, 기다림으로 텅 빈 공간을 바쁘게 채우고 있다. 어떤 환자들은 이것을 그들만의 나 홀로 있는 지점들과 연결시 키는 반면에, 다른 환자들은 한 번 보고는 도망치기에 바쁘다.

이것들 중 어느 것도 제나와는 관련이 없다. 그것들이 곧 나의 자폐적 껍질, 핵, 고립지역이기 때문이다. 그런 나에게서 무언가를 얻고자 하는 것은 마치 돌에서 감정을 짜내려는 것과도 같다. 때 때로 나는 몇 방울을 겨우 짜내는 데 성공하지만, 그것은 곧 마 르고 그녀는 어쩔 줄 몰라 한다. 부모들 안의 이런 상태들은 아 이들을 미치게 한다.

나는 절박해지지만, 나 홀로 상태는 멈추지 않는다. 내가 내면 의 어떤 숨겨진 샘을 감지한다고 해도, 그것은 그녀에게 아무것 도 아니다. 나에게 그 샘은 가치 없는 것이 아니다. 그것은 나로 하여금 분노 상태에 있는 그녀와 함께 있게 하고, 그녀가 하는 말이 옳은 것임을 듣게 해준다. 그것은 내가 그 폭풍을 견딜 수 있게 해주지만, 그것이 그녀를 만족시키지는 못한다. 나는 그녀가 원하는 방식으로 그녀를 만날 수 있기를 바란다. 삶에 대한 나의 감각은 그녀에게 미치지 못한다. 그것은 나의 막힌 지점에, 숨이 막힌 채 홀로 있다. 나의 삶은 그녀의 삶을 놓치고 있다. 나의 막힌 지점 안에 숨은 샘은 나에게 인내심을 주지만, 그녀는 나의 욕망을, 욕망의 진실을, 그리고 정직한 교류를 원한다. 홀로 있음은 존경과 평화로운 보호를 제공한다. 그러나 그것만으로는 충분하지 않다.

8장

격노(rage)로 채우기

"어쩌면 분노(anger)가 더 효과적일 수도 있어요, 격노를 조금씩 물어뜯는 데 말이에요." 던(Don)이 말한다. 그는 그의 격노를 조절하려고 애쓰고 있는 격노 중독자이다. 그는 갑자기 격노를 분노로 바꾸어야겠다는 생각을 떠올렸다. 그는 격노는 무정형의 물질, 폭발하기 쉬운 인화물질과도 같고, 분노는 거대한 격노의 저수지에서 끌어 올린 작은 물동이라는 시각을 가지고 있다. 아마도 분노는 격노에 거머리처럼 달라붙어 있으면서 격노의 일부를 다른 데로 흘려보낼 수도 있을 것이다.

그것은 일리가 있는 생각인 것처럼 들리지만, 나는 동의하지 않는다. 아마 언젠가는, 어떤 식으로든 동의할 수도 있을 것이다. 그러나 지금 그것은 회피, 지연, 소망처럼 들린다. 나는 소망들에 동조적이다. 그것은 던이 지금의 자신의 모습에 행복하지 않다는 것을 의미한다. 그는 더 나아지기를 원한다. 소망은 방향을 정하고, 목표를 향해 나아갈 수 있도록 사람에게 추진력을 준다. 그러나 소망 그 자체만으로는 무력하고, 심지어 잔인하며, 현재의 자신과 자신이 바라는 미래의 모습 사이에 존재하는 커다란 차이 그리고 이곳에서 저곳으로 가는 데 필요한 힘의 부족을 가린다.

던은 분노 옹호론을 펼친다. "분노는 격노의 형태를 바꾸어서 작업이 가능한 어떤 것으로 바꾸지만, 격노는 모든 것을 삼켜버립니다. 격노와는 달리, 분노는 여지를 남겨 둡니다."

"나는 당신이 격노를 분노로 가장해서 이 문제로부터 교묘히 빠져나가고 있는 것이 아닌지 걱정됩니다." 나는 그가 격노에서 분노로 진전해 가는 모습을 보지 못하는 데 따른 죄책감을 느끼며 말한다. 격노 중독 환자와의 경험은 나에게 지켜보면서 기다리는 법을 가르쳐준다. 격노는 교활하다. 그것은 종종 비뚤어졌지만 소름끼칠 정도의 정확성을 갖고 자신을 정당화하는 방법들을 발견한다. 그것은 타자들의 잘못과 사물들의 구조적인 허점들로 관심을 끌어당기고, 다른 정서들에 거머리처럼 달라붙으며, 자신의 옳음을 증명할 길을 찾는다. 그리고는 발사한다. 분노는 격노를 위한 일종의 트로이 목마일 수 있다.

격노를 교활함이나 계산과 연결하는 것이 이상하게 들릴 수도 있다. 그렇게 즉흥적이고, 압도적이며, 삼켜버리는 것이 계산될 수 있는 걸까? 그러나 계산적인 요소들이 반동적인 자발성과 융합되는 일은 드물지 않다. 정치적 삶은 계산된 자기-이익이 격노를 조직화하는 방법들로 가득하다. 우리의 노력들이 종종 역효과를 낼 때가 있음에도 불구하고, 우리는 정서적 삶을 우리에게 유익한 것으로 바꾸려고 노력한다.

우리는 격노할 때, 우리는 다른 사람들에게 우리가 어떤 영향을 끼치는지 살핀다. 타자가 항복하는지, 관심을 갖는지, 변하는지, 마음을 굽히는지를 살핀다. 격노는 타자를 뉘우치게 하는 것을 목표로 삼는다. 격노에는 일종의 의무나 당위성이 있다. 타자는 우리에게 저항하거나 상처 입힌 것을 미안해해야 한다. 타자는 자신의 의견을 수정하고, 우리의 의지와 욕구들에 맞추고 싶어야 한다. 때로 우리는 타자가 우리의 힘의 과시에 겁을 집어먹는 것을 보고 만족해한다. 더 자주, 우리는 타자가 상상속의 혹은 인지된 부정의를 를 시정하기를 원한다.

내가 트로이의 목마를 언급하고 난 후, 던은 한 가지 두려움을 고백한다. "만약 제가 격노를 포기한다면, 저는 나약하고 혼자가 될 겁니다." 나는 그의 두려움이 실제적인 것이기는 해도, 그런 그의 생각은 약간 비현실적이라고 생각한다. 격노를 포기한다는 것은 무슨 의미인가? 어떤 감정이라도 포기할 수 있는 것인가? 우리는 격노를 포기할 수 있는가? 그것은 너무 이상적이고, 완벽주의적인 생각처럼 들린다. 만약 그가 격노를 포기할 수 있다고 생각한다면, 그는 그렇게 할 수 없는 자신을 박해할 것이다. 이번이 마지막으로 술에 취하는 거라고 맹세하고는, 며칠 못가서 다시 술독에 빠지는 알코올 중독자처럼 말이다. 격노와 박해 양쪽모두에 대한 우리의 필요는 증가한다; 우리 자신을 채우는 데 두배로 강한 격노와 박해가 필요해진다.

"격노의 오르가즘이라는 게 있어요." 그가 계속해서 말한다. "그 오르가즘을 포기하고 싶지 않은 겁니다. 그것을 끝내야만 하지만, 중단할 수 없습니다."

감정을 포기한다는 것은 일종의 치료적 언어처럼 들리지만, 그것은 잘못된 어법이다. 그것은 변화를 포기로 보는 것으로서, 던이 자신의 곤경을 구조화하는 방식의 일부이다. 그것은 어떤 긍정적인 것을 위한 공간을 만들기 위해 부정적인 어떤 것을 포기하는 것, 장애를 일으키는 애착을 떠나보내는 것을 말한다. 그러나 내게는 이것이 그로 하여금 같은 자리를 맴돌게 한다는 생각이 든다.

그는 나에게 말하듯 자신에게 말하고, 자신에게 말하듯 나에게 말한다. 그는 그의 격노의 오르가즘을 보고, 그 경로에 주목하고, 그것을 쾌락이라기보다는 방출로 보지만, 그것의 차이는 분명하지 않다. 그의 어투는 마치 그 자신이 사적인 농담거리라도 되듯이, 자기-폄하적이다. "저는 격노하기보다는 차라리 섹스를 하겠어요." 그가 말한다. 그것이 사실이라고 해도, 모든 사람이 그렇게 말할 수 있는 것은 아니다.

그의 결혼 생활은 싸움 외에는 이렇다 할 만한 것이 없고, 섹스를 하는 경우도 드물다. 사람들 중에는 전희의 일부로서 싸우는 사람들도 있다. 던의 경우, 싸움은 한 때 더 좋았던 어떤 것이 퇴보한 것이다. 그는 결혼이 그렇게 적은 것을 준다는 사실에 격노한다. 아이들은 좋지만, 관계는 나쁘다. 그의 결혼만큼 외로운 것도 없다. 격노는 혼자가 되는 것에 대한 그의 거부의 일부이다.

"저의 일부는 말합니다. '가서, 그녀에게 소리질러. 그런다고 바뀌는 건 하나도 없을 거야. 당신은 천 번이나 성질을 부렸어.'" 저의 "일부," '나'라는 파이의 조각들은 어디에 있는 걸까? 말들은 머릿속에서 꾸짖는다. 나쁜 부모처럼, 그리고 무정한 세상처럼, 뇌-마음(brain-mind)은 말한다. "격노해, 꼬마야, 어머니는 네 말을 듣지 않아."

"제 아내는 방어적인 망각으로 싸여져 있습니다." 던이 말한다. "그녀는 제 말을 안 듣는 데 필요한 완벽한 기술을 가지고 있어요."

우주의 끝에서 떨어지는 격분이 있다. 그의 아내는 이미 오래 전에 듣는 것을 중단했는데, 그것은 그를 미치게 만들고, 그녀를 때려서라도 반응하게 만들고 싶어지게 한다. "저는 후려칩니다. 거기엔 아무 것도 없어요. 제 손은 그녀를 통과해갑니다. 치명타는 아무런 효과도 없습니다. 격노의 무력함이 느껴질 뿐이지요." 이것이 그가 마음의 눈으로 보고 있는 것이다. 즉 때리는 것은 아무것도 때리지 않는 것과 같다. 후려치는 것은 아무 것도 해결하지 못한다. 그는 재정적 부채와 관련해서도, 현 상황을 유지하는 것이 어렵다는 사실에 역시 격노한다. 그녀는 소비할 돈이 없을 때에도 소비한다. 그의 격노처럼, 그의 돈은 아무런 결과도 없이 탕진된다.

던은 그녀가 고통을, 그의 고통을, 삶의 고통을, 그들이 함께 사는 데 따른 고통을 느끼기를 원한다. 그는 그녀가 그것이 얼마나 힘든 것인지를 느끼기를 원한다. 그녀는 다 망각하는 것처럼 보인다. 그녀는 그것이 그녀에게 얼마나 힘든 것인지에 대해서만 신경을 쓰는 것 같다. 그녀는 삶이 힘든 것이 그의 잘못이라고 느끼는 것 같다. 그녀는 그것이 그 둘 모두에게 얼마나 힘든 것인지를 인정하지 않으려는 것처럼 보인다. 재정적 격노가 있는가 하면, 결혼생활의 격노가 있다.

"우리가 함께 살아가는 데 따른 고통을 느끼지 못한다니, 대체 그녀는 뭐가 잘못된 겁니까? 그것이 그녀 자신뿐만 아니라 제게도 얼마나 고통스러운 것인지를 그녀가 느낄 수 없다니요? 나는 그것이 그녀에게 좋지 않다는 것을 알고 있지만, 그것은 저에게도 마찬가지입니다. 저는 비명을 지릅니다. 그러면 그녀는 말하죠. '당신이 하는 말이 안 들려요. 무슨 말을 하고 있긴 한 거예요?' 제 마음 속에서 저는 그녀가 이렇게 말하는 것을 듣습니다. '아, 따분해.' 제가 싸우는 걸 멈춰야 하나요? 제가 포기해야 합니까? 선생님은 삶을 건설해보려고 하지만, 거기에는 삶이 없어요. 저는 올바른 길을 벗어나서는 안 된다는 것을 압니다. 하지만 거기에는 올바른 길이 없습니다. 선생님은 어떻게 하시겠어요? 삶을 웃어넘겨야 하나요?"

나는 그의 듣지 않는 아내와 같은가? 나의 반응들은 효과가 없는 것일까? 내가 그의 이야기를 듣는 것은 아무 소용이 없고,

그가 처한 곤경을 변화시키지 못한다. 어쩌면 치료는, 그의 결혼처럼, 정말 효과가 없는 것인지도 모른다. 아니면 조금 효과가 있을 뿐 충분하지 못할 수도 있다.

그의 격렬한 분함이 잠시 멈춘다. 나는 그가 우는 것일 수 있다고 생각한다. 아주 조용하다. "내면에서부터 기쁨이 올라옵니다." 깊은 명상에 들어갈 때, 그는 삶의 덮개들 아래, 덤불들 아래, 기쁨이 있음을 발견한다. 표면으로 기어 올라오는 것은 불평들이다. 당신이 충분히 깊은 곳으로 내려간다면, 거기에는 고요함이 있다. "기쁨은 크고, 지는 작습니다." 그는 떨리는 목소리로 말한다. 이 방의 고요함은 그의 집에서는 거의 찾아보기 힘든 것이다. 그는 고요함 속에서 떨림을 맛볼 수 있다. 그 떨림 안에는 경이로움과 위안과 두려움이 있다. 그는 표면을 향해 나아가, 소리와 맛, 음악, 선행들, 그리고 잘한 일들에 대한 기쁨을 이야기한다. 그는 바깥 세계 또한 즐거운 곳이라는 것을 스스로에게 확인시킨다. 모든 기쁨이 내면에서 오는 것은 아니다. 내면은 어디에서 오는가? 그는 외부의 닻을 필요로 한다. 그가 자신의 것으로 만들기 위한 불가해한 현실의 작은 조각들이 거기에 있다.

"세상은 크고, 나는 작습니다." 그가 말한다. "격노는 당신을 사물의 한 가운데에 두고, 당신은 중심과 연결합니다. 격노는 신과의 연결입니다. 당신이 격노할 때 당신은 당신 자신을 더 크게 느낍니다. 당신이 격노할 때 당신은 스스로 신처럼 느끼지요. 어쩌면 신도 역시 격노하는 순간에 자신이 더 크다고 느끼는지도 모릅니다." 던에게 격노가 찾아오는 것은 그가 정착하는 것을 두려워하기 때문이다. 그는 삶에 굴복하는 것을 피하기 위해 격노에 굴복한다.

던은 허영과 사랑의 파괴성에 관한 비극인, 리어왕의 격노에 대해 이야기한다. 그것은 암흑 속으로 사라지는 격노이다. 던과 그의 아내는 언젠가 서로를 사랑했었다. 그것은 망상일까? 젊음의 힘인 매력일까? 시간이 앗아가는 것에 대해 그리고 함께 사는 것이 어떤 작용을 하는지에 대해 무지하다. 그는 외친다. "우리는 얼마나 작은지요. 신이시여, 왜 당신은 우리를 개미처럼 만드셨습니까? 격노는 우리가 개미와 같다는 것을 망각하게 해줍니다. 격노 후에 개미들은 또 다시 나타납니다. 격노는 그 개미들을 따라잡을 수 없습니다. 당신은 그것을 멈추게 할 수 없고, 해결할 수 없습니다. 당신은 개미의 속성을 필요로 합니다." 우리는 신의 속성이 아니라 개미의 속성을 필요로 합니다. 던은 갑자기 신에서 자기로 옮겨가면서, 그 자신과, 나와, 인류로서의 "당신"에게 말한다.

"만약 당신이 그것을 본다면, 당신은 다른 삶을 살게 될 겁니다. 리어왕은 너무 늦게까지도 그것을 보지 못했습니다. 그는 자신이 강력하다고 느꼈고, 그래서 그의 힘을 잃었습니다. 치료사들은 힘을 낭비하는 것에 대해 말합니다. 저는 이런 말이 나오는 꿈을 꾸었습니다":

개미는 개미를 삼킨다.

우리는 단지 개미들이 아니다.

우리는 빛을 발하는 존재이다.

"리어왕은 저를 가두고, 빛은 저를 자유롭게 합니다. 격노 또한 빛을 발할 수 있습니다. 빛을 발하는 격노가 있습니다. 아마도 거기에는 출구가 없을 겁니다. 출구도, 출입구도 없습니다. 제가 얼마나 중요해야 하는가가 문제일까요? 더 중요해질수록, 저는 더 무능해집니다. 한 마리의 빛나는 개미, 그것이 제가 간과했을 수 있는 가능성입니다. 한 마리의 빛나는 개미가 다른 빛나는 개미들과 함께 하고 있습니다." 던은 울고 있다. 삶의 느낌이 그를 어루만진다. 그것은 갈등이 멈춘다는 뜻이 아니다, 그것은 그 순간에 그가 그와 접촉하는 갈등에 깊이 젖어 있다는 사실을 말해준다. 움직일 수 없는 어떤 비극적 요소가 그를 움직인다. 그것은 개미들의 빛나는 대결에 대한 신랄한 느낌이다.

던은 그의 아내, 그의 삶, 그의 격노, 그의 격분을 향해 머리가 깨질 정도로 들이받는다. 무언가가 변하고, 다른 맛이 난다. 그가 정확히 집어낼 수 없는 어떤 맛이 그를 궁금하게 만든다.

* * *

"저의 격노는 빠져나가고 있어요." 멜리사(Mclissa)가 말한다. "더 남은 것이 있나요?" 그녀는 격노에 패하고 바람 빠진 풍선처럼 되었다고 느낀다. 그녀는 벌떡 일어나 자신의 모습을 보기 위해 거울이 있는 욕실로 달려간다. 거울 속의 그녀는 아무렇지도 않다. 그녀는 상상했던 것과는 전혀 다르게 거기에 있다. 내면의 모습은 흐릿해지고, 3차원의 외부가 거기에 있다.

"제겐 격노가 필요해요. 저는 그것 없이는 가르칠 수 없습니다. 아이들은 걷잡을 수 없게 되니까요. 제 격노가 주목을 끌어서 아이들을 붙들어놓지 않으면, 그들은 온 동네를 휘젓고 다닐 거예요." 멜리사는 교실의 질서를 유지하기 위해 그리고 그녀의 존재가 느껴지게 하기 위해 격노에 의존한다. 격노는 요구를 전달한다. 그것은 그녀의 가족, 부모, 남편, 아이들에게로 넘쳐흐른다. 그녀의 집은 그녀의 교실이 그렇듯이 격노의 둥지이다. 격노는 성실하고자 하는 그녀의 의지의 일부이자 진실되기 위한 그녀의 싸움의 일부이다. 그녀의 성실성이 도전을 받을 때, 격노가 걷잡을 수 없게 된다.

"바람 빠진 공이 전사(戰士)의 격노에 의해 가려져 있습니다. 저는 위대한 영혼을 가진 한 학생을 맡고 있습니다. 격노는 그 위대함의 일부이지요. 그러나 며칠 전, 그녀는 슬프고 위축되어 있었어요. 저는 그녀의 손을 잡았습니다. 저의 마음은 그녀에게 향했지만, 저는 걱정되었고 뒤로 물러섰습니다, 저의 접촉이 죽음의 움켜짐이 될까봐 두려웠습니다. 저는 그녀를 붙잡고 가지 못하게 했을 겁니다. 그녀는 저의 일부가 되었을 거예요. 저는 그녀에게 억지로 물을 먹이고 싶지 않았습니다. 저는 그녀를 지원하고 싶고, 그녀가 헤엄치고, 날아갈 수 있게 하고 싶습니다. 저는 걸어 다니는 덫입니다. 저는 결코 놓아주기를 원치 않습니다, 그래서 저는 밀쳐냅니다. 그러나 저는 그녀에게 다가갔고, 저의 두려움을 통해서 그녀와 접촉했습니다."

"저는 선생님들 중의 일부가 아이들을 정형화된 상자 속에 집어넣는다는 것을 알고 있습니다. 그들은 접촉을 두려워합니다. 그들이 이 아이들을 위해 무엇을 할 수 있을까요? 뒤로 물러서지 않는다면, 당신은 정서적으로 살아남을 수 없습니다. 당신은 그 아이들을 바라보고, 도움이 필요한 수많은 아이들과 그들에 관한 가슴 아픈 이야기들을 만납니다. 그때 당신은 거리를 유지해야 합니다. 당신은 당신이 할 수 있는 것만 해야 합니다. 제가 마음을 주었던 소녀가 있습니다. 저는 그 아이를 저의 내면의 작은 지점에, 또는 작은 물결이 이는 웅덩이에 둘 수도 있었고, 아니면 그녀를 더 넓은 영역으로 가게 할 수 있었습니다. 마치 그 아이가 제 안에 자신을 위한 공간을 만들고, 제가 얼마나 많은 공간을 제공할 수 있는지 기다리며 지켜보기라도 하듯이 말입니다. 그 아이가 제 안으로 들어오는 것은 저에 대해 더 많은 것을, 그리고 더 넓은 영역을 느끼게 합니다. 저는 더 작아질 수도 더 커질 수도 있습니다. 이 모든 것이 짧은 순간에 일어나지요. 당신은 어떤 종류의 사람이 될 것인지를 선택해야 합니다."

"이 말을 하고나니 기분이 좋아집니다. 저는 소리를 지르고 있지 않을 때, 아이들에 대해 더 많이 느낍니다. 그들은 저의 심리적 삶의 주류 속으로 더 온전히 들어옵니다. 제가 소리칠 때, 저는 이렇게 하는 것이 괜찮다고 느낍니다. 그러나 제 안의 어떤 것은 그것에 동의하지 않습니다. 저는 소리 지르는 사람이 진짜 저라고 생각하곤 했습니다. 이제 저는 더 조용한 순간들에 제가 더 많이 있다는 것을 느낍니다. 제가 이렇게 말할 때, 이 감정들은 순환할 기회를 가집니다."

"제가 그녀의 손을 만졌을 때, 저는 하나의 부드러운 중심을 만졌습니다. 그녀는 미숙아와도 같고, 저는 그녀를 따뜻하게 유지시켜주고 호흡할 수 있게 해주는 인큐베이터입니다. 그녀 또한 저를 따뜻하게 해줍니다. 우리는 둘 다 매우 민감합니다. 저는 제가 끝까지 그렇게 할 수 없다는 것을 알고 있었습니다. 저는 제가 문어나 상어와 같다는 생각 때문에 저 자신을 두려워하면서, 이미 뒤로 물러서고 있었습니다. 선생님은 문어가 상어를 죽일 수 있다는 것을 아세요? 문어와 같은 저의 본성이 예리함을 질식시킬까봐 저는 두렵습니다. 우리는 둘 다 이빨로, 그리고 부드러움으로 서로에게 자신이 가진 것을 집어넣고 있습니다."

멜리사는 자신이 충분히 민감하지 않고, 또는 너무 민감하거나 잘못된 방식으로 민감하며, 식인 상어와 질식시키는 문어가 된다는 생각에 스스로를 정죄한다. 그녀는 그것을 결코 바로잡지는 못하지만, 자기-혐오의 최대 세력에서 벗어난다. 그녀는 우리가 일종의 정서적 수혈에 참여하고 있다는 것을 알고 있다.

"저는 살아남기 위해 상어가 될 필요가 있지만, 제가 얼마나 많이 상어처럼 되는지를 생각하면 부끄러워요." 멜리사가 애처롭게 말한다. "제가 어렸을 때, 어머니는 저를 흉노족의 아틸라(Attila the Hun, 5세기 전반에 유럽을 침입한 흉노족의 왕)라고 불렀어요. 제가 십대였을 때, 저의 격노는 남을 비방하고 조롱하는 성질을 가졌어요. 대학에서 저는 그것을 포장할 수 있을 만큼 영리했지요. 저는 격노를 가지고 놀이할 수 있었고, 그것을 어느 정도 누그러뜨릴 수도 있었어요. 그래서 저는 그럭저럭 잘 지냈어요. 어떤 사람들은 저더러 다른 사람을 깔본다고 했어요. 깔보는 것은 조용한 격노죠, 저는 제 학생에 비해 유리한 입장에 있어요. 그녀는 그녀의 잔인성에 덜 접근합니다. 그녀는 상처받고 얻어맞고, 많은 것을 가립니다. 그녀는 부드러운 접촉에 반응합니다." 멜리사와 나는 오래 동안 침묵한다. 나는 울 것만 같다. 우리는 서로의 숨소리를 듣는다.

"저는 깊은 숨을 쉬기 위해 여기에 오는 시간을 기다리는 것 같아요." 그녀가 말한다.

* * *

몇 회기가 지난 다음, 우리는 같은 자리에 와있다. 멜리사는 그녀의 아이들 중 한 명에게 격노했던 일을 이야기한다. "그것은 마치 토네이도처럼 하나의 검은 점으로부터 왔어요. 제 입 안의 악마와도 같았죠. 저는 소리가 들리지 않을 때까지 비명을 지를 수 있었어요. 그것은 뼈도 살도 남지 않았을 때에야 비로소 사라지죠. 비명들은 부스러지고 먼지로 변해요. 색소가 빠져나오도록 비명을 지르는 거예요." 그녀의 말은 삶의 색채가 사라질 때까지 비명을 지른다는 의미이다.

"그것은 마비라기보다는 범람에 가깝지요." 멜리사가 말한다. "마비는 콘크리트로 덮여 있는 상태에요. 비명은 다른 사람과 공유하고 있는 제 피부로부터 나옵니다. 저의 어머니는 저와 같은 피부를 갖기를 원하세요. 저의 비명은 해체됩니다. 그 비명은 제 몸에서 그녀를 끌어내지는 못해요. 그것은 서서히 사라집니다. 그것은 세상 사람들에게 두려움을 줍니다. 그러나 내부에선 아무도 신경 쓰지 않아요. 저의 어머니는 그 비명을 듣지 않아요." 그녀의 어머니는 듣지 않지만 그녀의 아이는 듣는다. 그녀는 아이를 공포에 질리게 하고, 정서적 피를 빨고, 누군가에 대한 대대적인 영향력, 또는 멸절시키는 영향력을 느낀다. 그것은 돕는 것과는 거리가 먼 것이고, 상황을 악화시킬 뿐이다.

"전 제 피부를 뜯어낼 지경에까지 이르렀어요. 어쩌면 저는 어머니를 제게서 잘라내 버릴지도 몰라요. 제가 벗어나려고 애쓰고 있는 것은 그녀만이 아니에요. 그것은 본질적인 어떤 것, 삶이 느껴지는 방식이에요. 아무도 그것을 잘라낼 수 없어요. 그것을 종양으로 변환시킨 다음 잘라낼 수는 없어요. 의사들은 환자들에게서 신체의 일부들을 잘라내죠. 그들은 무엇을 제거하고 있는 걸까요? 저는 사포(砂布)로 제 피부를 문질러 혼란을 벗겨내고 싶어요. 저는 더 좋은 덮개를 갖기 위해 제 피부를 깨끗하게 하고 싶어요."

멜리사는 새로워지고 싶고, 이질적인 문제를 씻어내고 싶고, 어머니의 역겨운 영향을 깨끗이 청소하고 싶고, 자신 안에 있는 악성물질을 끝내고 싶다는 소망을 표현한다. 그녀는 이것이 불가능하다는 것을 눈치 채고 있다. 어머니를 떠나보내기 위해서 그녀는 삶을 잘라내야 할 것이고, 지워버리는 경향에서 벗어나야 할 것이다. "우리는 우리에게 붙어 있는 모든 먼지를 제거할 수는 없어요." 그녀가 말한다. "저는 저의 집, 제 피부, 제 옷들, 제 생각들을 청소합니다. 저는 제 안에서 솟구쳐 나오는 것들을 멈추게 할 수가 없어요." 그녀가 자신에게서 어머니를 도려낼 수 있다고 해도, 삶은 여전히 그녀를 위협할 것이다.

나는 멜리사와 성교하는 꿈을 꾼다. 사실 우리는 성교를 하는 것이 아니라 그것에 대해 생각하고 있다. 나는 그녀의 젖꼭지를 만지고 그녀는 흥분한다. 그런데 또 한 여성이 침대에 있다. 그것이 치료를 끝내게 하지 않을까? 우리는 섹스를 할 수 있기를, 그리고 치료를 계속할 수 있기를 희망한다. 우리는 여전히 섹스에 대해 이야기하고 있었지만, 섹스에 대한 감정은 너무나 강렬한 것이어서 마치 우리가 실제로 섹스를 한 것처럼 느껴진다.

우리가 그 다음 번에 만났을 때, 멜리사는 나의 격노를 원한다고 말한다. 단지 나의 정신, 직관, 흥미가 아닌, 나의 격노가 그녀를 채워주기를 원한다. 그녀는 나의 가장 최악의 것, 못생긴 어떤 것을 원한다. 그녀는 우리의 관계가 실제적인 것이 되기를 원한다.

호흡으로, 음식으로, 섹스로, 감정으로 가득 채워지는 것 말이다.

* * *

브레넌(Brennan)은 그의 배를 잡고, 소파 위에서 몸을 구부려 두 다리, 허벅지, 가슴까지 웅크려 가쁜 숨을 몰아쉬면서, 울부짖고 싶은 충동을 억누른다. 내가 듣는 것은 상처 입은 동물의 울음소리 같다. 그 안에 비탄과 격노로 거의 말을 상실한, 충격을 받은 사람의 영혼이 담겨 있다는 것을 제외하고는 말이다. 그는 그가 느끼는 것에 대해 무언가 말을 하기 위해, 또는 그가 느끼는 것이 말을 할 수 있게 하기 위해 노력하고 있다. 그의 경련들과 신음들은 충분히 소통되고 있지만 그는 더 많은 것을 원한다.

그는 그의 어머니에 대한 만족을 모르는 강렬한 욕망에 대해 이야기한다. 그것은 그가 치료과정에서 배운 어떤 것일까? 불가능한 것에 대해 마음을 여는 것일까? 그는 실제적인 것을 찾고 있고, 그 보다 덜한 것에 대해서는 아무런 관심도 갖고 있지 않다.

모국어는 본래 실패를 표현하게 되어 있다. 그것은 단지 어머니를 원하는 것만이 아니다. 그것은 본질적인 그러나 잘못된 어떤 것에 대한 신실함을 나타낸다.

"그녀의 저와의 접촉은 손상되었어요." 브레넌이 말한다. 그녀에 대한 그의 욕망은 성적인 것 이상이다. 브레넌의 삶은 완전히 손상된 핵을 둘러싸고 형성되었다. 그것은 거기에 존재하지 않는 한 여성으로부터의 초대였다. 그녀는 맛있는 피부였고, 때때로 빛나는 얼굴이었으며, 헛된 것으로 드러난 약속하는 눈빛이었다. 그녀는 접촉 중간에 사라졌다. 거기에는 자기 대 자기의 접촉이 빠져 있었다.

정신병질적인 탐닉은 브레넌 가족의 접촉 없는 핵을 둘러싸고 자라났다. 그는 그의 어머니를 그녀 자신을 홍보하는 일에 빠져 있는 미녀로 묘사한다. 그녀는 그가 그녀를 하나의 만찬으로 생각하길 원했지만, 그녀는 가족에서 벗어나지 못해 안달이었다. 그의 아버지에게 접촉은 누군가를 이기는 것이요, 그가 원하는 것을 손에 쥐는 것을 의미했다. 그는 결점들을 덮기 위해 감탄을 이끌어냈다. 어느 정도 부모처럼 행동했지만 결코 온전한 부모가 될 수 없었던 부모 사이에서 브레넌은 자신이 사로잡혀 있다고 느꼈다. 그들 모두는 부족한 모습 그대로 부모로서 인정받기를 원했다. 브레넌은 그들이 훌륭한 부모인양 행동해야 한다는 압박감을 느꼈고, 그런 부모에게 동조하는 척 했지만, 그 자신은 지옥에 있었다. 그는 어린 시절부터 성공을 통해 스스로를 달랬지만, 그의 지옥은 점점 더 심각해졌다. 그가 나를 보기 시작할 즈음, 그는 그 지옥이 결코 사라지지 않을 것을 상당 정도 깨닫고 있었다.

그는 접촉 없는 핵을 중심으로 성공적인 삶을 살았다. 그가 그의 부모들로부터 배운 한 가지는 감탄을 끌어내기 위해 모든 술수들을 사용하는 방법이었다. 그의 부모들은 감탄을 얻어내는 데 사용되는 그의 성격의 층에 가장 강력하게 영향을 끼쳤다. 그의 부모와 한 가지 다른 점이 있다면, 그가 부모로서 그리고 한 사람으로서 임무를 끝까지 해내고자 하는 확고한 결심을 갖고 있다는 것이었다. 그는 타자들을 속여 자기 자신을 환상적인 존재로 믿게 하고 싶지 않았다. 그는 자신이 감탄을 이끌어내기 위해 스스로를 위장했다는 사실 때문에 고통을 받았다. 만약 그가 사람이 되는 것을 실패한다면, 그는 그의 부모들과는 달리 스스로 고통스러워할 것이다. 만족을 추구하는 것과는 거리가 먼, 정직한 삶을 살고 싶고, 진정한 정서적 양분을 추구하는 그의 욕구는 자기-증오를 위한 연료가 되었다. 그는 자신이 되고 싶었던 존재와는 너무 멀리 있는 자기 자신을 용서할 수 없었다. 이 증오 속에는, 좋은 부모가 될 수 없었던 부모님을 용서할 수 없는 무능력도 포함되어 있었다. 이 증오 안에는 많은 상처들이 들어 있다.

브레넌은 자기 자신과 타자들을 여유 있게 대해주는 것에 대해 말해준 한 친구에 대해 말한다. 그는 여유로움을 견딜 수 없고, 엄격함을 필요로 한다. 자기의 끈들을 단단히 조여라. 어떤 것도 빠져나가게 해선 안 된다?어떤 것도 자신에게 느슨해서는 안 된다. "넌 너 자신에게 너무 혹독해, 그리고 모든 사람들에게 너무 가혹해." 그의 친구가 말한다. '가혹하다'라는 말은 브레넌에게는 중심적인 단어이다. 그는 뚱뚱하지도, 부드럽지도 않은, 단단한 몸을 가져야 한다. 그는 부드러움에 위협을 느낀다. 그의 아내의 얼굴과 몸은 단단하다. 그는 아내가 너무 강하다고 불평하지만, 그것이 필요하다. 그의 친구는 따스한 마음을 가지라고 말하지만, 그에게 그렇게 말하는 것은 색맹인 사람에게 빨간 색을 보라고 말하는 것과 비슷하다.

브레넌은 따스한 마음이 자신이 갖고 있지 않은 양분이라는 것을 알고 있다. "세상은 단단한 것들로 채워져 있어요." 그가 말한다. "당신은 토크쇼에 나온 연예인들이 아기들처럼 종알대는 것을 참을 수 있나요? 돈이 많다고 존경 받는 사람들이나 권력이 있다고 존경 받는 사람들을 참을 수 있으세요? 그게 따스한 마음을 갖는 건가요? 그게 그걸까요? 그들은 그들이 좋은 것들을 누릴만하다고 생각하죠. 그들은 스스로에게 철저히 좋은 것들을 주고 스스로의 모든 것을 용서합니다. 그것이 용서가 의미하는 건가요? 선함을 위해 투쟁하는 것은 어떻게 되나요?

"저의 부모님은 유명인사들이었어요. 제 어린 시절의 힘이었지요. 그들은 고통을 거부했는데, 저는 그들이 거부한 고통입니다. 그들은 그들 자신들과의 투쟁에서 도피했지만, 비참함에서 벗어나지는 못했습니다. 고통이 사라지는 척 행동하기 때문에 고통이 사라지지 않는 거죠. 저는 그들이 거부했던 그 고통을 견딥니다. 그들은 가라앉는 것에 대한 그들의 두려움을 숨겼지만 저는 그 두려움에 갇혀 있습니다.

"자신들이 회피한 고통으로 인해 자신들의 아이가 불타고 있는 모습을 보는 게 아프지 않았을까요? '넌 너무 예민해!' 제 아버지는 그렇게 말씀하곤 하셨죠. '너는 모든 걸 너무 크게 만들어. 나처럼 강해지거라.'

저는 외부 세상에 보이기 위해 제 모습을 가장하고 있지만, 저의 내면은 공포입니다. 그 안에는 벗겨진 신경들, 격노로부터 숨기 위한 구멍들, 격노로 숨 막히는 상처가 있습니다. 우리의 내면이 세상의 공포로 가득 차 있다고 생각하는 것은 두렵습니다. 그것이 바로 욥(Job)이 말하고자 했던, 의로움 속의 공포가 아닐까요?"

브레넌은 격랑이 잠잠해지자 조용히 누워있다. 우리는 그 다음 파도를 기다린다.

그는 이렇게 털어 놓는다. "제가 살았던 세상은 신체적 질병 때문에 부모의 역할을 할 수 없었던 환경보다 더 나쁜 곳이었습니다. 저는 정신적 질병과 함께 살았습니다. 끔찍스럽지 않은 현실을 만날 수 있는 곳은 아무 데도 없었습니다. 아름답고 진실한 순간들은 그 공포를 더 뚜렷한 것으로 만들었습니다. 지금 저는 선생님의 사무실 안에 기어 다니는 하나의 생물이요, 참을 수 없는 것들의 허구물입니다.”

브레넌은 사람들이 자신들이 하는 모든 말과 몸짓이 보이지 않는 폭발의 일부라는 것을 알지 못한다는 사실에 놀란다. 그는 자신의 복부가 요동치고, 화끈거리는 것을 느끼면서, 관심의 방향을 그가 당면한 삶에로, 특히 아내에게로 돌린다. “그녀는 병도 주고 약도 줍니다. 비판적인 눈과 애정 어린 가슴을 가지고 있지요. 또 하나의 자애로운 핵을 애타게 찾고 있는 마음과, 저의 척추를 관통하는 무자비한 그리고 결코 여지를 남겨두지 않는 눈을 가지고 있습니다. 그녀는 가정 밖에서는 그런 눈을 드러내지 않습니다. 그녀는 그것을 우리를 위해 남겨두지요. 그녀의 비판은 아이들을 움츠러들게 하고 나를 갈 곳이 없게 만듭니다. 이렇게 말할 여지가 없어요. ‘괜찮아, 나는 그렇게 나쁘지 않아?내가 실수했어.’ 그녀는 저를 저의 자기애에 핀을 꽂고는 그것을 세게 밀어 누릅니다. 그녀는 제가 추락하는 것을 보지 않습니다. 저는 아무것도 아닌 존재로 미끄러져 가는 동안, 막대기와 철사와 끈끈한 물질을 사용해서 저를 저 자신의 자기애에 붙여놓으려고 필사적으로 노력합니다.”

“저는 만약 당신이 다른 사람들로 하여금 당신과 연결되고 싶어 하게 만들면서, 당신 자신은 인간적인 연결 바깥에서 산다면, 당신에게 무슨 일이 일어날지 궁금합니다. 사람들은 그들이 손을 뻗으면 살인적인 정신병질자를 발견할 것이지만, 그런 사실을 결코 알지 못할 수 있습니다. 저 자신과 약간의 거리를 유지하는 것이 저에게는 중요한 일입니다. 저는 제 안에서 아버지와 어머니가 적대적인 포옹 상태로 갇혀 있는 것을 봅니다. 그들은 당신이 자애로움의 신호들을 보이기만 하면 당신을 산산조각 내버릴 겁니다."

"제 아내는 따스한 마음을 가졌습니다. 저는 그것을 알고 있습니다. 저는 제가 그것으로 무엇을 할지 두렵습니다. 믿음이 신중하게 자라고 있습니다: 저는 그녀가 진정으로 제게 말을 하고 싶어 한다고 믿고 있습니다."

그의 아내는 그녀의 눈빛으로 그를 찌르고, 마음으로 그를 찾는다. 그녀의 눈빛 안에는 공간이 없지만, 그녀의 마음에는 공간이 있다. 이 두 가지 모두가 실제적인 세력이라는 점이 브레넌을 긴장시킨다.

"저는 제 감정들이 부끄럽습니다. 그것들은 발달되지 않고, 허영심에 차 있고, 유아적입니다. 이것은 고백입니다. 저는 영화들을 보면서 감상적인 것들, 또는 울컥하는 것들을 느낍니다. 무엇이 제 마음을 움직이냐구요? 재결합입니다. 혹은 TV 법정에서 '당신들 둘은 함께 있어야 합니다' 라고 말하는 판사가 그렇습니다. 저는 땅 끝에서 살아남은 사람 같습니다. 땅 끝에는 땅을 깨뜨리는 제 마음 속의 태양이 있습니다. 어떤 사람들은 깨진 모습을 좋아하지만, 깨진 것을 갖고 싶어 하는 사람은 많지 않습니다."

* * *

"비현실적인 어떤 느낌이 삶에 달라붙습니다. 저는 제가 기억을 할 수 있는 때부터 계속해서 이것을 느껴 왔습니다." 커크 (Kirk)가 말한다. 그는 오랫동안 말을 할 수 없었는데, 지금은 말하는 것을 멈출 수가 없다. "그것이 꼭 고통스러울 필요는 없습니다. 그것은 꿈같고 떠있는 것 같을 수 있습니다. 그런데 그것을 흔들어 떨어뜨릴 수 없을 때, 당신이 중요하고 현실적인 어떤 것 한 가운데에 있을 때, 그것은 끔찍해집니다. 당신이 당신의 아이들과 함께 있는데도 그 비현실적인 것은 그곳에 퍼집니다. 그것은 당신이 함께 있는 시간을 얼룩지게 합니다."

"그것은 종종 그것의 자리, 수반물, 숨은 감정, 얇은 막을 유지합니다. 삶은 견고하게, 그리고 충만하게 지속됩니다. 현실적인 것과 비현실적인 것이 거래를 합니다. 그것들은 사이좋게 지냅니다. 그리고 난 다음 그들 사이의 균형을 뒤엎는 어떤 일이 일어나고, 그것들은 영역싸움을 시작합니다. 당신은 현실적인 것이 이기는 것이 괜찮을 거라고 생각하겠지만, 현실적인 것은 그것에 속한 것보다 더 많은 것을 가져갈 수 있고, 위험을 초래할 수 있습니다. 비현실적인 것은 반격을 개시하고, 삶의 열린 틈들을 통해 퍼져 나가고, 표면들을 오염시킵니다. 그것은 안전하지 않고, 환영받지 못하고, 신경 쓰지 않습니다."

"저는 신체치료건 약물치료건 안 해본 게 없습니다. 저는 새로 나온 치료법에 지쳤습니다. 안구 운동, 발 마사지, 머리 마사지, 왜 그렇게 많은 치료들이 있는 겁니까? 우리 신체의 모든 부분들이 주목받기 위해 외치고 있는 걸까요? 제가 최근에 만난 정신과의사는 비현실적인 것이 제 뇌 속에 있고 그 뇌에 이미지가 위치해 있을 수 있다고 말했습니다. 그는 약물로 그것을 없앨 수 있다고 믿고 있었습니다. 약물이 비현실감을 사라지게 하거나 줄여줄 수 있을 거라는 희망을 갖고 있는 것이죠. 저는 그것이 다른 사람들에게는 효과가 있다는 것을 알고 있습니다. 하지만, 제 경우에 약물은 이상한 결과를 가져왔습니다."

비현실적인 감정이 옅어지고 발생빈도가 줄더니 다른 비현실적인 것들이 그 위에 겹겹이 쌓이기 시작한 겁니다. 저는 얼마 동안은 더 가벼워지고 더 활기차다는 느낌이 들었습니다. 그러나 비현실적인 감정이 비현실적인 것이 되었다는 것이 저를 힘들게 했습니다. 하나의 비현실적인 느낌이 다른 비현실적인 느낌을 상쇄시킨 겁니다. 저는 섬뜩한 느낌이 들었습니다. 비현실적으로 되는 것도 충분히 나쁜데, 이제는 비현실적인 것의 유령들에게 홀린 상태가 된 겁니다. 약물치료는 현실적인 것을 더 현실적으로 만들었지만, 비현실적인 것은 더욱 비현실적인 것이 되었습니다."

"선생님과 함께 작업 속으로 빠져들어 가는 것은 안도감을 줍니다. 두려운 안도감이지요. 선생님은 요구를 하지 않는 것 같습니다. 선생님은 저를 더 좋게 만들려고 시도하지 않습니다. 그것은 일이 아닌 일입니다. 어쩌면 선생님은 제가 치료될 수 있다고 생각하지 않는지도 모르죠. 치료린 대체 **무**엇을 의미합니까? 오직 현실적인 것만을 느끼는 것일까요? 아니면 덜 비현실적이 되는 것일까요? 아니면 비현실적인 나와 현실적인 나 모두와 더 잘 살아가는 것일까요?"

"비현실적이 되는 것을 판단하지 않는 것에 익숙해지는 것이 쉽지 않습니다. 어떤 치료사들은 비현실적인 것은 저 자신에 대한 분노라고 말합니다. 저 자신을 날려버리고, 저 자신을 마비시키는 것 외에는 갈 곳이 없는 격노 말입니다. 치료의 목표는 제 분노를 말로 표현하고, 그것을 밖으로 향하게 함으로써, 상처받은 감정들의 압력을 덜어주는 것입니다. 저는 저의 심리적 조직들을 소생시키고 제 영혼을 다시 살리기 위해 외상 치료, 비명 치료(scream therapy, 억압된 감정을 절규로 발산시키는 심리 요법)를 시도했습니다. 그때마다 상태는 호전되었지만, 그러고 나면 저는 또 다시 저였습니다. 때로는 현실적인 저였고, 대부분은 비현실적인 저였습니다. 저는 저 자신에서 벗어나는 데 실패했습니다."

"선생님은 누군가를 돌보고 있는 것처럼 보이지 않습니다. 이 따금씩 그런 게 아닐까 하는 생각이 들기도 하지만요. 선생님이 무심하다는 말은 아닙니다. 선생님이 편을 들지 않는다는 말이 더 맞는 것 같습니다. 선생님은 저의 비현실과 현실, 양쪽을 끝까지 다 듣고 있습니다. 양쪽 편 모두에 놀이 친구를 갖고 있습니다. 그것은 어쩌면 비현실성이 선생님을 겁주어 쫓아내지 않기 때문일지도 모릅니다. 선생님 자신이 너무 비현실적이어서 비현실성에 대해 더 이상 신경 쓸 일이 없는 거겠죠. 그것은 사물들과 손님들의 일부입니다. 비록 그들이 평생 머물지라도 말입니다. 선생님과 함께 있을 때 저는 덜 이상한 존재가 되는 것을 느낍니다. 어쩌면 제가 괜찮다고 느껴질 만큼 선생님은 이상한 분인지도 모릅니다. 제가 비현실적일 수 있다는 사실에, 그리고 그것을 숨기거나 꼬집지 않아도 된다는 느낌에 안도감이 듭니다. 현실과 비현실이 섞인 칵테일이 좋은 겁니다. 저는 선생님과 함께할 때 저 자신이 되는 것이 더 편안하게 느껴집니다."

* * *

"저는 선생님이 좀 더 말씀을 많이 하셨으면 합니다. 저는 늘 선생님이 거기에 있는지 궁금해지곤 합니다. 선생님은 보통 제 이야기가 끝나기를 기다립니다. 저는 그렇게 기다리는 것에 격노를 느낍니다. 그런데 선생님이 이야기할 때 저는 선생님이 조용하기를 바랍니다. 상황을 바로 잡는 것은 제가 걱정해야 할 일이 아닙니다. 제 어머니는 돌아가셨음에도 불구하고, 저를 괴롭힙니다. 저는 그녀가 살아있는 꿈을 꿉니다. 저는 그녀를 사랑으로 대해야 합니다. 저는 그녀가 꿈속에서도 저를 괴롭히는 것에 격분을 느낍니다. 그녀는 죽어서도 저를 통제하고 있습니다. 그녀는 그녀의 죽음을 제 안에 집어넣습니다. 저는 혼령에게 친절함을 느끼지 않기 때문에 어떤 나쁜 일이 일어나지 않을까 두렵습니다."

"그녀의 팔에 안겨있는 동안 저에게는 쓰디쓴 맛이 느껴집니다. 현재 저는 아내와의 관계에서 쓴 맛을 보고 있습니다. 사랑은 저를 괴팍하게 만듭니다. 사랑은 격노에 불을 붙입니다. 친절함 (kind)은 어떤 것이든, 저의 것이든, 선생님의 것이든, 격노에 불을 붙입니다(kindle). 저는 어머니의 숨을 들이마시고 삽니다. 그녀는 그녀 자신을 저로 채우길 원하고, 제가 그녀를 사랑하기를 원합니다. 저에게는 결점이 있습니다. 그것은 사랑이 저를 격노에 불타게 한다는 것입니다. 그녀는 더 많은 사랑을 원합니다. 사랑은 비현실입니다. 그것이 현실이 될 때, 그것은 고통입니다. 거기에는 더 큰 실패가 준비되어 있습니다."

"모든 유아들이 어머니가 더 많은 것을 해주지 못하는 것 때문에 격노하는 걸까요? 저는 그렇게 생각하지 않습니다, 어머니가 모든 것이 되려고 노력하지 않는다면 말입니다. 또는 그 어머니가 아기가 용서할 수 있을 정도의 사람이라면 말입니다. 아기가 용서할 수 있는 어머니가 되는 것, 그것이야말로 어머니들이 추구할만한 가치가 있는 것입니다."

"저의 아버지의 쓰디쓴 격노는 저의 어머니의 격노와 같지 않습니다. 저는 누가 더 격노해 있었는지 말할 수 없습니다. 아버지는 목소리가 더 컸습니다. 어머니는 속으로 격노를 삼켰습니다. 아버지는 폭발하셨고, 어머니는 겉과 속이 다른 말로 속이셨습니다. 때로는 역할을 바꾸어 상반되는 행동을 하기도 했습니다. 격노는 사람을 우울하게 합니다. 저는 철수하고, 제 방에 숨고, 혼자 있다는 것에 안도하곤 했습니다. 외롭지만 안도했습니다. '내게는 내 마음이 왕국이라(My mind to me a kingdom is).' 저는 그것을 고등학교 때 읽었습니다. '세상은 나의 것이다(The world is my own).' 이런 것들이 제가 생각하는 것들이었습니다. 누가 가장 우울했었는지 모르겠습니다. 저는 안개 낀 창문을 바라보곤 했고, 잿빛 하늘과 같은 저 자신을 응시하곤 했습니다. 쓴 맛은 내 안으로 흡수되어 서서히 사라집니다."

* * *

저는 제가 지금의 결혼생활과는 전혀 다른 생활을 하기를 소망합니다. 저는 제가 아내와 함께 하는 방식을 혐오합니다. 저는 신랄하고, 심술궂고, 저 자신에게 굴복하지 않으려고 하고, 더 낮게 행동하려고 노력합니다. 잡초는 탐욕스럽습니다. 저는 잡초를 뽑는 데 제 모든 시간을 들여야만 했습니다. 그러나 저는 그렇게 조심스럽게 삶을 살고 싶지는 않습니다. 만약 제가 저의 격노에 굴복한다면, 저는 결국 홀로 남게 될 것입니다. 제 아내는 떠날 것입니다. 저는 홀로 있는 것에 강하게 끌립니다. 저는 격노와 외로움이 얼마나 많이 함께 움직이는 것인지 한 번도 깨닫지 못했습니다. 그 둘은 서로를 밀고 당기면서 제 안에 둥지를 틀고 있는 커플입니다. 저는 그것에서 벗어나야 하지만, 그것에 흥미를 느낍니다. 신비한 파괴적 힘이 저의 삶을 유지시키고, 제가 살아갈 수 있는 추진력입니다."

커크가 말하는 그 힘은 브레넌의 비-접촉과 연합된다. 후자는 사방에서 오는 내파적(內波的)인 힘이다. 던 역시 들리지 않음에 반응하면서 정서적인 음치 상태로 삶을 헤쳐 나간다. 그것이 바로 그가 영화를 보면서 안전감을 느끼는 이유 중의 하나이다. 영화 속에서는 타자에게 반응하지 않고서도 감정에 대한 그의 허기를 채울 수 있으니 말이다. 멜리사의 격노 또한 누군가에게 기대야 하는 시간에 대한 두려움 속에서, 감정이 채워지는 것을 느끼고 싶은 욕구를 건드린다. 이 네 사람은 모두 깊이 철수된 장소에서 고통 받고 있으면서, 그곳에서 도움의 손길을 찾고 있다. 그 장소는 상처 난 부위가 동료들에 의해 건드려질 때, 밟히면 지뢰처럼 폭발하는 절단된 신경들이 있는 곳이다.

9장

광기의 상자들

정신분석에는 많은 가닥들이 있는데, 그 중에서도 광기는 매우 특별한 위치를 갖고 있는 가닥이다. 프로이트의 구조적 이론들은 광기에 대한 묘사들로 가득하다. 부글부글 끓어오르는 흥분의 가마솥으로서의 이드(id)에는 no가 없고, 정반대되는 것들이 서로 섞이고, 뒤바뀌고, 구별하기 어렵고, 모순과 상식의 법칙이 뒤섞여 있다. 자아는 환각을 만들어내는 기관으로서, 이상화-평가절하하고(과대-과소평가하고), 투사하고, 동일시하고, 부인하고, 분열시키고, 해체하는 기능을 수행한다. 그것은 온전한 정신 상태를 나타내는 반-환각적 속성들과 지각을 발달시키는 이중적인 대리자이다. 그런데 그러한 온전한 정신 상태는 종종 개인적 및 세계적인 사건들을 통해 스며 나오는 광기에 젖어든다. 초자아는 도덕성과 관련되어 있는데, 도덕을 도덕주의로 바꾸고, 과도하게 자기-비판적이고, 처벌적이며, 증오로 가득 찬 이상들로 현실을 먹어 치워 버림으로써 정신 안에서 암과 같은 요소가 되기도 한다. 프로이트는 광기가 정신을 얼룩지게 만드는 장소들로 우리를 데려간다.

상황을 바로잡기 위해 노력하는 능력들도 이 광기로부터 자유롭지는 못하다. 정신분석은 온전한 정신 상태에 대해 어떤 특별한 주장도 할 수 없지만, 광기에 대한 분석으로 죄에 대한 집착을 대체하고, 더 많은 윤리적 발전을 위한 가능성을 열어주는 것을 통해 광기와의 싸움에 동참한다(Eigen, 1986: 1장)

정신분석이 장롱에서 나와 신경증적 조직들에 의해 가려져 있던 정신증적 과정들을 추적하게 될 때까지는 시간이 걸렸다. "모든 신경증 뒤에는 숨겨진 정신증이 있다." 헨리 엘킨(Henry Elkin)이 1950년대 후반에 언급한 이 말은 슬로건이나 정신분석적 화두가 아니라, 오늘날 힘을 얻고 있는 하나의 흐름을 나타낸다. 이 흐름은 무의미성, 해체, 파괴, 공허, 일그러짐 등에 관심을 갖는 오늘의 문화적 삶과도 잘 들어맞는다. 오늘의 세계는 개인의 인격들뿐만 아니라 사회의 기본 바탕이 손상되는 재앙을 겪고 있기 때문이다.

정신증적 역동들을 증언하는 많은 목소리들이 나타났고, 멜라니 클라인의 목소리는 그 중 가장 강력한 것이었다. 그녀는 모든 유아들이 광적이라고 말하지는 않지만, 모두가 정신증적 불안들을 가지고 있다고 분명히 말한다. 몇몇 사람들은 불안이라는 단어가 너무 약하다는 생각 때문에 죽음의 고통(Elkin, 1972; Winnicott, 1989), 파국과 이름 없는 두려움(Bion, 1970)과 같은 단어를 사용한다. 그럼에도 불구하고, 클라인은 런던의 정신분석학적 지도 안에 광증의 위치를 마련했고, 그럼으로써 영국 정신분석의 방향을 바꾸었다. 그녀의 돛은 이미 불고 있던 바람을 탔지만, 그녀가 항해했던 지점에 도달한 사람은 소수에 지나지 않았다.

그녀의 배경에는 정신의 초기 상태들을 보다 풍부한 것으로 바라보았던, 독일의 칼 아브라함(Karl Abraham)과 헝가리의 산도르 페렌치(Sandor Ferenczi)가 포함되어 있다. 그 두 사람 모두는 파괴적 충동의 운명에 관심을 갖고 있었다. 아브라함(1973)은 구 강적 가학증(oral sadism)을, 페렌치(1955)는 유아의 죽음 욕동 (death drive)을 완화하는 데 어머니의 역할이 갖는 중요성을 강 조했다. 정신증과 파괴충동 사이의 연관성이 클라인이 호흡했던 공기의 일부였고, 그녀는 그것에 중대한 변화를 가져왔다.

그녀는 심리적 불편을 축출하고자 하는 유아의 시도와 함께, 외부성(externality)과 관련된 유아의 증오에 대한 프로이트의 묘 사를 골라잡았다. 그녀의 시각에서(Klein, 1946), 유아는 불편함 자 체를 분열시키고 외부로 투사함으로써 제거하려고 노력한다. 이 것은 좋은 감정을 유지하려고 노력하는, 좋은 감정의 핵이 존재 하는 것을 가정하고 있다. 사람들은 좋은 감정적 흐름을 긍정적 인 것으로 인식하고, 나쁜 감정을 부정적인 것으로 인식한다. 이 것은 극히 중요한 강조점으로서, 그녀의 사고의 방향을 결정하는 하나의 움직임이었다. 유아는 불편한 자극의 출처나 그 불편함을 완화시키는 방법을 알지 못한 채, 자신에게서 고통과 불편함을 제거하려고 노력한다. 유아는 나쁜 감정의 장소를 바꾸고, 그것이 다른 곳에 있다고 환각하거나 상상함으로써 그것을 제거하고자 한다. 유아는 나쁜 감정을 외부 에 있는 다른 대상에게로 옮겨 놓음으로써 그것을 제거한다.

무엇의 외부에 있는 대상인가? 처음부터 나쁜 감정에 의해 유 발된 대상인가? 나쁜 감정이 하나의 대상에게 전가되어 만들어 진 대상인가? 그녀의 작업은 외부에 위치한 내면의 대상들과, 내 면으로 흡수된 외부의 대상들로, 즉 일종의 심리적 호흡으로 가 득하다. 이중성(doubleness)은 그녀의 작업 깊숙이 스며들어 있다. 욕동들, 정동들, 자아, 대상들, 이 모두가 이중성에 젖어있다. 그녀 의 작업은 정신의 모든 영역에서 전쟁을 벌이고 있는 선과 악을 말한다는 점에서 거의 심리적 영지주의에 가깝다.

가장 큰 전쟁이 일어나는 지역은 어머니의 몸으로서, 그 몸의 외부에서는 좋은 젖가슴과 나쁜 젖가슴이 싸우고 있고, 그 몸의 내부에서는 모두 좋은 편과 나쁜 편으로 갈라져 있는 아기들, 자궁들, 음경들이 서로 경쟁한다. 유아의 정신은 어머니의 내면을 따라 헤엄치면서 경쟁자들, 아버지의 페니스들(좋은 그리고 나쁜), 황금빛 젖을 먹는 아기들과 상한 배설물을 먹는 아기들과 조우한다. 그 내적 대상들은 실제로 좋고 나쁜 어머니의 돌봄의 순간을 겪으면서 투쟁 관계 안에 갇힌 대상들로서 공고화된다. 혼란스럽고, 고통스런 아기 신(baby god)은 존재의 구역들을 분열시키고, 나쁜 것과 좋은 것, 외부와 내부를 나누고, 경쟁자들을 이기고, 어머니의 내부(몸, 정신)를 통제하는 것을 통해 더 큰 신의 창조성(아기들을 만들어내고, 젖, 사고들, 감정들을 만들어낼 수 있는)에 접근하고 그것을 소유하려고 한다. 이것은 좋은 감정을 느끼고, 그 감정을 유지하기 위한 것이지만, 이 활동은 이기는 것으로 잘못 인식된다.

클라인이 말하는 아기는 나쁜 것들을 통제하고 좋은 것을 지속시키는 일로 바쁘다. 좋은 것은 어디에 위치해 있는가? 신체 감각들, 정동적 감각들, 태도들 안인가? 끊임없이 변화하는 혼합물 안인가? 좋은-나쁜 상태들이 바뀔 때, 사람들은 어떻게 바뀌고 어떻게 지속성을 유지하는가? 천국과 같은 순간들에 기초한 환각적인 천국인 어머니의 몸은 공포뿐만 아니라 위협, 갈등, 도전의 장으로 드러난다.

심리적 호흡은 신체적 호흡보다 더 복잡하다. 그것은 단지 나쁜 것을 방출하고 좋은 것을 흡수하는 것으로만 이루어지지 않는다. 좋음과 나쁨은 내부와 외부에 있고, 융합되고 분열된다. 클라인이 말하는 정신은 지속적으로 압박하는 나쁜 것에 맞서 소량의 좋은 감정을 유지시키기 위해 좋고 나쁜 정동들/자아 요소들/내부와 외부의 대상들을 순환시키는 일종의 환상 펌프(fantasy pump)이다.

클라인이 인도하는 길은 결정적인 중요성을 가진 길로서, 나쁜 감정들을 지우고, 대체하고, 옮겨놓기 위해 심리적 현실의 일부인 좋은 감정들을 사용하는 길이다. 좋은 것은 다양한 정도로 나쁜 것을 지우는 데 성공하지만, 나쁜 것은 되돌아오고, 심지어 좋은 것을 잠시 지워버리기도 한다. 긴장관계 안에 있고, 서로 투쟁하는 좋은 감정들과 나쁜 감정들은 환상이라는 프리즘을 통해 확대된다. 거기에는 나쁜 것들을 상쇄하려고 노력하는 좋은 것들과 좋은 것들을 압도하려고 위협하는 나쁜 것들 사이에 전투가 있다.

나쁨에 직면해서 좋음을 유지하려고 노력하는, 본래적인 스트레스와 압력을 받고 있는 정신이 있다. 그 정신이 겪는 긴장은 엄청나고 그 싸움은 치열하다. 전쟁 중에 있는 정신은 다른 모든 것을 잠재적으로 공격할 수 있는 잠재력과 다른 것의 공격에 맞서 자신을 방어할 수 있는 모든 능력을 갖고 있다. 정신은 자신의 파괴성을 따라잡으려고 끊임없이 노력하고 있다.

죽음 및 생명 욕동(drives): 프로이트

정신분석학의 초점이 성(sex)에서 죽음으로 옮겨지는 일이 발생했다(Eigen, 1993: 9장; 1996: 1-2장). 프로이트는 불안을 성적 흥분과 연결시켰고, 개인적, 사회적 및 문화적 발전을 위해 성적 흥분은 조절되어야 한다고 보았다. 성적 욕망이 문화적인 형태로 형성되는 과정에서 우울-불안한 성향이 수반되었다는 것이다. 분노는 좌절의 지표, 장애물을 극복하기 위한 힘, 활기찬 정력과 자기-긍정, 위협에 대한 반응, 열정적인 에너지 등의 일부로 간주되었다. 그것 자체로서 중요성을 지닌 사회적 및 직업적 상처(분노와 상처를 혼합함으로써 자아에 타격을 가하는)는 유아기 성욕, 불가능한 소망들, 욕망의 재-추구를 일깨운다고 여겨졌다. 억압된 성과 그것의 상징에 대한 프로이트의 이론은 우울한 불안의 혼합물과 함께 문화 전반에 퍼졌다. 그 후 그는 30년간의 지적 및 임상적 노력을 거쳐(1920; 1940) 생명 욕동인 리비도를 욕동, 정동 그리고 대상을 보다 복잡한 하나의 단일체로 직조해내는 성향, 즉 건설하려는 성향과 연결시키는 일단의 정신분석가 집단을 형성했다.

프로이트는 또한 화가 난 생명 욕동 이상인, 혹은 전혀 다른 파괴적인 힘의 존재를 상정했다. 성장에 반대로 작용하는 힘, 일종의 엔트로피, 관성(inertia), 단일체들을 와해시키는 이화작용 등이 그것이다. 그것은 마치 심리적 삶이 스스로의 과분함에 못 이겨 스스로를 허물어 버리고 /혹은 자신의 무게로 인해 붕괴되어 자신의 고통, 감수성, 발달의 도전을 받아들일 수 없게 되는 것을 말한다. 무언가가 되고, 고통을 경험하며 성장하느냐, 아니면 아무런 스트레스도 받지 않는 무가 되느냐, 즉 존재하지 않느냐가 문제인 것이다.

사람들은 죽음 소망이 초기에는 타자가 죽기를 바라는 우리의 성난 소망을 의미한다고 보았지만, 지금은 그것을 우리 자신들을 겨냥한 하나의 힘으로 본다(Freud, 1920, 1937; Eigen, 1986, 1996). 프로이트는 생명 및 죽음 욕동을 동화 및 이화 작용으로 유추해서 설명했는데, 그것은 심리적 힘들에 대한 유사-생물학적 설명을 위한 토대가 되었다. 즉 심리적 힘들이 자라나고, 분해 되고, 동화 및 이화작용과 유사하게, 하나로 묶이고, 해체되는 과정을 겪는다는 것이다.

몇몇 사람들은 프로이트의 죽음 욕동을 암의 심리학, 전쟁의 심리학, 죽음의 심리학이라고 부르는데, 그 이유는 죽음 욕동이라는 용어가 1차 세계대전과 딸의 죽음, 그리고 그의 암 발병 후에 나왔기 때문이다. 과학적 개념으로서의 죽음 욕동의 운명이 어떤 것이든 간에, 그것은 인간들이 서로에게 그리고 자신들에게 저지르는 끔찍한 것들에 대한 전조, 경고, 기표로서, 의미의 파장을 일으킨다. 그것은 공포와 함께 타오르고 있는, 유태인 대학살을 부화하고 있는 개념으로서, 오늘날까지도 생생하게 느껴지는 충동이다.

죽음 및 생명 욕동: 클라인

멜라니 클라인의 이론은 프로이트의 죽음 욕동에 뿌리를 두고 있다. "나는 불안이 유기체 내면의 죽음 본능의 작용으로부터 발생하며, 그것이 멸절(죽음)에 대한 공포로 느껴지고 박해의 형태를 취한다고 생각한다"(Klein, 1946: 296). 유기체 안의 파괴적인 힘은 전반적인 멸절 공포로 변환되고, 특정한 대상에 대한 두려움들로 추출된다. 대상들은 내부적이거나 외부적일 수 있고, 이미지들, 사람들 혹은 사람의 신체부분들, 정동들, 성격 특성들, 태도들, 신체적 기능들일 수 있다. 의식적 혹은 반쯤 의식적인 박해적 두려움들은 유기체 안에 뿌리를 두고 있는 무의식적인 파괴적 흐름들과 연결되어 있다. 내면으로부터 엄청난 파괴적 압박을 받으면서 정신-유기체(psycho-organism)는 대상들을 통해 파괴적인 압력의 일부를 걸러낸다.

한 가지 시나리오는 본래적인 멸절 공포가 대상들의 자극으로 인해 느껴진다는 것이다. 우리는 멸절 불안을 일으키는 것으로 상상되는 대상들을 통제함으로써, 멸절 불안을 통제하려고 노력한다. 그런 과정들 중 하나가 대상을 내사하는 것인데, 이는 축출하기를 희망했던 심리적 불편을 안으로 받아들여 그것을 제한하고자 하는 것이다. 만약 우리가 불편함을 하나로 집중시키고 묶어서 다른 곳에 놓을 수 있다면 얼마나 좋겠는가. 억압된 것들이 되돌아오는 것과 마찬가지로, 투사되고/내사된 멸절은 얼마 후 다시 돌아온다는 점에서, 그것의 효능은 일시적이고 부분적이다.

우리가 바보처럼 반복하는 시나리오는 불편감을 분열시키고 투사한 다음, 그런 불편을 일으키는 대상들을 죽임으로써 문제를 해결하는 것이다. 사실 우리는 죽음 욕동을 상징하는 대상들을 죽임으로써 그 욕동을 죽이려고 노력한다. 멸절의 기표들을 멸절시키고자 하는 시도들이 무의식적인 목표를 성취하는 데 실패할 때, 공포는 증가한다. 이것은 우리가 살인자들을 두려워하지 않는다거나, 살인이 실제적이 아니라고 말하는 것이 아니다. 그리고 질병과 죽음도 마찬가지다. 이것은 어리석은 이론이 아니다. 여기에는 많은 불안의 원천들이 있다. 정신분석학은 그것에다 무의식적인 잉여를 더한다. 즉 지구적이고 편재한 파괴에 대한 무의식적 공포가 존재하고, 이것은 유기체 안에 뿌리를 두고 있으며, 무의식적 환상에 의해 확대되며, 투사-내사에 의해 작용한다는 생각이다. 의식적 공포들은 무의식적 공포들과 연결되어 있다. 클라인은 무의식적 공포들(죽음 및 탄생 불안, 분리 불안, 신체적 좌절)의 일부를 존재의 여러 수준에서 여러 얼굴들을 가진 두려움인, "일차적 불안(primary anxiety)"이라는 용어 안에 포함시킨다.

우리의 관심은 억압된 성욕의 상징적 전치들에 대한 것에서 죽음-작용(death-work)의 상징적 자취들과 실연들(enactments)에 대한 것으로 이동했다. 즉 성적-공격적 불안으로부터 멸절 불안으로 옮겨왔다. 프로이트는 모든 심리적 행동은 죽음 및 생명 욕동의 결합의 산물이라고 말한다. 클라인은 죽음 욕동에 대한 방어로서의 생명 욕동의 기능을 강조한다. 생명 욕동은 죽음 욕동을 상쇄하기 위해, 또는 파괴를 줄이기 위해 작용한다. 마치 죽음 욕동이 더 기본적이고 강력하며 생명 욕동은 그것의 강도를 잠시 동안 경감시킨다는 느낌을 준다. 죽음에 대한 방어, 또는 유예로서의 생명에 대해 말하는 듯 하다. 우리가 시간의 압력을 느끼는 한 가지 이유는 생명이 죽음을 따라잡기 위해 힘들게 노력하고 있기 때문이라는 것이다. 클라인에게 있어서, 생명 욕동과 대상들은 죽음 욕동을 규제하고, 상쇄하고, 조절하기 위해 기능한다.

분열(splitting)과 투사적 동일시

자아는 죽음 욕동을 조절하기 위해, 즉 죽음을 정동과 대상의 영역들에게로 분배하는 것을 통해 그것의 강도를 줄이기 위해 분열이라는 기제를 사용한다. "분열의 결과는 위험의 출처로 느껴지는 파괴적 충동이 분산되는 것이다"(1946: 297). 클라인은 "내면으로부터 오는 파괴적인 힘에 의한 일차적 멸절불안"을 그리고 자아의 분열 또는 조각남을 정신분열증과 연결시킨다. 정신분열증은 더 이상의 멸절을 방어하기 위한 멸절 작용의 결과이다.

분열은 증가하고 영원히 지속될 수 있으며, 그 결과 정동이 시들해지거나 엷어지는 현상을 가져올 수 있다. 분열의 순간에 분산적 측면과 강화적 측면 중 어느 측면이 지배하느냐에 따라 비현실감과 과도한 현실감 사이를 오간다. 정신증은 너무 경직되고, 안정적인 구조를 갖고 있음에도 불구하고, 분열 안에서는 상당한 양의 변동이 심한 극단들이 지속되고 있으며, 인격은 유사-망상적인 양태 안에서 공황 상태나 편집증적 상태 하에서 강박과 히스테리 사이를 오간다. 정신증은 파괴의 결과이자 파괴를 조절하려는 시도이다. 후자는 보통 개인의 관심들과 두려움들에서 뚜렷이 드러난다. 그것은 마치 정신증에 사로잡힌 사람이 한 가지 생각이나 감정 또는 이미지나 외적 두려움에서 또 다른 하나로 옮겨다니면서, "이것이 나를 파괴할 것인가?"라고 반복적으로 묻는 것과도 같다. 달리 표현해 본다면, "세상과 나 자신을 보존하기 위해 나는 무엇을 생각하거나 실행해야 할까?"일 것이다. 파괴적 욕동의 분열이 모든 심리적 기능과 산물을 통해 작용하고 또 멈추지 않기 때문에, 그리고 모든 곳에 퍼지기 때문에, 외부에서나 내부에서나 오래 지속되는 안전한 피난처는 발견될 수 없다. 파괴가 없을 거라는 생각은 파괴 밖에 없을 거라는 생각만큼이나 망상적이다. 우리는 우리가 할 수 있는 만큼 파괴를 조절하고 심지어 변형시키지만, 그것을 끝낼 수는 없다.

클라인의 이론에서, 분열은 나쁜 것으로부터 좋은 것을 분리하기 위해 활동하는데, 이것은 파괴적 영역 안에서도 지속된다. 첫 번째 경우, 분열은 나쁜 것으로부터 좋은 것을 보호하고, 그 둘을 분리시키고, 나쁜 것을 떼어내어 투사하려고 시도한다. 앞에서 말한 것처럼, 좋음-나쁨(good-bad)은 정동들, 대상들, 자아 상태들에도 적용될 수도 있다. 내부의 공격과 맞서 좋은 대상들 혹은 자기-상태들을 보호하는 것은 필수적이고, 당연한 과제이다. 정신의 작업은 결코 끝이 없다. 파괴적 경향성들의 한 가운데에서 약간의 좋음을 유지하는 일은 끝이 없다. 우리는 파괴의 바다 한 가운데 떠 있는 좋음의 섬들을 바라볼 뿐이다. 마치 마법사의 견습생처럼, 우리는 정신을 구원하기 위해 여기저기 구멍 난 배 한 척을 타고 바다로 나간다. 정신은 파괴적인 경향성을 분열하고, 내부적-외부적 우주 전체에 그것을 투사하고, 분산시킴으로써 파괴를 조절하려고 노력하지만, 이것은 어려움을 더욱 가중시킨다. 정신은 약간의 선함을 유지하기 위해 초과 근무를 하면서 나쁜 것들을 물로 씻어내지만, 결과는 오히려 나쁨을 증가시킨다.

이것은 율법에 대한 사도 바울의 묘사와도 조금 비슷하다. 율법은 정의, 선, 순수함을 보존하기 위해 증가하지만, 그것의 일부는 미신으로 퇴화한다. 침대의 어느 쪽에서 나와야 하는지, 어느쪽 다리를 먼저 딛어야 하는지, 어느 쪽 신발을 먼저 신어야 하는지가 의례화된다. 규제하는 규칙이나 법을 정확하고 신실하게 지키지 않으면, 어떤 파괴적인 결과가 일어날지도 모른다. 그러한 규칙들에 대한 마술적인 맹신이 그들이 반응해야 하는 파괴성이 비현실적이라는 것을 의미하지는 않는다. 반대로, 그것은 우리가 파괴적인 압력에 의해 얼마나 극도로 내몰리고 있는지를 보여준다. 성서는 파괴를 규제하기 위한 일종의 안내서로서, 다양한 상황에서 비교적 성공적으로 사용되고 있다. 그것은 우리를 잘못된 방향으로 이끌 수도 있지만, 중요한 암시들로 가득하다.

클라인은 정신이 심리적 불편함과 고통을 공격하고, 분열하고, 투사하는 것을 통해 다루는, 초기 편집-분열적 자리(paranoid-schizoid position)를 가정함으로써 그녀의 관점을 요약한다. 정신은 불편함을 증오하고, 그것을 사라지게 한다. 만약 증오가 불편하게 한다면, 정신은 증오를 증오하고, 그 증오가 떠나가게 하기 위해 노력한다. 그러나 정신은 내적으로 추방된 요소들과 동일시하는데, 그것은 그것들 모두가 개인의 부분들이기 때문이다. 개인은 정신신체적(psychophysical) 장애를 조절하기 위해 자기 정신의 부분들을 추방하는 상황에 처해 있다. 이것이 투사적 동일시라는 용어가 말하는 것이다: 개인은 자신이 무의식적으로 동일시하고 있지만, 다른 때에는 심리적 불편함을 최소화하기 위해 분열시키고 투사하는 자기의 측면들을 갖고 있다. 그 결과는 추방된 죽음 위협들의 측면들과 무의식적으로 계속 동일시하면서, 분열과 투사를 통해 멸절 불안의 방향을 바꾸는 만성적 상태이다.

외부 및 내부의 우주는 내면의 파괴적 세력과 연결된 멸절 불안의 투사적 전치들로 채워진다.

클라인은 이런 원시적 작용의 자기-패배적인 속성을 지적한다. 예컨대, 우리는 우리가 투사한 것들을 담고 있는 대상들을 내사함으로써 우리 자신들이 제거하려고 하는 것으로 스스로를 재-감염시킨다. 그리고 이때 이 과정은 타자의 투사적 작업에 의해서 더욱 복잡해진다. 이상적일 경우, 타자는 우리의 투사들에 대한 작업을 통해 그것들을 더 나은 것으로 변형시킬 것이고, 따라서 우리 안으로 들어오는 것이 처음에 바깥으로 나갔던 것보다 더 좋아질 것이다. 클라인은 투사적-내사적 동일시들이 환상과정으로 이루어져 있다는 점을 강조한다. 따라서 불편함은 상상 속에서 확대된다. 어머니라기보다는 마녀, 아버지라기보다는 악마, 단지 위(stomach)가 아닌 지옥의 구덩이가 된다. 우리는 파괴적 환상들을 사용해서 파괴적 감정들을 규제하고, 파괴를 재위치 시키고, 그것을 변화시키려고 하지만, 그것은 부메랑처럼 되돌아올 운명을 갖고 있다.

이중 핵들, 선함, 이상화, 심리적 현실의 부인

클라인은 프로이트의 생명 및 죽음 욕동, 즉 이중 욕동이론을 따라 이중적인 시작 또는 시작에 있어서의 이중성을 상정한다. "처음에(in the beginning)"라는 문구는 그녀의 작업에서 반복적으로 나타난다. 그녀는 공격성과 증오(투사에 의해 외부로 굴절된 죽음 욕동)가 삶의 시작부터 중요한 역할을 하고, 최초의 내적 좋은 대상 또한 처음부터 중요한 역할을 한다고 말한다. "최초의 내적 좋은 대상은 자아의 중심점으로서 활동한다. 그것은 분열과 분산 작용들을 상쇄하고, 응집성과 통합을 만들어내며, 자아를 건설하는 도구로서 사용된다"(1946: 297).

이것은 강조점의 결정적인 변화를 나타낸다. 생명 욕동에서 만들어진 내적인 좋은 대상은 불안(성적 흥분)의 일차적 원천으로서 기능할 뿐만 아니라, 파괴에 대한 불안을 진정시키고, 약화시키고, 규제하는 요소로서 기능한다. 좋은 대상은 그것이 지닌 전체성의 느낌과 함께, 파괴에서 살아남거나 파괴를 완화시키기 위해, 파괴를 퍼뜨리고자 하는 시도들인 죽음-작용에서 파생된 요소들, 분열과 분산에 맞서는 기능을 갖는다.

좌절 상황은 젓가슴, 대상, 자아에 대한 공격으로 인도함으로써 죽음 욕동의 작용을 강화한다. 만일 상황이 충분히 나쁘다면, 파괴적인 공격들은 감각, 감정, 사고, 정신이나 몸 자체에까지 미치게 되고, 자기와 타자를 산산이 조각내어 증오로 채워진 파편들의 세상을 만들어낸다. 그때 감각, 정동, 자아 및 대상의 혼합물들과, 이미지들, 신체 요소들 및 기능들은 융합되고 각기 다른 방향으로 날아다니며, 신체 내부와 외부를 포함한 모든 곳에 위협적인 형상들(figures)을 만들어냄으로써 자기를 더 많이 해체하려고 위협하게 된다. 개인 자신의 파괴적 감정들은, 실제적이든 상상적이든, 신체 기관들로 퍼져나가고, 그렇게 해서 만들어진 형상들은 내부 및 외부의 지평선 위에서 살게 된다.

위의 인용문이 제안하듯이, 좋은 대상 역시 존재하는데, 그 대상은 파괴적인 분열에 맞서 싸우며, 응집성(통합을 가져오는 생명 욕동)의 성취와 발달을 향해 뻗어간다. "나는 내사된 좋은 젓가슴이 자아의 필수적인 부분을 형성하고, 처음부터 근본적인 영향력을 행사한다고 생각한다"(1946: 295). 좋은 대상은 처음부터 자기와 대상관계의 성장을 촉진시키는 것을 돕는다.

우리가 다루고 있는 것은, 부분적으로, 생명 및 죽음 욕동이 무의식적 환상(투사적/내사적 동일시)을 통해 작용하는 방식에 대한 정신분석적인, 현상학적인, 또는 환상적인(visionary) 설명이다. 이 설명에서 욕동들은 창조적-파괴적인 자아와 대상관계들을 통해 배포되며, 그와 동시에 정동들이 연결되는 성숙과정이 진행된다. 좋은 대상/자아/정동의 핵이 제공하는 지원은 처음부터 결정적이며, 그것이 없다면 파괴성만이 존재하게 될 것이다. 즉 거기에는 아무것도 없을 것이다. 선함과 파괴 사이의 본래적인 긴장은 기본적인 것 같다. 이런 생각의 한 변형이 악이 선을 먹고 산다는 가톨릭의 개념이다. 그러나 나는 오늘날 우리는 파괴가 그 자체만으로 파괴를 지속할 수 있는 세상에 살고 있지 않나 하고 생각한다.

좋은 젖가슴은 개인으로 하여금 완전하다는 느낌을 갖게 하며, 그것 자체로 완전한 것으로 느껴진다(p. 297). 그것은 좌절, 고통, 불안에 의해 흔들리는 완전성이다. 완전성의 감각은 사람들을 더 안전하다고 느끼게 만드는데, 어쩌면 이것은 필요한 착각일 수도 있지만, 위험한 것일 수도 있다. 때로 좋음의 완성은 숨 막히는 것처럼 느껴지고, 사람들은 그것을 깨뜨리기 위해 애를 쓴다. 사람들은 파편적인 상태들을 되찾기 위해 자기 또는 타자들을 떼어놓으려고 노력한다. 어떨 때는 파괴가 더 현실적인 것으로 느껴진다.

그때 우리는 일종의 다양한 중간상태를 갖는다. 자기를 지지하는 좋은 감정들과, 그것을 질식시키는 좋은 감정들이 함께 공존하고, 비현실적으로 느껴지고 파편화를 초래하는 완전성과 응집력을 가져다주는 완전성의 느낌이 공존한다. 클라인은 좋은 감정의 극단들은 박해적 두려움들과 관련성을 갖는다고 말한다. 우리가 단지 선한 감정에 의해 박해받는다(그녀가 충분히 고려하지 않고 있는 어떤 것)는 것이 아니라, 좋은 감정 또는 이상화된 감정이 박해적 불안들을 하나로 묶거나 그것에 대항하게 자극한다는 것이다. 이상화와 박해는 쪼개진 동전의 양면과도 같다. 과장된 선한 젖가슴이나 대상은 멸절적인 나쁜 젖가슴이나 대상으로부터 스스로를 보호한다. 다양한 해석이 가능하겠지만, 여기에서 가리키는 기능은 중요하다.

분열 안에 분열이 있고 그 안에 또 분열이 있다. 좋고-나쁜 젖가슴이나 다른 대상들로 분열되고, 그것은 다시금 젖가슴이나 다른 대상들의 측면들로, 즉 이상화 대상이나 박해 대상으로 분열된다. 내 생각에, 클라인은 좋은 대상을 인격의 중심에 있는 중추적인 핵일 뿐만 아니라 성장을 지원하는 필수적인 요소로서 묘사한 뒤에, 그녀의 이론에서 가장 본질적인 주제를 발전시킨다. 그것은 심리적 현실을 부인하고, 심지어 없애버리기 위해 선함을 사용한다는 생각이다. 과장된 선함, 이상화된 선함 혹은 어쩌면 선함의 이상화 기능이 바로 그것일 수 있다. 또는 좀 더 심각하게는, 부분적으로 좋은 기억들과, 지각들과, 환상들로부터 만들어진, 환각으로서의 선이 그런 것일 수 있다.

클라인은 유아가 배가 고플 때 환각 속에서 만족스러운 젖먹기를 만들어내고, 고통과 불만족을 쾌락과 만족으로 대체하는 것을 통해 소망을 완성한다는 프로이트의 견해를 확장한다. 프로이트가 말하는 환각적 만족은 완벽함, 즉 행복에 넘치거나 이상적인 상태로 미끄러진다. 사람이 두려움, 공황상태로 밀어넣는 증오, 해체, 망각과 죽음에 대한 비명에 직면해서 무기력해질 때, 그러한 전체성, 완전함, 충만함의 감각을 만들어낸다. 선한 감정은 박해 불안을 가려주며, 그때 박해 불안은 일반적인 파괴적 세력의 제한된 측면이 된다. 프로이트의 사고는 아주 쉽게 클라인의 이론으로 이어진다.

무제한의 만족을 목표로 삼고 있는 본능적인 욕망들은 "마르지 않고 항상 풍성한 젖가슴을, 즉 이상화된 대상 또는 이상적 대상이라고도 불리는 이상적인 젖가슴을 창조한다." 분열과 환각은 함께 작용하는 것으로서, 좋은 것을 환각적으로 분열시켜 그것을 모두 좋은 것으로 만든다(1946, p. 299). 하나의 정동적 감각이 행복한 상태에서 영원히 살고자 하는 소망, 믿음, 암시, 확신, 목표를 지지하고 그것을 성사시킬 수 있는 방법을 발견해 나가는 것이다.

우리는 놀라운 통찰에 도달한다. "그러므로 환각적 만족 안에서 상호 연결된 두 개의 과정이 발생하는데, 이상적 대상과 상황을 전능적으로 불러내는 과정과, 나쁜 박해적 대상 및 고통스런 상황을 마찬가지로 전능적으로 없애버리는 과정이 그것이다. 죽음 욕동을 멸절시키는 것은 생명 욕동인가, 아니면 죽음 욕동이 스스로를 멸절시키고 있는 것인가? 개인들 및 집단들은 멸절을 멸절시킬 수 있다는 어느 정도의 희망을 갖고 서로를 공격하지만, 그들은 결국 환각적 자리들이 덮지 못하는 고통, 공포를 발견할 수밖에 없다.

프로이트가 제안하듯이, 현실은 시간이 지나감에 따라 소망-성취를 깨뜨린다. 그러나 그것이 환각적 시나리오들을 향한 끌림을 끊어버리는 것은 아니다. 클라인은 환각적 분열의 이중적 측면을 지적한다. 즉 좋은 것은 활발하게 하고, 나쁜 것을 지우는 것이 그것이다. 그런 상태가 좋게 느껴질지, 나쁘게 느껴질 지는 상황에 따라 다르다. 집단과 개인들은 환각적 자리들을 유지하기 위해 집요하게 싸우는데, 이는 잠재적 어려움들과의 완전한 접촉을 불가능하게 한다: 환각이 현실을 위해 봉사하지 못하고 그 반대 현상이 발생한다. 거기에는 환각적 경향들을 창의적이고 사회적인, 심리학적인, 정치적인, 미학적인, 종교적인 작업으로 향하도록 방향을 바꾸고자 하는 도전보다는 무의식적인 광기가 지배하게 된다.

환각적인 선함(즉, 파괴성을 파괴하거나 덮거나 말살하기 위해, 환각으로 파괴성을 없애기 위해 선함을 사용하는 것)에 의한 파괴의 심각한 파급 효과는 예리하게 지적된 바 있다. "나쁜 대상과 고통스러운 상황이 존재한다는 것을 전능적으로 부인하는 것은 무의식 안에서 파괴적 충동에 의한 멸절에 대한 믿음과 동등한 것이다"(p. 299). 심리적 현실과 그것의 모든 유익과 해로움을 부인하는 것은 멸절의 한 형태이다. 자기-보존을 위한 시도(생명 욕동을 지지하는 좋은 대상)는 스스로에게 등을 돌리고, 죽음 욕동과 멸절적 경향들을 덮고 싶은 유혹에 빠진다. 심리적 현실의 일부, 그것이 추힘과 끔찍함을 덮는 것은 자기, 정신, 삶이 느껴지는 방식의 부분들을 멸절시킴으로써 자신을 보존하고자 하는 시도이다. 생명 욕동이 죽음 욕동을 덮는 것은 결국 기이한 죽음이 승리하는 것과 다름없게 된다. 그것은 선한 감정이 말살에 봉사하는 것이다.

어쩌면 생존의 필수적 도구일 수 있는 죽음 욕동은 값비싼 대가를 지불한다. 생존은 환각적인 생존이요, 생명은 멸절에 봉사하는 생명이다. 자기와 타자 사이의 연결은 그것이 견딜 수 없을 수도 있는 멸절적 압력들을 견뎌야 하기 때문에, 타자와의 관계는 왜곡된다.

클라인은 심리-사회적 경제 전반에 파괴적 충동들을 배치하는 것을 통해 서로 맞물려 작용하는 놀라운 이론체계를 정립했다. 분열, 무의식적 환상의 특권적 작용으로서의 투사적-내사적 동일시들, 이상화, 심리적 현실에 대한 부인, 조적 방어, 나쁜 상태들을 좋은 상태들로 바꾸는 전능적이고 환각적인 대체작용, 이 모두가 편집-분열적 자리의 중요한 요소들이다.

그 외에도, 사랑과 선함 역시 분열되고 투사됨으로써, 인격을 고갈시킬 수 있고, 그 인격을 상상 속에서의 타자들의 미덕에 취약한 상태로 만들 수 있다. 환각 속에서의 파괴는 신실성, 헌신, 좋은 것에 대한 사랑을 서서히 내몰고, 사람들로 하여금 자신이나 타자들 혹은 삶 속의 모든 선함을 의심하게 만든다. 심리적 작용들과 인간의 산물들을 통과해 흐르는, 근원적인(primordial) 파괴적 경향성에 대한 클라인의 강조는 지금까지 충분히 지적되었다.

죄책감과 보상: 편집-분열적 자리에서 우울적 자리로

만약 클라인이 해답을 가지고 있다면, 그것은 비극적 요소를 갖고 있는 해답일 것이고, 발달적 궤도를 통한 "해답"은 아닐 것이다. 그녀는 유아가 편집-분열적 자리에서 우울적 자리라는 보다 성숙한 상태로 옮겨가는 것을 묘사한다. 유아가 사용하는 분열과 투사는 차츰 내사와 양가성의 성장에 의해 보완된다. 유아는 자신이 공격하고 제거하려고 노력하는 나쁜 대상과 자신이 원하는 좋은 대상이 하나이고 같은 사람이라는 것을 깨닫게 된다.

우울적 요소들은 몇 가지 성분들을 포함한다. 사람은 더 이상 내적 제약 없이 나쁜 것을 공격하고 좋은 것을 받아들일 수 없게 된다. 이 시점에서부터 좋은 것은 전적으로 좋은 것이 아니고, 나쁜 것도 전적으로 나쁜 것이 아니다. 아기는 더 전적이고, 절대적인 세계로부터 더 상대적인 세계로 이동한다. 공격성은 더 크고 더 강한 인물의 보복 때문만이 아니라, 죄책감과 결합된 사랑에 의해서도 억제된다. 우울적 자리에서 주체는 나쁜 것을 공격할 때 좋은 것에 상처 입힌 것을 후회한다.

자기나 타자를 전적으로 좋거나 나쁘다고 생각하는 것은 망상적, 환각적, 환상적인 것처럼 보인다. 그러나 경험을 조직화하는 작업에는 절대화시키는 경향이 존재하는데, 클라인은 그것의 부분들을 설명한다. 그녀는 전적으로 좋거나 나쁜 대상들에 대한 무의식적 환상, 그것들의 분열과, 그것들의 융합, 그리고 개인이 더 분화되고 복잡한 뉘앙스들을 지닌 시공간적 세계 안으로 성장해 가면서 분열된 것들을 통합해야 하는 발달적 과제 등을 가정한다. 심리적 현실을 추방하는 겁에 질린 증오로부터, 전반적 상황에 대한 보다 온전한 시각을 수용하고 그것을 위한 공간을 만드는, 죄책감을 수반하는 사랑(guilty love)에 이르기까지 긴 발달적 여정이 있다. 긴장들과 갈등들을 위한, 그리고 심리적 삶을 조직화하는 두 가지 양태들, 즉 편집-분열적 양태와 우울적 양태의 상호작용을 위한 공간을 만드는 것은 위대한 발달적 과제이다. 그 상호작용에서 우울적 양태가 우세해진다면 말이다.

우울적 자리는 타자 안에 있는 선함이 무엇을 하는지를 알 수 있는 인식의 장을 열어준다. 사람은 나쁜 것을 공격하는 과정에서 좋은 것에 상처를 입힌 것에 죄책감을 느끼고 그것을 보상하고 싶어 한다. 우리는 유아-어머니 관계 안에 있는 한 장소에 도달하는데, 이곳은 서로가 상대방이 좋은 느낌을 갖게 하기 위해 노력하는 곳이다. 어머니는 유아 내부의 박해적 두려움들을 줄이려고 애쓰고, 때가 되면 자라나는 아기는 자신의 증오적 소망들과 파괴적 공격들을 보상하려고 노력한다. 클라인의 위대한 업적들 중 하나는 유아기부터 시작되는 상처와 보상을 둘러싼 환상들의 배열들을 묘사한 것이다. 파괴, 공포, 죄책감, 쾌락, 고통, 파괴적 만족들, 불안들, 극도의 고통들, 그리고 머지않아 거의 편재적인 것으로 조직화되는 것 등을 포함하는 환상의 군집들이 있다. 이것은 "미안해"라는 말로 요약된다. 그토록 많은 고통이 사랑하는 충동, 소망, 환상과 파괴하는 충동, 소망, 환상 사이의 상호작용에서 온다.

클라인은 정신분열적 성향과 우울적 성향을 조직하는 데 있어서 중심적인 역할을 하는 정동적 환상을 많은 가능한 배열들과 함께 묘사한다. 인류의 역사 안에는 시간과 장소를 막론하고, 미치게 되는 두 개의 주요 방식이 있는 것처럼 보이며, 클라인은 이 과정들의 구조들과 내용들을 제공한다. 편집-분열적 및 우울적 인격조직들이 삶의 일부로 기대된다는 사실은 정신증 및 정신증적인 과정들을 경험들과 행동들의 전체 범위의 일부로 간주해야만 하는 이유를 제공한다. 그것은 양날을 가진 칼이다. 심각한 임상적 정신증들은 도움과 변화에 대한 희망을 지지하면서, 보다 널리 퍼진 능력들의 극단적인 형태들을 수 있다. 동시에, 인간성 안에 내재되어 있고 편재한 일부로서의 정신증적 불안들, 갈등들, 작용들은 사라지지 않는다. 우리는 광기에 대한 우리의 접근 방식들을 포함해서, 우리가 가진 능력들과 함께, 발달의 파트너가 될 것을 도전받는다. 우리는 정상이라는 것은 존재하지 않는다고, 우리는 모두 미쳤다고, 심지어 미치는 게 정상이라고 농담한다. 클라인은 그 이야기의 일부에 실체를 부여했다.

시기와 감사(envy and gratitude)

클라인의 생애 후기에, 시기와 감사는 파괴적 경향성과 생산적 경향성의 극들을 나타내는 말이 되었다(1957). 프로이트의 이론(현재는 프로이트 이론과 클라인 이론이 혼합된 이론) 안에 머물기 위해 그녀 자신의 저술들을 왜곡하는 바람에, 그 저술들은 사실상 시기심을 "나쁨"의 핵으로, 감사를 "좋음"의 핵으로 보는 두 개의 극을 지닌 역동적 조직들에 대한 복잡한 상상적 현상학을 구성하게 되었다.

　그녀는 양육 상황에 많은 중요성을 부여했는데, 그것을 파괴적-창조적 세력들 사이의 상호작용을 보여주는 특별한 장소라고 보았다. 그것은 즉시 내적 경향들과 짝을 이룬 좋은 대상들 및 나쁜 대상들 사이의 변증법에 대한 실제이자 이미지로서 기능한다는 것이다. 중심적인 문제는 좋음의 느낌이 파괴적 불안들 속에서 살아남는가, 아니면 좋음에 대한 시기어린 공격이 우세하는가이다. 증오, 탐욕, 질투는 시기심의 핵과 연결되어 있다. 특히 클라인은 좋은 젖가슴과 좋은 대상을, 삶의 풍부하고 창조적인 측면들을 훼손하고 싶어 하는 시기심에 많은 관심을 쏟았다.

　그녀가 강조하는 시나리오는 유아가 모유를 먹는 상황에서 어느 정도까지 좋은 것을 경험할 수 있는지, 그리고 어느 정도까지 유아가 그 젖가슴이 이기적이라는 것을 느끼고, 뒤로 물러나 자신에게 가장 좋은 것을 남겨둘 수 있는지에 달려있다. 어느 정도까지 아기가 온전한 정서적 수유를 즐길 수 있는지, 그리고 어느 정도까지 아기가 그것이 빠져 나가고 있고, 부족해지고 있다는 것을 느낄 수 있는지, 혹은 자신의 공격성이 모든 것을 망치고 있다는 것을 느낄 수 있는지가 문제이다. 아기는 고갈되지 않는, 전적인 충만함을 원하면서 동시에 좋음이 실제로 제공하는 것을 파괴할 수도 있다. 불만 대 감사 사이의 싸움이 기다리고 있다.

　여기서 우리는 "인생 더럽다"(Life sucks)라는 속어의 기원에 대한 부분적인 단서를 발견한다. 빨다(suck)라는 말은 어떤 부정적이고 실망적인 의미를 갖고 있다. 커다란 기대들과 파괴적 충동들에 의해 망쳐진, 영원히 실망스런 수유 경험에 그 기원이 있을 수 있다. 그 표현은 또한 빠는 행위, 의존성, 무력함, 돌봄을 필요로 하는 상태를 모욕하고, 취약성과 친밀함의 본보기인 아기의 행위를 폄하하고 있다. 그 외에도 그것은 이가 나기 전의 시간, 깨물기의 결핍, 구강적 거세(oral castration)를 암시한다. 치아는 어떤 힘을 제공하고, 소화를 돕지만, 고통을 주기도 한다. 무능, 공격성, 그리고 고통을 둘러싼 문제들은 클라인의 관심사에 가깝다. 성기적 능력(genital potency)이 발달하는 성기기 이전에는 모유를 주고받는 것과 관련된 풍부한 이미지들이 돌봄, 믿음, 신뢰 등의 삶의 양육적인 측면을 나타낸다. 양분을 공급받는 이 영역은 또한 싸움과 갈등과 파괴의 영역이기도 하다. 양분이 파괴를 위한 상황을 제공할 수 있을까? 혹은 그 반대일 수 있을까? 아니면 둘 사이에 끊임없는 변동들이 있는 걸까?

클라인은 시기에 찬 망치기(창조성에 대한 시기심)와 삶에 대한 감사 사이의 긴장을 묘사한다. 우리는 선함에 대한 공격들을 반복적으로 극복하고, 우리 자신을 더 낮게 만들고, 파괴적 영향들에 책임을 지고자 하는 신호로서 죄책감을 사용한다. 우리는 믿음의 필수적인 중심인, 내면의 좋은 대상을 보호하고, 그것에 양분을 제공하며, 그것을 돌보는 법을 배운다. 우리는 양분을 주는 중심에 대한 우리의 공격으로부터 그 중심을 보호하는 법을 배운다.

클라인은 니체(Nietzsche)의 철학을 사용하여 니체답지 않은 어떤 일을 해냈다. 니체에게 있어서, 감사는 아마도 약자의 심리학의 일부로서, 동정심과 증오를 불러일으키는 비굴한 태도로 간주될 것이다. 클라인에게 있어서, 감사는 힘과 성장의 중심이요, 관계를 위한 덜 편집적인 기반이다. 니체에게 있어서, 선함은 덫이지만, 클라인에게 있어서 그것은 삶을 지원해주는 근본적인 대상이다. 여기에 좋은 것에 대한 감사의 핵 대 모든 것을 망치는 시기에 찬 파괴성이라는 두 개의 정동-대상 세계가 있다. 우리는 이 이중적인 핵으로부터 물려받은 유산이 있다. 그것은 평생 동안 내적 분단들을 사용하고 또 그것을 끌어안아야 할 필요성이다.

논의, 견해 차이, 그리고 결론

클라인은 파괴성과 사랑을 중심 무대에 올려놓는 강력한 유산을 남겼다. 그녀는 그 두 가지를, 많은 내적 및 외적 이유들로 인해 그것들의 강도와 질에서 다양하지만, 선천적인 요소라고 본다. 그녀는 좋은 대상들이나 상태들을 공격하는 것이 어떻게 불신을 강화하고 더 많은 공격들로 이어지는지를 보여주는 악순환들을 묘사한다. 파괴적인 경향들은 사라지지 않지만, 어느 정도까지는 작업될 수 있다. 그녀는 삶의 중심에서 경험하는 좋은 수유가 커다란 영향을 미친다고 보는 깃 같다. 좋은 내적 대상에 대한 감사는 특히 좋은 것을 공격하는 파괴적 분출들과 불안들에 휩쓸리지 않고 견딜 수 있는 토대를 놓을 수 있다.

위니캇(1990)은 클라인이 강조하는 파괴성이 죽음 욕동에 의해 설명될 필요가 없다고 본다. 그는 파괴성을 살아있음의 일부로 본다는 점에서, 초기 프로이트의 견해에 가깝다. 파괴적 및 공격적 경향들은 삶의 생명력의 일부이다. 그 경향들에 어떤 일이 일어나는가가 중요한 관심사이다. 위니캇은 그가 단지, 그것 자체로는 상당히 실제적인, 좌절에 대한 반응으로서의 공격성에 대해서만 말하고 있는 것이 아니라고 밝힌다. 파괴적 충동들은 기본적인 살아있음의 내재적 측면들이고, 그것들은 환경에 의해 어떻게 반응 받는가에 부분적으로 의존되어 있는 발달 경로들을 갖는다. 위니캇은 환경에 의한 외상이 성격 형성에 결정적이고, 삶의 질 및 감정들에 많은 관련성을 지닌다고 생각한다. 그러나 만일 외상이 공격성을 구조화하는 데 기여한다면, 그것은 처음부터 공격성의 존재를 설명해주지 않는다. 타고난 공격적 능력은 여러 면에서 삶에 기여한다.

위니캇(1989, Eigen, 1993: 11장)은 또한 분열들을 치유하기 위한 방법으로서의 죄책감에 기초한 보상이라는 개념에 전적으로 동의하지 않는다. 그는 인간적인 감정들을 발달시키는 데 죄책감의 역할이 중요하다는 것을 인정한다. 책임을 수용하고 파괴적 경향들을 보상하는 것은 관심의 일부이다. 타자들을 상처 입힌 것에 대해 관심을 갖는 것은 윤리적 성장의 정동적인 핵이다. 그런데 그 핵은 날마다 위반된다.

그럼에도 불구하고, 위니캇은 또한 초기 파괴적 충동의 분출들이 어떤 반응을 만나느냐가 중요하다고 강조한다. 전적 파괴에 대한 환상들은 타자의 생존에 의해 사실이 아닌 것으로 확인되며, 그러한 확인은 타자성에 대한 현실감을 준다. 여기에서는 타자가 공격들에 어떻게 살아남느냐가 관건이 된다. 단지 보복하거나, 굴복하는 것 혹은 우울해지는 것은 타자에 대한 감각을 기형으로 만들거나 붕괴시키는 반면, 자신을 방어적이지 않은 방식으로 유지하는 것은 환상 통제 이상으로 타자성에 대한 인식을 촉진시킨다. 죄책감 이상의 것인 기쁨은 이런 경험을 특징짓는다.

비슷한 맥락에서, 엘킨(1972)은 상처의 상호성을 지적한다: 어머니와 아이는 서로를 상처 입힌다. 아픈 감정들이 상호적이라는 사실은 아이의 죄책감을 완화시킨다. 그것은 아이가 "어쨌든, 엄마도 저를 아프게 해요!"라고 말하는 것과도 같다. 이것은 죄책감이 전혀 없다는 뜻이 아니다. 죄책감적인 요소도 작동하고 있고, 또 그래야만 한다. 그러나 비교적 죄책감에서 자유로운 자기와 타자에 대한 요소들도 있어야만 한다. 엘킨은 단지 죄책감(어떻게 기능하느냐에 따라 한 번 더 분열될 수 있는) 만이 아니라 분열들을 치유하는 데 용서가 갖는 중요성을 지적한다. 만일, 부모가 지나치게 스스로를 정당화하거나 무디거나 지배적이거나 전지적이지만 않다면, 아이는 상처를 용서하고 충분히 좋은 접촉 상태에 머무를 가능성이 크다. 치유적 핵으로서 감사보다는 용서가 필요하다는 생각이다. 그러나 선순환 안에서 용서와 감사는 서로를 강화하고 감정과 발달을 위한 길들을 열어줄 것이다.

비온(1970; Eigen, 1996, 1998, 2004)과 클라인의 차이는 또 다른 측면에서 발견된다. 그는 그녀의 편집-분열적 자리가 시작점으로서는 지나치게 조직화되어 있다고 본다. 그녀가 말하는 정신증적 불안에 대한 유아적 방어들은 충분히 정신증적이지 않다. 분열-투사적(splitting-projective) 동일시는 최초의 붕괴를 다루는 비교적 고도로 구조화된 방식이다. 비온은 성격 형성의 시작 지점에 폭발하는 O(정서적 현실로서의 기원)를 두는데, 이는 진화하는 성격이 포용하거나 캡슐화하거나 아니면 분산시키려고 노력하는 붕괴된 상태들을 가리킨다. 정신-사회적 삶의 많은 부분은 정치적, 문화적, 가족적 영역 전체 안에서 정신증적 붕괴와 다양한 형태의 광증으로 퍼져 있으면서, 정서적 소화 능력이 발달하기를 기다리고 있다.

라캉(1977, 1978)은 클라인의 투사-내사적 세계들을 상상계 안에 위치시킨다. 클라인의 이론을 지지하는 몇몇 사람들은 편집-분열적 자리를 상상계(the imaginary) 안에, 그리고 우울적 자리를 상징계(the symbolic) 안에 위치시킬 것이다. 이 주제를 제대로 다루는 것은 이 장의 한계를 넘는 것이지만, 나는 클라인의 임상적 작업 안에서 몇몇 강조점들을 지니고 있는 부분들에 대해 간략하게 언급하고자 한다. 나는 두 개의 자리가 갖는 상상적 측면들, 특히 우울적 자리가 갖는 상상적 요소들에 대해 주목하려고 한다.

라캉의 상상계 안에서, 자아는 자기 자신을 실제보다 더 전체적인 것으로 상상하는데(주체는 자아를 상상한다), 이것은 주의를 끄는 영역들의 주인인양 행세하면서, 욕망을 사로잡기 위해 타자의 욕망에 자신을 맞추는, 유혹적이고, 편집증적이며, 공격적인, 그리고 영향력에 노예가 된, 일종의 욕망의 과대망상적 통로를 가리킨다. 수축된 자아의 핵을 모든 것의 꼭대기에 두는 방식으로서의 분열과 투사에 대한 클라인의 묘사는, 라캉의 방어적이고, 자기-중심적이며, 상상적인 나(I)에 대한 설명과 잘 들어맞고 그것을 확장한다.

우울적 자리 안에 있는 상상계를 주목하는 것 또한 중요하다. 한편으로, 우울적 자리는 양가성을 통합하려고 시도한다. 이것은 타자의 좋은 것과 나쁜 것을 모두 보는 것과, 자기의 사랑하는 측면들과 파괴적인 측면들을 모두 인식하는 것을 포함한다. 거기에는 확실히 현실을 향한 성장이 있다. 그럼에도 불구하고, 강조점은 특히 자신의 파괴적인 충동들과 직면해서 내사된 좋은 대상의 핵을 안정시키고 보호하는 데에 있다. 때로, 좋은 내적 대상에 대한 신격화는 사람을 싫증나게 만든다(나는 이것이 비온을 밀실공포증으로 이끌었고, 그래서 그의 강조점이 통합뿐만 아니라 해체에 동등한 가치를 두었다고 추측한다(Eigen, 1986, 1993, 1996, 1998).

라캉은 의존성에 대한 방어들을 분석하는 것에 대한 클라인의 강조가 지나치게 문자적이라고 느낀다. 내재화되어야 할 좋은 대상으로서의 분석가와, 환자들이 이 욕구를 망치고 파괴하는 방식이 너무 많이 강조되고 있다. 좋은 내적 대상에 부착된 전체성과 안전감에 대한 내적 감각은 나(I)의 전체성에 상응하는 환상을, 즉 속임수에 의해 유지될 필요가 있는 상상적 전체성을 포함한다.

라캉은, 대상이든 자기든, 그것의 전체성에 대한 불신을 갖고 있다. 그는 무의식적 욕망들에 의해 야기된 전체성의 환상들에 의해 질식당하는 것에 대한 고질적인 두려움을 갖고 있다. 그것은 전체성에 대한 극단적인, 어쩌면 편집증적인 관점이겠지만, 그것은 또한 해방을 주는 관점이기도 하다.

나는 이것이 부분적으로는 많은 클라인의 논문들이 갖고 있는 도덕주의적이고, 무겁게 느껴지는 논조를 설명해준다고 추측한다. 환자는 우울적 자리에 도달하지 못하는 것으로 인해, 그리고 먹여주는 손을 깨무는 감사할 줄 모르는 존재가 되는 것으로 인해 다소 모자란 존재로 폄하된다. 라캉(통제가 불가능한 깨무는 자인)에게 있어서, 보다 전체적인 존재의 도덕적 우월성은 전체성 그 자체와 마찬가지로 전후관계의 분석을 요하는 기표이다.

라캉은 우리로 하여금 '좋은' 또는 '전체적인'과 같은 용어들이 욕망의 정치학에 항상 빠져 있는 사람들에 의해 어떻게 사용되고 있는지를 끊임없이 경계하도록 일깨워준다. 정신분석가들도 예외는 아니다. 좋음이니 진체성의 노예가 되는 것은 하나의 위험이라는 것이 라캉의 생각이다. 클라인의 이론을 지지하는 사람은 라캉의 냉혹하고 편집증적인 측면을 분석하고 싶겠지만, 라캉은 그렇게 하려는 사람의 목표를 상징적으로 나타내려고 시도할 것이다. 그럼에도 불구하고, 때로는 라캉조차도 선함의 좋음, 또는 좋은 신념의 중요성을 긍정한다. 그리고 그의 작업이 진화를 거치면서 죽음-작업이 더 큰 중요성을 획득하게 된다.

우리가 멜라니 클라인에게 진 빚을 다 갚으려면 아직도 한참 멀었다. 그녀의 작업을 읽는 것은 40년 전에 내가 그것을 처음 읽기 시작했을 때와 마찬가지로 오늘날에도 놀라운 깨달음을 얻는 일이다. 그것은 전쟁 시기 동안에 자라난 작업이다. 당시에는 광적인 파괴가 초점이었다. 그녀는 파괴성을 유아기 시절부터 이미 작용하는 성향 안에 두었고, 정신증적 불안들을 아기가 처음으로 마음을 여는 상황인 젖가슴에서 모유를 먹는 상황에 두었다. 바로 그 상황이 전체 상황 안에서 좋은 감정의 핵이 멸절적인 요소들과 맞서 우위를 차지하기 위해 작용해야만 하는 지점이라는 것이다. 그녀는 우리로 하여금 멸절 공포가 조직화되는 장기적인 방식들뿐만 아니라, 멸절적인 환상들과 삶을-긍정하는 환상들 사이의 긴장 안에서 발생하는 순간적인 떨림에도 민감하게 만든다. 누가 어떤 비판을 하든 간에, 클라인은 우리의 본성 또는 우리의 정신-유기체 안에 뿌리내리고 있는 파괴적 환상들, 불안들, 갈등들, 행동들에 대한 취약성을 간과할 수 없게 한다. 그녀의 작업은 우리가 삶의 불의들을 얼마나 많이 바로잡는다고 해도, 물론 그렇게 노력하는 것이 중요하지만, 우리가 우리 존재 안에 있는 파괴적 세력들을 따라잡지 못하는 한, 우리의 성공은 흔들리기 쉽다는 사실을 깨닫게 해준다.

10 장

멸절된 자기[1]

우리는 죽음, 시체들, 위협하는 인물들을 두려워하는 꿈을 꾼다. 시체들은 살아나 삐그덕 거리며 녹슨 관절들을 사용하여 움직이려고 한다. 거기에는 죽은 지점들이 있고, 살인자들과 강간범들은 꿈속에서 우리를 압도하려고 위협한다. 압도되는 것에 대한 두려움이 심리적 삶 속으로 스며든다.

나는 우리 중 어느 누구도 유아기나 아동기를 완전하게 살아남지 못한다고 생각한다. 살아있는 것은 살아남지 못한 자기의 무덤들 위에서 살아남은 것이다. 우리는 현재의 우리가 되기 위해, 우리가 될 수 있는 것이 되기 위해 많은 것들을 뒤에 남겨둔다.

우리는 벌거벗음뿐만 아니라 멸절도 가린다. 우리는 우리의 실제 모습보다 더 좋아 보이고, 더 생기 있고, 더 매력적으로 보이려고 노력한다. 우리는 삶의 신호들로 멸절된 자기에 대한 느낌을 가리려고 한다.

* * *

마를린(Marlene)은 자신의 무섭고 일그러진 얼굴을 감추기 위해 겹겹이 화장을 하는 한 여성에 대해 이야기한다. 누군가와의 접촉에 의해 용기를 얻어서 그리고 필요에 내몰려서, 그녀는 어느 날 화장을 하지 않고 나타나 있는 그대로의 그녀 자신을 보여준다. 오싹하고 소름 끼치는 순간이지만, 그녀는 그렇게 해야만 한다. 그녀는 그녀의 피폐한 자기를 감당할 수 있는 한 사람에게 그것을 보여준다. 아니, 그것은 맞지 않는다. 마를린이 그것을 감당할 수 없을 지도 모른다. 그것이 사실에 더 가깝다. 누구도 감당할 수 없는 것을 치료에서 시도하는 것이다. 인류는 사람들이 서로를 괴롭히는 데 따른 고통을 감당할 수 있는 능력을 진화시키지 못했다. 치료에서 사람은 타자에게 그리고 스스로에게 너무 과한 것을 시도한다. 아무도 감당할 수 없거나 앞으로도 영원히 감당할 수 없을 수도 있는 것을 시도한다. 누군가가 그것을 감당할 수 있는지 없는지와 상관없이, 그것은 치료실 안으로 들어와 공유된다.

* * *

치료를 행한다는 것은 그녀의 환자의 멸절을 남김없이 보는 것이며, 그것은 감당되어질 수 없는 것을 공유하는 것과도 같다. 마를린은 그녀의 환자의 위장되지 않은 얼굴을 보았을 때 그 얼굴이 움츠려 드는 것을 느낀다. 그것은 마치 공포로 가득한 신화들이 가끔 묘사하는 것과도 같다. 어떻게 인간 존재에게 이런 일이 일어날 수 있을까?!

그녀는 그것을 우리에게 전달한다. 우리는 그런 것들에 대해 말하는 사람들의 공동체에 동참하고 그것들을 예술로서 표현한다. 가장 일반적인 표현의 형태는 외상을 다른 사람, 다음 세대, 자신과 가까운 사람들에게 전달하는 외상의 매개이다. 그것은 정치, 가정, 친밀함, 전쟁, 경제적 문제 등을 통해서 삶에 끔찍한 일들을 발생시킨다.

치료는 우리가 서로에게 하는 것을 감지하고 보기 위해 시간을 소비한다. 그것은 가장 내밀한 황폐함을 공유하면서, 충격들과 함께 머무른다. 그것은 고백이요, 내보임이다. 설령 그 멸절된 얼굴이 마를린의 마음을 찌르고, 그녀를 얼어붙게 하더라도, 그것은 기록되고, 주목된다. 마를린이 견딜 수 없는 것에 의해 녹초가 된다는 사실이 환자로 하여금 자신의 흔적을 만들고 영향력을 미칠 수 있게 한다. 최악의 상황에 대한 일별은 타자를 제외시키지만, 타자는 계속되고, 치료 또한 계속된다. 치료라는 맥락에서, 탈선은 제외되는 것을 공유하는 것이다.

* * *

마를린이 공유하도록 강요된 사례에서는, 전체 상황에 대한 순간적인 그림이 하나의 얼굴 안에 압축되어 있다. 그 얼굴은 보통 덮여있고, 숨겨져 있는 얼굴이다. 멸절된 존재처럼 보인다는 것은 수치스런 일이다. 그것은 다른 사람들로 하여금 등을 돌리게 하고, 자신을 더욱 외롭게 만들 것이다. 그러나 마를린의 환자는 바로 이것을 하도록 내몰린다. 그것이 치료가 초대하고, 심지어 추진하는 것이다. 다시 말해서, 그것은 살아남을 수 없는 것을 살아남는 문제가 아니라 멸절을 공유하는 문제이다. 함께 멸절되는 것이다. 환자의 가장 내밀한 황폐함은 꿈속으로 침투하는 도둑보다 더 철저하게 다른 인간 안으로 침투해 들어온다.

* * *

자신의 두 눈을 찔러 스스로 눈을 멀게 한 오이디푸스 이야기 외에도, 신화, 종교, 문학 안에는 볼 수 없거나 봐서는 안 되는 것들을 보았기 때문에 죽거나, 돌이나 소금으로 변하는 이야기들이 있다. 신을 본 자는 살 수 없다거나, 메두사의 얼굴을 직접 본 자는 살 수 없다는 것은 너무 과한 것에 의해, 또는 경험될 수 없는 것이나 강한 충격에 의해 망가진 느낌을 나타낸다. 이 점은 오이디푸스도 마찬가지이다.

그것은 단지 그가 죄책감이나 수치심만으로 자신의 눈을 멀게 한 것(이오카스테[Jocasta, 아들인 줄도 모르고 오이디푸스와 결혼한 테베의 왕비, 역주]의 자살처럼, 전체를 보여주는 일부분)이 아니라, 보는 것 자체가 눈을 멀게 한 것이다. 태양을 직접적으로 바라보는 것이 그렇듯이, 영혼 안을 똑바로 바라보는 것은 인간의 시각 기관이나 경험할 수 있는 능력이 감당할 수 없는 것일 수 있다. 그러므로 정신분석의 한 가지 주제는 이것이다: 우리는 정신이 작용하는 방식들을 감당할 수 없고, 잘 감당하지 못하며, 그 방식들을 어떻게 해야할지 모른다. 그럼에도 우리는 우리의 눈을 멀게 하는 것을 보도록 이끌린다.

이와 관련된 성서 이야기들 중 하나는 자신들만의 방식으로 신께 너무 가까이 가려고 하다가 불에 타버린 아론의 아들들에 관한 것이다.?그들은 신을 위해 "이상한" 제사를 준비했다. '이상하다' 또는 '기이하다'라는 단어는 유일하고, 개인적이고, 고유한 것을 의미한다. 나의 이름인, 아이건(Eigen)은 이상한, 기이한, 개인적인, 흔한, 적절한, 고유한 등의 의미를 갖고 있으며, 그 성씨의 역사 속에서 그러한 뉘앙스들을 담아낸다.

아론의 아들들은 정해진 제사 율법을 따르지 않았다. 그들은 자신들이 원하는 방식대로 의례를 만들었다. 랍비들은 그들이, 바벨탑 사건에서 신성을 공격하고 신의 영역을 차지하려고 했던 사람들처럼, 신을 직접적으로 만나려고 했던 것이 문제라고 논평한다. 신비주의적 유대교에서는 그들이 신께 가까이 가려는 욕망에 의해 타버렸다고 말한다. 욕망의 불, 즉 신, 개방성, 공(空, sunyata)만을 남기는 불에 의해서 말이다.?

우리가 직면하는 것이 손상을 입힌다는 생각은 오래된 주제이다. 똑같이 오래된 주제기 있는네, 그것은 우리 자신과 직면하지 않는 것이 손상을 입힌다는 생각이다. 우리는 그 사실을 알아차렸다. 손상을 가하는 것은 삶의 과정들과 심리적 삶 및 상징적 삶의 출현의 일부이며, 우리는 그 과정에서 새로운 종류의 손상들을 만난다. 성격, 자기, 감정, 자아, 영(spirit)에 가해지는 손상들, 즉 우리가 함께 창조해 가는 새로운 종류의 고통들을 말이다.

* * *

우리 중 많은 사람들은 심리적 현실이 또는 경험이 말하도록 허용하기를 원하고, 어떤 것을 함께 창조할 수 있기를 원한다.?그들은 뛰어들고, 끈을 잡아당기고, 더럽히고, 빈둥거리고 싶은 충동이 발달하도록 허용한다. 이 논의에서 우리는 멸절된 자기에 대해 생각하고 있다. 마를린의 환자의 무섭고 소름 끼치는 실제 얼굴은 우리가 목표로 삼고 있는 지점으로 우리를 데려간다.

우리는 멸절된 자기를 갖고 산다. 그것은 이런 저런 특성들이나 표현들에서 모습을 드러낸다. 마를린의 환자는 진실을 만나는 순간에 멸절된 자기를 보여주는 위험을 감수한다. 때로 그것은 정서적이고 지각적인 장의 중심으로 스스로를 드러낸다. 나는 우리들 중 많은 사람들이 서로에게서 멸절된 자기를 본다고 생각한다. 마치 사냥개처럼, 우리는 그것의 냄새를 맡는다. 설령 우리가 괜찮아 보인다고 해도, 우리는 엑스레이처럼 내면을 들여다보고, 그것을 찾아낼 수 있다. 우리는 질식되고 사라진 것에 머물도록 우리 자신을 훈련시키기 시작한다. 이에 관해 이야기하는 유일한 방식은 없다. "어떤 하나의 방식이 마치 유일한 것 인양 말하는 것은 살아있는 과정을 죽은 절차로 바꾸고 얼어붙게 만드는 경향이 있다. 그러나 그러한 단어들은 주의를 필요로 하는 것에 주의할 수 있게 한다.

나는 서로의 멸절된 자기가 알려지고, 느껴지고, 받아들여질 때가 있을 거라고 희망할 수 있다. 내가 말하는 알려짐은 모든 부분들이 명확하게 규명되는, 과학적인 알려짐을 의미하지 않는다. 우리는 우리의 멸절된 자기들에 대한 모든 세부사항들을 알 수도 있고, 모를 수도 있다. 우리는 설령 그런 것들에 대해 무슨 말을 해야 할지는 몰라도, 그런 것들이 존재한다는 것을 안다. 멸절 과정들은 우리가 구성되는 방식의 일부이다. 우리는 죽은 영역들과 함께 살아간다. 내가 희망하는 것은 멸절된 자기를 위한 공간을 만드는 것을 통해서 우리가 덜 파괴적인 존재가 되는 것이다.?우리는 종종 우리의 멸절된 존재들의 현실성에 도달하기 위해 서로를 상처 주고 심지어 파괴하기도 한다. 파괴성은 우리가 얼마나 파괴되었다고 느끼는지를 "보여주는" 것을 목표로 삼고 있지 아니한가! 치료는 우리 자신을 파괴하지 않고 멸절된 자기와 접촉할 수 있는 한 장소이다. 말하고, 느끼고, 상상하는 것은 파괴하고자 하는 강박에 굴복하는 것보다 비용이 덜 드는 발견 방법이다.

* * *

　엘렌(Ellen)은 섭식장애 안에 자리잡고 있는 멸절된 자기에 대해 이야기하고, 성격 형성이 시작되는 시기에 겪은 파국에 대해 언급한다. 한 환자는 어머니가 자기를 토막 낸 후에 피로 가득한 욕조 안에 두고 있는 꿈을 꾸었다. 엘렌은 너무 무서워 볼 수 없었던 한 소프라노 가수에 관한 이야기를 생각했다. 그녀의 환자는 받아들이기에 너무 끔찍한 심리적 현실을 묘사했지만, 치료는 그것을 꿈속에서 끌어냈다.

　엘렌(Pearlman, 2005)은 섭식장애 환자들을 수년 간 다뤄 왔고, 그 분야에 대해 잘 알고 있다. 그녀는 이렇게 말한다. "제 느낌은, 섭식 장애를 가진 대부분의 환자들이 그들의 몸에 대해 머리끝부터 발끝까지 역겨워하고, 자주 몸의 위와 아래를 혼동하거나 몸의 구멍들이 서로 교환될 수 있다고 생각한다는 겁니다. 그들은 그들의 몸을 난도질하고, 받아들여질 만한 한 부분을 찾을 거예요. 제가 맡았던 한 여성 환자는 자신의 발을 사랑했지만, 다른 신체 부위는 하나도 쳐다볼 수 없었어요. 또 어떤 환자는 복부와 마음을 혼동해요. 그녀는 음식을 먹고 그 음식이 너무 오랫동안 머물러 있다고 느껴지면, 자신이 미쳐버릴까봐 두려워하는데, 그것은 그녀가 음식을 먹지 않거나 관심을 받지 않은 채 침대 속에 너무 오래 머물러 있을 때 그녀가 느끼는 것과 똑같아요. 심리적 소화나 신체적 소화, 그 어느 것도 신뢰할 수 없어요."

　이런 개인들은 자신들의 신체의 일부를 사용하여 멸절에 대한 보다 전체적인 느낌을 표현하면서, 자신들의 몸 안에 황폐함의 감각을 만들어낸다. 피폐하고, 외상화된, 멸절된 자기 혹은 자기의 측면들은 우회 기능을 형성하는 것을 통해서 표현된다. "음식 장애들"은 자체를 제한된(전체를 대표하는 일부분) 것으로 나타낼 수 있지만, 그것들은 자신들만의 고유한 무의식적 논리에 속아 죽음으로 인도할 수 있다.

* * *

　다른 어느 날, 엘렌은 그녀가 참여하고 있는 한 맨손체조 교실에서 젖가슴이 한쪽 밖에 없다는 사실이 뚜렷이 드러나는 티셔츠를 입고 있는, 머리숱이 없는 한 여성을 보았을 때 자신이 얼마나 두려웠는지에 대해 말한다. "똑같은 경험을 여러 번 했는데도, 어떻게 반응해야 할지 모르겠더라고요. 저는 그녀의 용기에 감탄하지만, 그것이 과잉보상일 수 있다는 것도 알아요. 저는 인공 젖가슴 없이 집 밖에 나간 적이 한 번도 없어요. 저는 그녀가 건강하길 바라며, 저 자신도 그랬었다고 말하고 싶었지만, 그 기억을 다시 떠올리고 싶지 않았어요. 마침내, 저는 정말로 그녀를 쳐다보았고, 눈을 다른 데로 돌리지 않았으며, 그녀로 인해 당황해 하지 않았어요. 제가 암을 경험하기 전이었다면, 전 아마 그렇게 느끼지 않았겠죠. 저는 그렇게 할 수 없었을 거예요. 그것은 어떤 …"

　그녀의 환자가 자신의 공포스런 얼굴을 드러냈을 때 마를린이 느꼈던 으스스함은 그녀가 겪었던 유방 절제술을, 그리고 그로 인한 상실, 상처, 신체윤곽의 변형을 상기시켰다. 깊은 두려움이 그녀의 몸을 통과해 흐른다. 그 환자의 얼굴이 곧 그녀의 몸이다. 그녀의 절단된 몸은 시체들, 죽어가는 몸들, 섬뜩하거나 무감각하거나 멍한 공포들로 가득 찬 아동기의 꿈들로까지 거슬러 올라가 빛을 발한다. 꿈이 주는 공포들은 우리의 존재를 추하게 변형시키고, 그 변형이 느껴지는 방식을 묘사한다.

　엘렌과 마를린은 아동기 공포와 성인기에 겪은 외상의 잔여물을 공유하고 있다. 고통은 우리를 숨게 한다. 많은 수치심이 고통에 달라붙어 있다. 우리는 고통이 사적인 것이라고 생각하고, 뒤로 물러난다. 너무 많은 아동기의 고통이 답을 얻지 못하거나 잘못 이해된다. 사람들은 삶의 고통에 어떻게 반응해야 할지 알지 못하면서, 무력하게 서로의 고통과 자신들의 고통을 두려워한다. 그러나 고통은 공명하고, 연결한다. 어느 정도, 우리는 그것에 익숙해지고, 그것은 우리의 공동체 감각의 일부가 된다. 엘렌과 마를린은 고통을 통과해내는 경험과, 통과해내지 못하는 것에 대한 두려움, 그리고 변화에 대한 압력을 공유한다. 우리는 이런 식으로 성장하고 싶지 않을지도 모른다. 그러나 그들의 경우엔, 고통과의 씨름이 생명의 길을 연다.

* * *

마를린은 아동기 때 꾸었던 꿈에 대해 이야기한다. "그 꿈의 배경은 절대적이고, 참혹하고, 공포스런 침묵이었어요. 한 해변 위에 수 십구의 시체들이 놓여있고, 그것들의 정지됨이 침묵 속으로 녹아 들어가, 침묵을 죽음으로 물들였어요. 어쩌면 죽음이 침묵, 시체들, 그리고 정지됨의 혼합물에서 자체를 드러내고 있었다고 말해야 할지 모르겠네요. 이 세미나에 참여하기 전까지 수년간 한 번도 기억나지 않았지만, 오늘 저는 그것을 기억하고 그 꿈에서 느꼈던 것들을 느낄 수 있습니다.저는 제가 그것을 제대로 이해한 적이 한 번도 없다고 생각했어요. 그것은 전통적인 해석들과는 맞지 않는 것 같았어요. 지금 저는 이 꿈이 저의 멸절된 자기였다는 것을 알아요. 제 환자가 제 안에서 다시 불러일으키려고 위협했던, 제가 도망쳐 나오고 싶었던 그 자기 말이에요. 그것은 제가 유방암과 유방 절제술을 겪으면서 직면했던 바로 그 자기였어요. 이제 저는 좀 더 많은 이해를 갖고 진정한 방식으로 나의 회기에 임할 수 있다고 생각합니다. 그 여성 환자의 섬뜩하고, 소름끼치는 멸절된 자기와 직면했을 때 제가 두려워했던 것을 꿈들과 말들 안에 간직한 채 말입니다.”

엘렌과 마를린은 눈에 보이지 않는 것을 볼 수 있었고, 머무를 수 없는 것과 함께 머무를 수 있었다. 조금 더 많이. 그것은 그들의 일과 그들의 인격을 위해 더 좋은 일이었다.

이러한 보는 것과 머무는 것의 일부는 죽음을 허용하는 것을 포함한다. 마를린이 꿈에 보았던 시체들, 멸절된 자기, 심리적 죽음 및 신체 형태의 변형뿐만 아니라 실제적인 죽음 및 기형적인 신체의 위협, 그녀의 환자의 황폐한 얼굴, 황폐한 영혼에게 있을 자리를 마련해줄 필요가 있다. 사람은 죽음 안으로 생명을 불어넣지도 않고, 삶을 발생시키기 위해 보상적이거나 히스테리적인 활동을 하지도 않는다. 사람은 어떻게든 죽는다. 마를린은 자신이 죽음이 존재하는 것을 허용할 수 있다는 사실을 깨닫고, 그것과 함께 머무르고, 그것을 맛본다. 그때 그 다음 일이 일어나고, 어떤 과정이 발생하며, 지속된다. 우리는 주목할 필요가 있는 것에 머무를 수 있도록 서로에게 용기를 준다. 우리의 상호 작용은 이러한 일이 일어나는 데 하나의 역할을 한다. 자신의 공포의 진실을 보여주어야 했던 마를린의 환자가 그 예이다. 우리는 너무나 끔찍한 것이어서 보여줄 수 없는 것들을 드러내 보일 필요가 있다. 그리고 설령 우리가 그것을 본다고 해도, 우리는 그것을 가지고 무엇을 해야 할지 알지 못할 것이다.

어떤 환자는 그녀의 가족 중에는 아기에게 무엇을 해야 할지 아는 사람이 아무도 없었다고 나에게 말했다. 그녀는 신과의 연결을 통해 삶을 유지할 수 있었다. 그녀는 신과의 강한 연결 관계를 발달시켰고, 자위를 많이 했다. 그녀가 더 나이가 들었을 때,

그녀는 남자들과 성애적인 관계를 가졌지만, 결코 충분하지 못했다. 그녀의 삶의 중간 부분 전체는 결코 충분히 태어나지 않았거나 죽지 않았다. 그녀는 그 중간 지역을 시체가 나오는 꿈들 속에서 보았고, 자신의 신체 안에 있는 죽은 지점들, 그리고 비어있는 지점들을 느꼈다. 그녀의 말투에는 영적이고 성애적인 강렬함이 담겨 있었지만, 그 사이에는 무언가가 빠져있었다. 그 양 극단은 영과 에로스를 진공 속으로 부어 넣으며 그 틈새를 채우기 위해 헛되이 애써야 했다.

죽은 것처럼 보이지 않기 위해, 또는 그 죽음을 보지 않기 위해 많은 노력들이 행해진다. 많은 노력들이 시체들을 심리적 풍경과 외부 세계(이 둘 사이에 명확한 구분은 없다)에 버리는 것을 통해서 그 상황을 전쟁으로 또는 이런 저런 종류의 재앙적인 승리들로 바꾸는 데 사용된다. 우리는 손상되었다는 우리의 느낌을 현실적인 것으로 만들기 위해 재앙들을 만들어낸다. 우리의 손상된 자기들은 자기-표현의 형태로 세상을 손상시킨다. 몇 년 전, 플로리다의 에버글레이즈 국립공원(미국 플로리다주 남부에 위치한 소택지)의 한 여행 가이드는 죽어가는 호수에 대해 이야기했다. 사람은 보여지기 위해서 어떤 대가를 치러야 하는지 궁금해 한다.

나는 엘렌이 표현하는 어떤 것, 즉 젖가슴/젖가슴이 없는 대머리, 또는 마를린의 환자의 황폐한 얼굴처럼 자신이 보여줄 수 없었던 것을 보는 것이 어떤 느낌인지 생생하게 느낀다. 그것은 경악, 암시적 공포, 혐오, 혹은 그러한 감정에 들어맞는 어떤 것, 어쩌면 일종의 공포스런 경외이다. 아기가 메두사 어머니의 얼굴을 보는 순간들이 있다. 그것은 악마의 얼굴, 또는 마귀일 수도 있다. 나는 아기가 죽음을 보는지는 확신하지 못한다. 만일 아기가 죽음을 본다면, 그것은 살아 움직이는 죽음, 살아있기에 더 무서운 죽음일 것이다. 죽음의 얼굴을 본다는 것은 특정한 종류의 죽음을 겪는 것이다. 거기에는 충격, 긴장, 얼어붙음, 비명이 있고, 위로가 주어지지 않는다면, 죽어가는 일이 발생한다. 끔찍스런 충격의 상태 안에는 이미 부분적인 죽음이 들어있다. 사람은 그렇게 어린 나이에 그런 일이 일어날 수 있다는 것을, 그리고 그런 일이 자신에게 일어난다는 것을 믿을 수 없다. 그리고 그것은 평생 동안 지속되는 충격이다. 때로는 십대 또는 이십대에 특정한 수준의 자기-의식(self-consciousness)에 도달하게 될 때 이런 현상이 더 심각하게 드러나기도 한다. 그 충격이 나이를 먹으면서 줄어든다고 생각하는 것은 위험하다: 나는 나이 든 사람들이 충격으로 인해 사망하는 것을 자주 본다. 우리는 결코 이 문제에서 벗어나지 못한다.

우리가 이 충격에서 회복될 때, 우리는 오직 부분적으로만 회복된다. 우리는 때로 더 온전히 회복되었거나 삶의 새로운 차원에 도달했다고 느끼거나 차이를 느낀다는 점에서 그렇게 말할 수 있다. 엘렌과 마를린은 모든 것이 제자리를 찾고, 현실이 다시 한번 현실이 되고, 있는 그대로, 더 온전하게, 더 많은 결을 지닌 채, 풍부하게 상처 입은 자기를 여는 문들이 되는 지점까지, 비극을 만나고 그것을 극복하기 위해 온 힘을 다해 노력했다. 마를린(Goldsmith, 2004)은 프리다 칼로(Frieda Kahlo)의 신체적 고통과 영혼의 고통, 그리고 예술로의 여정에 관한 자신의 논문에 대해 이야기한다. 그녀는 알아볼 수 없을 정도로 왜곡되는 것을 견디지만, 결국에는 "Vive la vida"(인생 만세)라는 말로 논문을 끝낸다.

* * *

제프(Jeff)는 아동기에 꾸었던 꿈을 묘사한다: "저는 해변가에서 바다를 바라보고 있어요. 어떤 배가 다가옵니다. 저는 그 배가 해변에 닿을 때, 제가 거기에 타면 죽을 거라는 걸 알고 있습니다. 그것은 저를 죽음이라고 불리는 어떤 장소로 데려가려고 오는 배입니다. 저는 비명을 지르며 깨어났습니다. 부모님은 제가 그 꿈을 꾸고 난 뒤 몇 주 동안 '배에 탄 사람'에 대해서만 이야기했다고 합니다. 그들은 제가 무엇에 대해 말하고 있는지 알지 못했습니다. 저도 제가 무엇에 대해 이야기하고 있는지 의식적으로 알지는 못했습니다. 저는 퍼겟 사운드(Puget Sound, 미국 워싱턴 주 북서부에 있는 만(灣) 지역)에서 성장했습니다. 그러나 저는 배들에 대해서 말하는 게 아니었습니다. 저는 죽음, 혹은 죽음에 대한 선재적인 관념에 대해 말하려고 애쓰고 있었습니다. 왜일까요? 성인으로서, 저는 그것이 제가 태어나기 몇 주 전 제 할아버지가 돌아가셨기 때문이라고 생각합니다. 저는 아버지가 할아버지께 저를 보여드리고 싶어 했다는 걸 알고 있습니다. 제 친할머니는 제가 태어나고 나서 일 년 후에 돌아가셨습니다. 저는 어머니가 열두 살일 때 돌아가신 외할아버지의 이름을 물려받았습니다. 어머니는 제가 아기일 때 죽을까봐 걱정하셨고, 한번은 민달팽이 독이 있는 마당의 흙을 먹었다고 생각해서 위세척을 하러 병원에 달려간 적이 있었습니다. 제 누나는 태아 시절에 거의 죽을 뻔 했고, 그녀의 십대는 암울하고 독이 든 자기의 파편들, 그리고 융합하고, 침범하고, 갉아먹고, 폭발하는 대상으로 가득 차 있었습니다. '가족 분위기'를 처리해야 하는 그 아기의 마음과 신체 안에서는 어떤 일이 일어났음이 분명합니다. 그 일로 인해 죽음은 제 안의 혼합된 어떤 것의 일부가 되었고, 그것은 우울증, 정신 신체적 성향, 그리고 고통을 통과해나가는 길을 찾기 위해 상상력을 사용해야 할 필요의 일부가 되었습니다. 무엇보다 그 강렬함이 제게는 두려웠습니다. 그러나 어떻게든 사람은 성장하게 되어 있습니다."

제프는 죽음의 공포에 대한 역사, 즉 죽음이 그의 삶 속에 자리 잡은 특정한 형태의 죽음에 대해 묘사한다. 그러나 죽음 자체의 역사는 존재하지 않는다. 죽음 또는 죽음에 대한 의식은 역사를 추진한다. 죽음은 우울증의 역사를 제공한다. 죽음과 죽음에 대한 두려움은 제프의 가족 전체 안에 스며들어 있다. 제프의 꿈에서 죽음은 압축되어 있다. 죽음의 배와 배를 탄 남자는 움직임과 뱃길로 자주 묘사되는 죽음을 나타낸다. 움직임을 잔잔하게하는 움직임 말이다.

스틱스 강(River Styx, 그리스 신화에 나오는 저승의 강)의 뱃사공, 랭보(Rimbaud, 프랑스의 시인)의 술 취한 배, 우파니샤드(Upanishads, 고대 인도의 철학서)가 말하는 죽음과의 만남 … 이것들은 외상과 아름다움, 멸절과 창조성의 혼합물들이다. 아이들은 성에 대해서 뿐만 아니라 죽음에 대해서도 알고자 하는 욕동을 갖고 있다. 실제(the real)를 향한 욕동, 그 실제를 전력을 다해 경험하고자 하는, 그러나 그 실제로 인해 겁에 질리고, 우울해지는 욕동 말이다. 그 뱃사공은 그들로 하여금 삶을 두려워하게 만든다. 죽음과 공허의 영역들이 생겨난다. 사람은 삶을 두려워하게된다. 그 꿈은 아이들이 자신들이 흥정한 것보다 더 많은 것을 얻는다는 것을 말해준다. 그들은 자신들이 추구하던 지식을 얻지만, 그 지식은 그들을 겁에 질리게 한다.

그것은 단순히 뒤를 돌아보는 것만이 아니라, 파괴를, 즉 롯의 아내를 소금으로 만들어버린 그 파괴적 진실을 보는 것이기도하다. 그리고 오르페우스는 어떠한가? 그가 에우리디케(Eurydice, 그리스신화에 나오는 오르페우스의 아내)를 잃게 되는 것은 그가 그녀를 보기 위해 고개를 돌렸기 때문일까? 아니면 그녀가 감당할 수 없는 지옥을 보았기 때문일까?

하지만 여기에는 강렬함, 몰입, 저항, 강한 영향력에의 욕구가 있다. 숨고, 모든 것이 더 낫다고 믿으며, 그렇게 해서 삶을 지속하려고 하는 욕구뿐만 아니라 사람이 알기 두려워하는 것을 알려고 하고, 맛보기 두려워하는 것을 맛보려고 하는 욕동 말이다. 신체에 의해서 강요되는 죽음으로서의 배, 사람이 생명이라고 느끼는 몸으로서의 배가 있다. 랭보에게 있어 삶에서 표류하는 그 배는 시적 충동이자 심리적 움직임이다. 어떤 사람들은 심리적 움직임을 죽음이라고 여겨 두려워한다. 몸은 사람을 실망시키고, 삶은 사람을 실망시킨다. 삶을 지속하기 위해서, 지연시키는 모든 것들을 뚫고 가기 위해서, 창사에 종상을 입은 채, 심장에 구멍이 뚫린 채 앞으로 나아간다. 사람은 때로는 달리고 때로는 날면서 그런 장애물들과 함께 움직이는 것에서 만족감을 얻는다. 우리가 침대에서 일어날 수 없는 것은 놀랄 일이 아니다. 우리는 손가락 하나를 들어올리는 선불교의 스승에게서 교훈을 얻는다; 당신이 손가락 하나를 들어 올릴 수 있다면, 당신은 무엇이든 할 수 있다.

자신을 들어 올리고, 상승시키며, 영혼을 가볍게 하기 위해서 우리는 우리 자신에게 상당한 무게가 되어야만 한다.

제프의 미적이고 진실에 대한 감각은 타고난 현실의 일부이다. 일생동안 그것은 강렬함을 획득하고, 죽음을 맛보는 것으로 채워진다. 제프는 죽음이 그의 마음을 닫게 만들고, 강렬함에 대한 두려움을 일으켰다고 말한다. 그는 깊은 데서 마음을 파괴하는 과정들에 대해 썼다(Eaton, 2005). 어릴 때 놀 수 없게 만든 것이 그의 성장 과정에서 계속해서 영향을 미친다. 그는 여러 해에 걸쳐 경험하는 위협들로 인해 수축된다. 공포로 얼어붙은 채, 끊임없이 계속되는 수축을 두려워한다. 그러나 그가 한 사람의 성인이 될 때, 삶은 더 커지고 죽음을 받아들일 수 있게 된다. 사람은 죽음을 향해 성장한다. 그가 죽음을 향해 성장할 때, 죽음은 삶에 온기를 주고, 삶의 아름다움에 색조를 더한다. 비록 이것이 우리의 비명을 멈추지는 못하지만 말이다. "나는 비명을 지르며 깨어났다." 아이로서 그리고 어른으로서. 그것은 우리가 결코 성장을 통해서 완전히 벗어날 수 없는 비명이다.

* * *

맥(Mac)은 이렇게 말한다: "몇 년 전 어느 날 저는 아침 뉴스를 보다가, 처음으로 존베넷 램지(JonBenet Ramsey, 리틀 미스 콜로라도로 뽑혔으나 6세 때 폭행된 후 살해된 채 부모님 집에서 발견된 여자 아이)를 보았습니다. 그녀가 살해되었다는 뉴스의 일부로서, 공연을 하고 있는 모습과 함께 말입니다. (저는 어린이 미인대회에 대해서는 들은 적이 없었습니다.) 저는 울고 있는 저 자신을 발견했습니다. '어떻게 아이에게 저런 짓을 할 수 있을까?' 저는 저 자신에게 물었습니다: 아이를 그런 식으로 성애화(sexualize)하고, 그것을 소아성애적 문화라고 주장할 수 있을까? 그 아이의 이미지는 외상적 이미지가 그렇듯이 제 정신 안으로 들어왔습니다. 모든 방어들이 벗겨졌습니다. 정신은 고통으로 환원되었습니다. 그것은 멈추지 않을 고통, 수용될 수 없는 고통입니다. 제가 할 수 있었던 유일한 반응은 그녀의 외상을 구성하고, 그녀가 그것을 말하게 하는 것이었습니다. 3년 후, 저는 그녀를 주인공으로 하는 희곡을 썼습니다: 주인공인 그녀는 6세에 죽지 않고 35세의 나이에 우리와 함께 만나서 회상 장면들과 함께 일련의 독백을 하고 있는 내용이었습니다(Davis, 2003). 그 희곡이 앞에 내세운 것은 그녀의 외상을 해결하는 것이 아니라 그것을 구성하는 것이었습니다. 너무 깊이 침범당하는 바람에 의식 그 자체가 고통의 또 다른 원인이 되어 버린 한 정신 안으로 들어가기 위해서, 그리고 정신과 그 정신으로부터 나오는 삶의 핵심에 존재하는 외상적 상처를 열기 위해서 말입니다."

맥은 이 고통, 즉 심리적 외상의 중심에 있는 이 아픔으로부터 자라나는 비극적 창조성에 대해 이야기한다. 폭력과 멸절로부터 예술과 말이 자라나온다. 사람은 이 멸절된 핵 안에서 자신을 구성한다.

그는 아동기 때 꾼 꿈 이야기를 한다: "아직 아이였을 때, 저는 아버지가 입던 푸른 색 해군복을 본떠 만든 작은 제복을 입은 채 촛불이 은은하게 켜져 있는 방 안의 작은 관 속에 누워있습니다. 가족들 모두가 숨을 죽인 채, 마치 마네킹처럼 딱딱한 자세와 관습적인 몸짓으로 둘러 앉아 있습니다. 저는 차분한 상태입니다(어쩌면 처음으로). 모든 투쟁은 끝이 났고, 모든 저항도 없어졌습니다. 저는 사랑의 영 안에서 일어난 모든 일을 받아들입니다. 단 한 가지가 남아 있습니다. 그것은 하나의 요청입니다. 움직이지 않은 채 저는 그들에게 제가 이미 절대 깨질 수 없는 것으로 알고 있는 규칙에 한 가지 예외를 청합니다. 그것은 제가 무엇보다도 절실히 필요로 하는 것입니다. 그러고 나서 저는 제가 애지중지하는 테디 베어 인형인 브라우니를 가져다가 제가 외롭지 않도록 제 옆에 놓아달라고 다시 한 번 부탁합니다. 그것은 간청이었고, 그 안에 공황적인 요소는 없었지만, 그것을 들어줄 것이라는 희망도 없습니다. 그리고 마침내 거대한 사랑임에 틀림없는 물결 안에서 저는 모든 것을 받아들입니다. 그것은 그들이 기다려왔던 것이고, 그들을 울 수 있게 만들어주는 것입니다. 울음소리가 커집니다. 그것은 그들이 한 가족이 되기 위해 필요로 하는 정체성을 가져다주고, 그들을 하나로 묶어주는 것입니다. 이 지식은 제가 지금 반드시 해야만 한다고 알고 있는 것으로 저를 해방시켜주는 중심적인 현실입니다…. 그러고 나서 저는 혼자가 되고, 지하실, 차가운 돌로 된 장소, 어슴푸레한 황혼 속에, 그림자 영역 안에 있습니다. 저는 작은 관을 향해 앞으로 나아갑니다, 저는 거기에서, 그 안에 누워있는 저 자신을 봅니다. 그리고 저는 제가 바라보는 것이 됩니다. 한 아이가 잠을 자고 있습니다. 체념한 것 같은 그의 얼굴은 아름다웠고, 그의 입술에는 막 시작되는 미소가 얼어붙어 있습니다. 그러나 누구도 그 입술에 키스하여 그를 소생시키지 않을 겁니다. 그는 영원히 그 상태로 있을 것입니다. 그는 자고 있지만, 깨어나지 않을 것입니다."

맥이 한 말들 중에는 다음과 같은 말이 있다: "제 예감은 만약 우리가 멸절된 자기에 도달한다면, 우리는 한 명의 죽은 아이를 발견하게 될 것이라는 겁니다. 그 죽은 아이는, 물론, 자기 자신이지요."

내가 글을 쓰는 한 가지 이유는, 나의 뻣뻣해진 영혼이 희랍 신화속의 합창단처럼 흐느껴 우는 동안, 내가 응시하고 있는 체념한 잠자는 미녀로 머물지 않기 위해서이다. 우리는 왜 사랑이 신뢰받지 못하는지 알 수 있다. 그것은 사람을 조용하게 만든다. 그것은 죽음의 유대를 만들어낸다. 아름다운 체념을 말이다. 사람이 가족을 하나로 결속시키기 위해 무엇을 해야 하는지를 생각해보라: 가정을 하나로 유지시키기 위해 그는 죽어야 한다. 사회화의 일부로서의 죽음 말이다. 그것은 독이 든 유대요, 개인적 및 사회적 결속을 위한 시멘트로서 기능하는 손상된 유대이다. 그 꿈은 죽음에 대한 표현, 즉 맥으로 하여금 말을 하도록 매질하는 죽음에 대한 조롱의 표현이다. 아무리 불가능하다고 해도 가정의 결속을 유지하고, 자기의 결속을 유지하라는 것이다. 우리는 실존적 핵들, 내면의 죽은 아기들, 혹은 거의 죽은 아이들, 혹은 죽은 척하는 죽음에 대해 이야기하고 있다. 이것은 소중한 소통이다.

사람을 가라앉게 하기 위한 끔찍한 힘으로서의 사랑이 있다.

맥은 자신이 조용해지기를 거부하고 있다고 우리에게 말하고 있다. 그는 자신의 죽음, 유령, 피터팬의 어머니의 알 수 없는 체념과 유사한 잠자는 미녀를 바라보면서, 그의 일생을 살지는 않을 것이다.

「독이 든 양분」(Toxic Nourishment, 1999: 150-4)에서, 나는 수동적인 무력증에 빠지지만 듣고, 또 듣는 한 남자를 묘사했다. 그것은 어둠 속의 부모님들의 소리를 듣기 위해서 일까? 그의 죽어가는 과정에 대한 신호들을 듣기 위해서일까? 우리는 삶의 신호들과 삶이 아닌 것의 신호들에 귀를 기울인다. 맥은 정상성이 정신증의 본질을 감출 뿐만 아니라 광기의 한 형태라는 이유로 "정상성"에 반대한다. 사람은 실패자가 아니라 승리자가 되어야 한다는 기형적인 사회화 과정들로 가득 채워진다.

우리는 이 세미나에서 멸절된 자기의 물결들과, 과정들의 암시들을 본다. 많은 사람들이 일종의 죽음이나 황폐함의 현실을 소통한다. 심리적 죽음에 의한 자기의 세포적 침투는 중요한 의미를 갖는다. 거기에는 그것을 공유하고자 하는 허기가 있다.

심리적 죽음은 신체적 죽음 그 이상으로 복잡하다. 심리적 죽음은 삶의 많은 가닥들과 복제품들로 짜여져 있다. 죽음은 삶의 불꽃들로 죽음을 먹여 살린다. 심지어 가장된 삶조차도 삶의 긴장들로부터 자유롭지 못하다. 착취와 속임수가 존재하는 곳에서 누군가는 일종의 삶의 상실이라는 대가를 지불한다. 강력한 자기와 멸절된 자기는 삶의 측면들이요, 우리의 삶의 측면들이다.

사람들이 몸, 얼굴, 아이들, 가족과 관련된 황폐함의 느낌을 공유했다는 것은 감동적인 것이었다. 누군가는 천의 얼굴을 가진 멸절이라고 말할지 모르지만, 그것은 천개 이상의 얼굴을 가지고 있다. 우리는 외상을 축하하고 있는 것이 아니라, 그것을 구성하고 있고, 그것의 현실을 증명하고 있다. 어째서인가? 많은 이유들이 있겠지만, 그 중 하나는 외상과 그것의 영향들이 세뇌되고, 왜곡되고, 호도되고, 변질되기 때문이다.

우리는 정치적 장면에서 어른들이 어떻게 아이들을 속이고, 정신 속에 침투해서 현실을 왜곡하는지를 볼 수 있다. 우리는 이라크와 전쟁을 해야 한다는 거짓말과(유아-젖가슴에 관한 암시적인 언급을 주목하라), 파국적인 위협들(그들이 대량살상 무기들을 가지고 있다는)을 지겹게 들어왔다. 파국적 불안은 "사회화" 과정의 일부로 이용되면서, 권력과 통제에 의해 조작된다. 우리는 거짓말을 들으면서 우리의 감각을 흐리게 하고, 포기하는 것을 통해서 우리의 의심을 마취시킨다. 지도자들은 사람들이 파괴를 자행하도록 파괴에 대한 두려움을 이용하고, 다른 사람들에게 외상을 입히려는 의지를 이끌어내기 위해 외상을 이용하며, 자신들이 원하는 것을 하도록 사람들을 조종하기 위해 이상들(ideals)을 이용한다. 지도자들은 자신들이 무엇을 하고 있는지 아는 척 하지만, 우리는 그들이 유사-망상적(quasi-delusional)이라는 우리의 자각을 스스로 둔감하게 만든다. 우리는 힘을 행사함으로써 정신증적인 불안을 통제하려는 우리 자신의 욕구로 인해, 우리들의 지도자들이 갖는 환각들에(그리고 지도자들이 환각을 갖게 하는 데) 동참한다.

내가 느끼기에, 이 세미나에서 행해지는 의사소통적 시도들에서 무언가가 일어나고 있는데, 그것은 우리가 서로에게 너무 심한 손상을 입히지 않을 거라는 희망 안에서, 멸절된 자기와 멸절 과정들을 위한 공간이 만들어지는 것이다. 우리는 우리가 마주하고 있는 것을 공유하고, 만지고, 맛보려고 애쓴다. 이 "아야!"(ouch)라는 말에 대한 민감성이 중요하다. 종종 그것은 어떤 나쁜 일이 일어나고 있다는 것을 우리에게 말해준다. 나쁜 일 뿐만 아니라 잘못되고, 악한 일들도 일어난다. 민감성은 정의감과 암묵적으로 동맹을 맺고 있다. 인간 존재들을 염려하는 정의 말이다. 맥이 가족적 및 사회적 자기애의 제단 위에 놓인 존베넷의 훼손된 모습을 보았을 때, 그가 결코 회복할 수 없을 것이라는 파국적인 고통은 민감성에 미치는 외상의 충격과 잠재적 윤리 사이의 연결 관계를 증언한다. 너무 자주, 진정한 윤리적 관심 대신에, 착란의 물결들이 외상에 대한 민감성이 있어야 할 공간을 채운다. 우리가 외상에 대한 민감성에 기초한 윤리적 명령에 관해, 즉 우리가 수치, 두려움, 무력함, 권력에의 의지 안에 파묻어 놓는 윤리적 충동에 관해 생각해보는 것은 가치 있는 일이다. 우리가 맡은 일은 민감성이 진화하도록 돕는 것이며, 그것은 그 안에 둥지를 튼 윤리적 충동을 회복시키고 발달시키는 것을 포함한다.

* * *

멸절된 자기에 접근하는 특별한 방법이 있는가? 사람들은 종종 이런 질문을 받는다. "당신은 어떻게 그것을 합니까? 나는 무엇을 해야 할까요?" 그러나 거기에 단 하나의 방법이 있는 것은 아니다. 여기에 아들의 죽음에 대한 느낌과 연결시키고 있는 한 아버지의 짤막한 이야기가 있다. 이 경우, 죽음은 정확하게 우리가 말하고 있는 멸절된 자기(외상과 성장을 통해 으스러진 자기)가 아니라, 구체적인 아동기 위협이었다. 그러나 그 접근 방법은 우리가 연결하려고 노력하고 있는 것과 연관되어 있다.

케리(Kerry)는 이렇게 말한다: "제 막내아들이 생후 3개월 되었을 때, 그 아이는 죽을 수도 있는(분명히 그럴 가능성이 있는), 그리고 거의 죽을 뻔했던 희귀한 질병을 앓았습니다. 그 아이는 3년 간 화학요법 치료를 받았고, 그 후 두 번이나 더 죽음의 기로에 섰습니다. 물론 여기에는 가족사와 관련된 부분이 있지만,

그는 그 뒤로 몇 년 동안 매우 활기차고 건강하게 지내왔고, 이 경험은 자주 제 삶의 전면에 등장하지는 않았습니다. 다섯 살 때부터, 제 아들은, 때로는 외적 사건들과 함께 때로는 그런 사건들 없이, 비참한 공포의 자리로 갑자기 무너지곤 했고, 제게 '아빠, 나 죽고 싶지 않아'라고 말하곤 했습니다. (14세인 그는 이 말을 할 때만 '아빠'라는 말을 씁니다.) 저는 그를 '위로하는 것'이 소용없을 뿐만 아니라 실제로 사태를 악화시킨다는 것을 곧 배웠습니다. 여러 해가 지난 지금, 이런 일이 일어날 때, 저는 그 아이와 함께 무너지는 저 자신을 발견하고, 무언가 어떤 것을, 제가 어떤 명칭을 붙이는 것조차 하고 싶지 않은 감정을 느낍니다. 저는 고개를 끄덕이고, 그와 가벼운 신체적 접촉을 할 것이고, 끝없이 길게 느껴지는 얼마의 순간들이 지나면서 그것은 우리 두 사람 모두를 지나갈 겁니다. 지난 몇 해가 지나는 동안, 아이의 말은 이렇게 바뀌었습니다. '아빠, 난 죽으려고 해.' 그 말은 담담한 어조로 전달되지만, 그 아이의 모습과 함께 저는 다시 한 번 제가 서술할 수 없는 어떤 것을 느낍니다. 그 말은 제게 너무 진실처럼 들려서, 삶과 죽음의 수평선에 대한 이 강렬한 깨달음이 그의 존재를 창조하기 위해 결합되는 경험의 많은 파장들 중의 하나라고 생각하게 됩니다." (저는 그 아이가 죽음을 세포적 수준에서 느끼고 있다는 환상을 가지고 있습니다.)

"저는 이런 순간들에 제가 그 아이에게 제공하는 것이 '담아주기'라기보다는 '동반자가 되기', 또는 '동반자가 되는 것을 통한 담아주기'에 더 가깝다고 생각합니다. 저는 전에 이런 의문을 품었습니다: 왜 우리는 때로 타자들을, 아마도 특별히 우리가 가장 사랑하는 사람들을 황폐화시키는가? 저는 우리의 가장 깨어진, 가장 멸절된 자기들이 동반자 관계를 갈망하기 때문에, 그리고 우리가 황폐화시키는 것 빼고는 할 줄 아는 것이 없기 때문에, 자주 그 일을 한다고 생각합니다."

이러한 타자와 함께 존재하는 상태로 무너지는 것, 즉 타자의 가장 깊은 상태들 속으로 무너지는 것, 이것이야말로 우리의 멸절된 상태들에게 안식처를 제공하는 그런 종류의 민감성이 아닐까?

주(notes)

1. 이 장은 내가 2005년 5월에 행한 PsyBc의 온라인 세미나, "신앙과 파괴성(Faith and Destructiveness)"에서 가져온 것이다. 그 세미나는 "꿈속의 살인자들"(정서적 폭풍, 7장, 2005)과 "기본적 리듬"(민감한 자기, 2장, 2004)이라는 두 책의 내용을 토대로 한 것이었다. 나의 관심은 우리의 심리적 삶의 중요한 측면들을 확인하고, 우리가 그 측면들과 상호작용하는 방식들을 이끌어내는 것이었다. "멸절된 자기"는 인터넷 상에 올려진 답 글들에서 자연적으로 발생한 주제인데, 그 주제를 둘러싸고 중요한 실마리가 형성되었다. 나는 그 글들 중 일부를 여기에서 엮어냈고, 그 글들 사이의 상호교류를 허용했다. 그리고 그것은 우리의 멸절된 자기들을 만나고 그것들을 위한 공간을 만들어야 할 우리의 필요를 보태고, 풍부하게 하고, 복잡하게 만들었다. 내가 인용한 사람들은 내가 그들의 글을 사용하는 것을 흔쾌히 허락해 주었다.

후 기

감정들은 중요하다.

느끼는 것은 중요하다.

군인들은 전쟁이 그들에게 행한 것으로 인해 충격을 받는다. 최근 한 동료는 나에게 또 하나의 충격적인 이야기를 들려주었다(얼마나 많이 들었던지!). 베트남 참전 용사가 목을 매어 자살했다. 그는 살해당한 친구의 복수를 하기 위해 미친 듯이 광포해져서 헬리콥터를 타고 눈에 띠는 수많은 사람들을 냉정하게 살해한 사람이다. 이것이 이상한 병렬관계라고 생각되는가? 미친 듯 광포해지는 것과 냉정하게 사람들을 살해하는 것, 즉 냉정해지는 것과 미치는 것 말이다. 그 둘은 서로 반대인 것 같지만 사실 그렇지 않다. 폭력과 만날 때, 그 둘은 자주 융합된다.

이 청년은 자신의 동료는 죽었는데 자신은 살아남았다는 사실을 감당할 수 없었다. 무엇이 그에게 수많은 젊은이들을 살육하도록 허락했는가? 그는 그들 중 다수가 키가 크고, 강하고, 튼튼했다고 묘사했다. 그들은 악당처럼 보이지 않았다. 그들은 생명의 빛을 발산하고 있었다. 그의 상관은 그가 무엇을 하고 있는지 알고 있었다. 그의 국가적 무의식 안에서, 그는 애국자가 되어 있었고, 자신이 정확히 옳은 일은 아닐지라도, 더 큰 옳은 일을 위해 나쁜 일을 하는 것, 전쟁 안에서 옳은 일을 하는 것이라고 스스로를 정당화 하고 있었다. 죄책감은 결코 떠나지 않았다. 죄책감은 그의 영혼을 부패시키고, 삶을 갉아먹으며, 해가 지나면서 더 커졌다.

우리는 우리가 저지른 잘못에서 도망칠 수 있다고 생각하는 것을 좋아한다. 우리는 단지 대부분의 시간 동안 그것에서 벗어날 수 있기 때문에 그럴 수 있다고 생각한다. 우리는 더 한 짓을 하고도 그것에서 벗어나는 다른 사람들을 본다. 우리는 그 대가를 명백히 치르는 사람들이 있다는 것을 알지만, 그렇지 않은 다른 사람들에 대해서는 알지 못한다. 우리는 단지 상상할 뿐이다.

나는 우리가 사회를 구조화된 방식에 대한 대가를 치르고 있다고 생각한다. 오늘날, 하나의 특정 세력의 흐름이 집단의 힘이 감정을 느끼는 방식에 미치는 영향력에 관여하고 있다. 대중매체는 우리의 정서적 혈관들을 관통하는 기술의 도움을 받아 무엇이 경험될 수 있고 경험될 수 없는지를 구성하거나, 혹은 적어도 타자들에 대한 경험을 해석하는 데 있어서 특정 방식들을 선호한다. 소위 자유시장의 경쟁성은 그 바탕에 특정한 유일신 사상을 갖고 있다. 즉, 쾌락이나 권력 등, 어떤 것과 융합하든지 상관없이, 돈에 대한 숭배가 거기에 있다. 권력은 그 자체의 고유한 쾌락을 갖고 있다. 권력이 갖는 힘은 사람에게 뚫기 힘든 도취감과 삶을 둘러싼 일종의 방패를 준다. 적어도 그 방패에 금이 갈 때까지는 말이다.

나는 사람들이 치료를 받으러 오는 이유 중의 하나는 감정들이 매우 중요하다는 것을 말하기 위해서라고 생각한다. 감정을 느끼는 사람이 되는 것이 중요하다. 이 시점에서, 이 영역에서 성장하는 법을 배울 수 있는 장소들이 거의 없다. 권력은 감정들을 권력을 위해 봉사하는 힘으로 바꾸어 놓는다. 그러나 감정들은 더 지저분해지고 도피적이 된다. 정신적으로 숨을 쉬는 것은 권력 구조가 허용하는 것 이상을 필요로 한다. 좌파나 우파 독재 그 어느 것도 감정의 삶을 정당하게 취급하지 않는다.

이 책의 각 장들은 감정의 삶에 목소리를 준다. 거기에는 목소리가 목소리와 함께 공명하는 존재의 수준 또는 차원이 있다. 모든 목소리들은 다중의 음조들을 갖고 있다. 실용성은 다른 가닥의 소리가 아니라 한 가닥의 소리에 집중하도록 우리를 강요할 수 있다. 그러나 우리는 다른 목소리들, 우리의 목소리의 다른 부분들을 듣는다. 우리는 그 목소리들이 놀 수 있고, 서로를 들을 수 있으며, 뉘앙스들의 탄생을 추구하도록 허용되는 장소들을 필요로 한다. 거기에는 뉘앙스, 또는 심리적인 맛에 대한 허기가 있다. 우리는 서로의 정신을 맛보고, 이 특별한 형태의 놀이, 또는 이 소중한 종류의 맛을 가지고 무언가 좋은 것을 하고자 하는 욕동을 가지고 있다.

너무나 자주 권력은 놀이를 흉내 내고, 정말로 진실한 감정들을 파는 것이나 지배하는 것으로 변형시키고, 감정들에서 놀이를 빼앗고, 폭력과 무력감을 조성하고, 놀이를 부패시킨다. 권력은 삶의 일부이고, 생명력의 일부이다. 창의적인 권력, 윤리적인 권력, 좋음의 권력, 이것들은 자신들만의 고유한 방식들로 풍부한 목소리를 내는 목소리들이다. 우리는 착취적이고, 약탈적인 권력 대신에 실행 가능한 대안들이 있는지, 혹은 전자가 더 나은 목적을 위해 "착취"될 수 있는지 알지 못한다. 우리는 독성이 덜한 권력의 사용을 위해 우리의 존재들을 어느 정도까지 변화시킬 수 있는지 알지 못한다. 우리는 어느 정도까지 우리가 시도할 수 있을지조차 알지 못한다.

그럼에도 불구하고 개인들은 그들 자신의 사적인 투쟁들 안에서 그리고 더 큰 사회적 영역 안에서 그 일을 시도한다. 우리는 개인적인 삶의 심층에서 더 큰 세계 안에서 확대되고 있는 세력들을 보고 있고, 우리 존재의 비밀스런 영역들 안에서 사회적 영역 안에서는 발견되지 않는 세력들의 확대된 암시들을 발견한다. 사회적 개혁은 우리 자신들을 다스리는 방식들에 대해 말해주는 인간 정신에 대한 작업이 없이는 충분한 것이 되지 못한다. 사적인 삶과 공적인 삶, 이 둘은 하나로 짜인 삶의 일부라는 점에서, 우리는 그 두 가지 모두를 동시에 작업할 필요가 있다.

참고문헌

Abraham, K. (1973). Selected Papers. London: Hogarth Press.

Bion, W. R. (1962). Learning From Experience. London: Karnac Books(1984).

Bion, W. R. (1970). Attention and Interpretation. London: Karnac Books(1984).

Bion. W. R. (1992). Cogitations. London: Karnac Books.

Davis, W. A. (2003). An Evening with JonBenet Ramsey: A Play and Two Essays. Xlibris Corporation.

Eaton, J. L. (2005). The obstructive object. The Psychoanalytic Review, 92: 355-372.

Eigen, M. (1986). The Psychotic Core. London: Karnac Books(2004).

Eigen, M. (1993). The Electrified Tightrope, A. Phillips(Ed.). London: Karnac Books(2004).

Eigen, M. (1996). Psychic Deadness. London: Karnac Books(2004).

Eigen, M. (1998). The Psychoanalytic Mystic. London: Free Association Books.

Eigen, M. (1999). Toxic Nourishment. London: Karnac Books.

Eigen, M. (2001). Damaged Bonds. London: Karnac Books.

Eigen, M. (2004). The Sensitive Self. Middletown, CT: Wesleyan University Press.

Eigen, M. (2005). Emotional Storm. Middletown, CT: Wesleyan University Press.

Elkin, H. (1972). On selfhood and the development of ego structures in infancy. The Psychoanalytic Review, 59:289-416.

Frenczi, S. (1955). The Selected Papers of Sandor Ferenczi, M.D: Problems and Methods of Psychoanalysis, Vol. 3. New York: Basic Books.

Freud, S. (1911). Psychoanalytic notes on an autobiographical account of a case of paranoia(dementia paranoides). Standard Edition 12: 3-82.

Freud, S. (1920). Beyond the pleasure principle. Standard Edition 18: 1-64.

Freud, S. (1921). Group psychology and the analysis of the Ego. Standard Edition, 18: 65-143.

Freud, S. (1937). Analysis terminable and interminable. Standard Edition, 23:216-253.

Freud, S. (1940). An outline of psycho-analysis. Standard Edition,23:141-207.

Ghent, E. (1990). Masochism, submission, surrender: Masochism as a perversion of surrender. Contemporary Psychoanalysis, 26: 108-136.

Goldsmith, M. (2004). Frida Kahlo: Abjection, psychic deadness, and thecreative impulse. The Psychoanalytic Review, 91: 723-758.

Gordon, K. (2004). The tiger's stripe: Some thoughts on psychoanalysis, gnosis, and the experience of wonderment. Contemporary Psychoanalysis,40:5-45.

Klein, M. (1946). Notes on some schizoid mechanisms. In: M. Klein, P. Heimann, S. Issacs, & J. Riviere (Eds), Developments in Psychoanalysis. London: Hogarth Press(1952), pp. 292-320.

Klein, M. (1957). Envy and Gratitude. New York: Basic Books.

Lacan, J. (1977). Erits. A. Sheridan (Trans.). New York: Norton.

Lacan, J. (1978). The Four Fundamental Concepts of Psychoanalysis, J.-A. Miller(Ed.) & A. Sheridan (Trans.). New York: Norton.

Levinas, E. (1969). Totality and Infinity, A. Lingis (Trans.). Pittsburgh: Duques University Press.

Milner, M. (1969). The Hands of the Living God. New York: International Universities Press.

Pearlman, E. (2005). Terror of desire: The etiology of eating disorders froman attachment theory perspective. The Psychoanalytic Review, 92: 223-336.

Winnicott, D. W. (1965). The Maturational Processes and the Facilitating Environment. London: Karnac Books(1990).

Winnicott, D. W. (1988/1990). Human Nature. New York: Schocken Books.

Winnicott, D. W. (1989/1992). Psychoanalytic Explorations, C. Winnicott, R. Shephered, and M. Davis (Eds). Cambridge, MA: Harvard University Press.

한국심리치료연구소 총서

한국심리치료연구소는 한국심리치료 분야의 질적 향상을 위해서 이 분야의 고전 및 최신 서적들을 우리말로 번역 출판하고 있다. 본 연구소는 순수 심리치료 분야와 기독교 신앙과 관련된 심리치료 분야의 책들을 출판하며, 순수 심리치료 분야의 책들은 대상관계이론과 자기심리학을 포함한 현대 정신분석이론들과 융 심리학에 관한 서적이다.

순수 심리치료 분야

놀이와 현실
Playing and Reality
by D. W. Winnicott / 이재훈

울타리와 공간
Boundary & Space
by D. Wallbridge
& M. Davis / 이재훈

유아의 심리적 탄생
Psychological Birth
of the Human Infant
by M. Mahler & F. Pine / 이재훈

꿈상징 사전
Dictionary of Dream Symbols
by Eric Ackroyd / 김병준

그림놀이를 통한 어린이 심리치료
Therapeutic Consultation
in Child Psychiatry
by D. W. Winnicott / 이재훈

자기의 분석
The Analysis of the Self
by Heinz Kohut / 이재훈

편집증과 심리치료
Psychotherapy
& the Paranoid Process
by W. W. Meissner / 이재훈

멜라니 클라인
Melanie Klein
by Hanna Segal / 이재훈

정신분석학적 대상관계이론
Object Relations
in Psychoanalytic Theories
by J. Greenberg & S. Mitchell / 이재훈

프로이트 이후
Freud & Beyond
by S. Mitchell & M. Black
/ 이재훈 · 이해리 공역

성숙과정과 촉진적 환경
Maturational Processes
& Facilitating Environment
by D. W. Winnicott / 이재훈

참자기
The Search for the Real Self
by J.F. Masterson / 임혜련

내면세계와 외부현실
Internal World & External Reality
by Otto Kernberg / 이재훈

자폐아동을 위한 심리치료
The Protective Shell in Children and
Adult by Frances Tustin / 이재훈외

박탈과 비행
Deprivation & Delinquency
by D. W. Winnicott / 이재훈외

교육, 허무주의, 생존
Education, Nihilism, Survival
by D. Holbrook / 이재훈외

대상관계 개인치료 I · II
Object Relations Individual Therapy
by Jill Savege Scharff & David E.
Scharff / 이재훈 · 김석도 공역

정신분석 용어사전
Psychoanalytic Terms and Concepts
Ed. by Moore and Fine / 이재훈 외

하인즈 코헛과 자기심리학
H. Kohut and the Psychology of the
Self
by Allen M. Siegel / 권명수

성격에 관한 정신분석학적 연구
Psychoanalytic Studies of the
Personality by Roanld Fairbairn / 이재훈

대상관계 이론과 임상적 정신분석
Object Relations
& Clinical Psychoanalysis
by Otto Kernberg / 이재훈